TI AMO

我爱你

关于爱情的理论

［意］弗朗西斯科·阿尔贝罗尼／著

（Francesco Alberoni）

梁若瑜／译

社会科学文献出版社
SOCIAL SCIENCES ACADEMIC PRESS (CHINA)

Francesco Alberoni

Ti amo

Originally published by Garzanti, Milan, Italy, 1996

Republished by Sonzogno di Marsilio Editori s.p.a. in Venice, 2012

Copyright©Francesco Alberoni

This simplified Chinese edition was authorized by Francesco Alberoni with the arrangement of Agenzia Letteraria Internazionale, Milan, Italy

©Social Sciences Academic Press(China), 2017

All rights reserved.

本书简体中文版根据意大利 Sonzogno 出版社 2012 年版译出

目　录

第一章

情侣之爱

爱情这门科学

爱有好多好多种，如母亲之爱、手足之爱、友谊之爱等，但我们现在讲的是情欲之爱、激情之爱、情人之爱、夫妻之爱、情侣之爱，亦即会让人说"我爱你"的那种爱。我们很想知道它是怎么缘起的、是怎样的形式、是如何进阶发展的、会遭遇哪些问题、为什么会凋零，或何以能长长久久。事实上，这种爱有可能自友谊中慢慢发芽，也可能如天雷地火般乍现；有可能是仅仅历时数日或数月的一时迷恋，也可能持续许多年甚至一辈子。其内容有可能是火辣的性欢，也可能是柔情的温存；有可能始终停滞在无法满足的迷情，也可能就此成为一桩美满姻缘；有可能谱出浪漫恋曲，也可能纠葛不断；有可能在婚姻中渐渐窒息、枯萎，相对的，也可能完全保留了初始的青春活力。

正在爱的人、渴望再被爱的人，都会问自己很多很多问题，因为他知道激情、嫉妒、幻想、理想、情色、爱情，既可能使他的生活变得多彩多姿，也可能使他的生活成为一个人间炼狱。让他快乐的举止或令他坠入绝望的言辞，往往来自少数几个与他关系密切且关键（essenziale）^①的人。即使是再大的成就，都可能因所爱之人的一句恶言或漠不关心而蒙受创伤。但对这样的问题有何解答呢？目前尚无任何理论，也没有任何一门关于爱情的科学或所谓的爱情学。

然而，夫妻关系在现今世上的重要性越来越大了。从前多是大家族、很多亲戚住一起。如今人们结婚是因为两人"互相喜欢"，因为"恋爱"了。只要两人继续互相喜欢，继续觉得自己正在恋爱，两人就会一直在一起。倘若两人"不再相爱"，那么连子女都不足以构成两人在一起的条件，一男一女之间只剩彼此的感情能维系这段关系了。因恋爱而结合的两个个体，彼此便能更自由、更丰富、更成熟，拥有各自的社交圈、各自的工作、各自的政治和宗教观点。一对情侣就是一个动态的单位、一个创意的熔炉，两个性格在此互相融合、缔结、交流、补足，携手共闯一个瞬息万变的世界。爱情就是这股张力和这份结合的原动力。

---

① 令人不解的是，一般关于家庭的研究竟然都完全忽略了这一点。可参考 Pierpaolo Donati, *Famiglia e politiche sociali*, Franco Angeli, Milano, 1981；William Goode, *Famiglia e trasformazioni sociali*, Zanichelli, Bologna, 1982；Chiara Saraceno, *Sociologia della famiglia*, Il Mulino, Bologna, 1988；Antonio Golini, *La famiglia in Italia*, ISTAT, Roma, 1986；Rossela Palomba, *Vite di coppie e di figli*, La Nuova Italia, Firenze, 1987；Marzio Barbagli, *Provando e riprovando*, Il Mulino, Bologna, 1990。

　　但所谓的"我恋爱了"究竟代表什么？"我爱你"[1]是什么意思？有人说自己不断恋爱，或总是在恋爱。有人则主张在一生当中，真正的恋爱只有几回而已。有时候，和某人长谈之后，此人会坦承说自己有过多段感情，但仅有一次轰轰烈烈的真爱。恋爱、爱情、喜欢、好感、柔情、激情、情欲等这些字眼，其实各自代表着不同的意义。我们希望将这些漫无系统的情感好好整理一下，奠定一套真正的爱情科学的基础。建立一门解疑学、一门涵盖各类爱情的类型学，好让每个人都能从中体认自己的感情。了解它们是从哪里起源的，以及有哪些可能的发展，提供一张地图、一套解释、一个导引。

爱的关系

　　爱的关系有三种：强的关系、中的关系和弱的关系。所谓强的关系是童年时期便已建立的关系，存在于亲子之间、手足之间。强的关系是独一无二的，没有人能取代我们的母亲、我们的父亲或我们的儿女的地位。强的关系不会因个性的转变或

---

[1]　令人讶异的是，这方面的研究少之又少，而我们对它的了解实在很有限。不过，当然还是有少数例外。其中我尤其想提出的是 Murray S. Davis, *Intimate Relations*, The Free Press, Macmillan, New York, 1973; Dorothy Tennov, *Love and Limerence*, Stein and Day, New York, 1979; C. S. Lewis, *I quattro amori*, Jaka Book, Milano, 1982; R. G. Sternberg, "A triangular Theory of Love," in *Psychological Review*, 1986, 93, pp. 119-135。至于近期的研究则有：Willy Pasini, *Intimità*, Mondadori, Milano, 1991; Jurg Willi, *Che cosa tiene insieme le coppie*, Mondadori, Milano, 1992; Gilbert Tordjman *La couple*, Hachette, Paris, 1992; Giorgio Abraham, *Un amore tutto nuovo*, Mondadori, Milano, 1995。

容貌的变化而变质。即使母亲变老、变丑、生病了，儿子依然会继续爱她；即使儿子变成不良分子或毒虫，或被疾病折磨得不成人形，母亲或父亲依然会爱他。

童年时期过后，在亲情之外，唯一能发展成强的关系的力量，就属恋爱了。两个素不相识的人，彼此相恋了，变得不能没有对方，就像儿子对双亲一样。这真是一种不可思议的现象。

中的关系是好朋友之间的关系。我们对他们推心置腹，他们拥有我们对他们的信任。友谊是自由的、淡如水的、没有嫉妒的、没有羡慕的，即使手足之间有时都难以如此。然而，再深厚的友谊都不是坚不可摧的，万一朋友欺骗、出卖我们，那么就会有什么东西从此破裂了。我们可以原谅他们，但朋友之间的关系再也无法像从前那样完美无缺了。如果我们和父亲或母亲吵架，或和兄弟起争执，亲情依然禁得起考验。一段时间之后，一切就会被抛诸脑后。友谊却非如此。一次激烈的冲突后，那些叫骂、那些恐吓和威胁、那些冒犯之词，都会留下难以修复的裂痕。我们有可能喜欢某个朋友更胜于亲兄弟，对他的信任更胜于兄弟，然而友谊仍只能归在次一级的关系里。它禁不起道德上的打击，而且一旦受损了，便永远受损了。

最后，就是弱的关系。此乃工作上的同事、邻居、度假认识之朋友之间的关系。许多情色的诱惑，即使是强烈的诱惑，也会形成弱的关系。我们可能会喜欢上某人，疯狂地渴求他。然而，只需一句不称心的话、一个轻浮而藐蔑的举止，我们便不想再和他在一起。有时候，性关系才结束，我们就希望离他远远的。

然而，关系很弱并不表示我们会忘掉这段关系，有时还会勾起我们美好的回忆，有些情色经验会在我们心中留下不可磨灭的印象。我们仍记得某个眼神中的那份默契、那份渴望、身体缠绵时的那种狂乱。我们会带着一丝怀念，想想当初事情说不定另有契机。两个有过肉体关系的人之间，多少会留下一丝信任甚至是默契，这种关系类似友谊。关系很弱只是意味着我们并不觉得非跟此人在一起不可，并不因此觉得缺少了什么。我们并没有因为某份共同的信念、共同的爱、共同的义务、共同的使命而跟他形成一个共同体、一个团结一致的"我们"。

从哪里开始？

那么，对夫妻之爱的探讨，该从哪里开始？从哪一种'爱的关系'入手好呢？夫妻是一种稳定的关系，能长期持续。因此我们应该着眼于强的关系。如果我们问别人当年为何会结婚，他们会告诉您"因为当时我恋爱了"。因此我们应该来看看恋爱这回事。

不过如果我们翻一翻探讨夫妻爱情的期刊或论文，会发现它们既不谈论恋爱，也不研究恋爱。主流的观点源自弗洛伊德（Freud）[①]，认为爱情乃是由于情欲越来越得到满足而逐渐成形。彼此从眼神交会开始，如果对方也以相同的方式响应，就会渐渐进展到身体的接触，两人的手相拂、相牵，然后初次相吻、初次约会。若一切顺利，则紧接着便是性爱关系的发展、肉体的结合，稍后就会出现温柔、激情、亲密感。按照这个论点的说法，当彼此默契越佳、相互满意度越高时，爱情也就越浓烈。直到最后我们觉得没有对方就不行了，并且因为他不在

---

① Sigmund Freud, *Psicologia delle masse e analisi dell'Io*, in *Opere*, Boringhieri, Torino, Vol. IX, p. 299.

身边而感到痛苦，于是我们就恋爱了。总归来说，恋爱是在互相的满足感中一点一滴累积起来的。

这种渐进式的恋爱论，实在不符合实际。爱情在经历了渐进而不明朗的开始之后，通常会急速爆发。在英文和在法文里，使用的字眼分别是"fall in love"和"tomber amoureux"（坠入情网）。两人往往在未有性经验之前便相恋，在未深入认识彼此之前便互相渴望，在未有交流之前便互相找寻。爱的激情并不是因为彼此的性爱越来越获得满足才越来越浓烈的。它出其不意地出现在两个陌生人之间，并不顾两人愿意与否，将他们互相引向对方[①]。它不仅仅是性欲，也不仅仅是柔情，它是不同的东西。它是一种全新的情感状态，前所未见、出乎意料而且令人陶醉。爱情、欲望、激情的强度往往在这段关系的开端是最强烈的，随后反倒可能因为对彼此的了解和亲密感越来越深而逐渐降温。倘若依循逐渐增强的理论来看，得到的结果应该恰恰相反。

若想了解恋爱的过程，并不需要从最底端、从性吸引力开始，不需要这样慢慢往上推，而应直接从上面开始，从爆发的那一点、从恋爱开始。而恋爱并不只是情欲或喜欢，它是一种独特而绝无仅有的经验，是一种感觉、理智和心的彻底颠覆，能让两个彼此不同、迥然相异的人融合在一起。恋爱能让我们

---

① 为了解释这种异常现象，连弗洛伊德也不得不更改之前做出的解释。他指出恋爱之意不是由一连串愉快的性爱经验产生的，正好相反，是由于性冲动的对象是被禁止往来的对象。由于性欲无法得到满足，所以它爆发了，对所爱的对象形成过高的评价。Sigmund Freud, *Psicologia delle masse e analisi dell'Io*, in *Opere*, Boringhieri, Torino, Vol. IX, p. 300.

对世界改观，产生一种无上美妙的经验。它是一种疯狂，但也会让我们发现自己的真相、自己的命运。它是一种饥渴、一种殷殷期望，但也是一种冲劲、一种英雄气概、一种忘我。在我们的传统中，"我爱你"对我们来说，并不单单是"我喜欢你""我要你""我渴求你""我对你有好感""我对你有感情"而已，而是"你对我而言，是世上无数容颜中的唯一容颜，是唯一的梦中情人、唯一的渴求，我对你的渴望胜过一切，唯你一人，且永远如此。"一如《圣经》中《雅歌》（Cantico dei Cantici）所述："朕有六十个皇后、八十个嫔妃和无数的妾女；但朕的宝贝、朕的宠儿，只有唯一的那一个。"

如果我们想贴近事实，那么探究夫妻的形成过程，就应该以恋爱为出发点，亦即以一个非连续性的、爆发性的、非比寻常的事件作为开始。必须先申明的是，我们并非主张所有夫妻皆以此模式形成。有些夫妻的形成，只是因为情欲的吸引、因为喜欢待在一起、因为习惯、因为能互相帮助、因为经济需求，或因为其他的一些因素，我们稍后都将一一探讨。但成人之所以能形成强烈的爱的关系，其最根本的机制便是恋爱。

关于恋爱

恋爱时，我们所爱的人是任何人都无可比拟的、无可取代的。所爱的人就是唯一，就是世上唯一一个能带给我们快乐的人。不论我们遇到谁，就算是我们最喜欢的明星，也不足以与所爱之人相提并论。倘若缺少了我们的心上人，这个世界肯定是黑白的、空虚的。那些自问彼此是否相恋的恋人，一瓣一瓣剥数着雏菊花瓣的恋人①，知道从此没有任何力量能动摇他的爱，但他又害怕自己的心上人可能被他人所吸引而离他远去。因此他不断问对方："你爱我吗？"他也不厌其烦地希望听到对方回答："当然，我爱你。"因为这个答案，便是他世界的支柱。他的整个世界的重心换了位置，如今完全变得以心上人为中心。他的爱便是其他任何欲望、任何活动的先决条件。

恋爱中的人处于一种非比寻常的情况下，正经历着一种陶醉、一种狂喜。柏拉图（Platone）认为恋爱是一种由上帝启迪的狂热，是一种神圣的疯狂，就如同艺术家的灵感和先知的预言天赋一般。恋爱中的人，眼中所看到的一切都和从前不同了。大自然中的一切，所呼吸的空气、河流、江洋、光芒、所有的色彩，全都变得更加亮丽、更加浓郁。他感觉到一股浩瀚的力量推动着自己，带领他迈向自己的目标、完成自己的使命。日常生活中不如意的事情通通不再重要。他感到自己犹如奴隶和囚犯，然而又感到自在和喜悦。即便他心如刀割、备受折磨，但说什么也不肯放弃这段爱。

恋爱之于心理，就如高温之于金属。高温能让金属软化，让它炽热、发光，如此一来，人们就可以加以熔解、焊接，塑造新的形态，从此恒久不变。爱情让人变得可塑，能将他们融合在一起，改造他们。借由这种方式，强的关系得以形成，它可以禁得住创伤、冲突和幻灭的打击。

我们可以拒绝、否认我们的爱，费尽所有力气远离我们

---

① 欧洲的少男少女常借由剥数雏菊的花瓣猜测暗恋的对象对自己的心意。"他有点儿爱我"，"他很爱我"，"他深爱我"，"他狂爱我"，"他不爱我"，如此每剥一片花瓣，便对应一句，直到剥完整朵花的花瓣，对应到的那一句便是答案。对应的内容也可能因地方性而有所差异。——译者注

所爱之人以忘掉他。我们可以指责所爱之人是坏人、残酷之人，可以憎恨他。我们可以把我们的爱视为病痛，任由自己被猜忌、嫉妒弄得精疲力竭。然而，我们的爱依然存在。它依然与我们纠葛不休、挥之不去。它是一种与理智相背驰的东西，而且能够巧妙地瞒过理智。即使我们的爱人对我们不好，我们也总能为他找到推托之词。我们认为，只要能触动他的某根心弦，他就会改变。恋爱中的人深信自己比爱人更了解他自己，而且他认为，如果他更了解自己，那么他就不可能不爱他。

就算恋爱也许有告终的一日，我们也认为无论如何，我们都将永远相爱下去。我们经常把结婚时的誓言挂在嘴边。"你是否愿以此人为夫／妻，不论顺境或逆境，不论贫穷或富贵，不论健康或患病，永远相爱，至死不渝？"

恋爱让我们全然地爱对方，连他的缺点、他的缺陷甚至他的疾病都变得可亲可近[①]。恋爱仿佛让我们睁开了双眼，我们看到一个多彩多姿的世界，而所爱之人宛如尤物完人。每个人本身都是完美自足的、与众不同的、独一无二的、无可混淆的。我们因此感谢我们的爱人出现在世间，因为他的存在不仅丰富了我们自己的生命，更丰富了这个世界。波柏士（Properzio）曾写道："Tu mihi sola domus, tu Cynthia sola parentes omnia tu nostrae tempora laetitiae"[②]，在这句话中，他没有只说"我喜欢你，我要你"，而是说"欣绮雅你就是我唯一的家，你就是我至亲的亲人，你就是我们所有喜悦的时刻"。

就像一个母亲看自己的孩子，或一个孩子看自己的母亲

---

① Simone de Beauvoir, *Il secondo sesso,* il Saggiatore, Milano, 1961.

② Sesto Properzio，*Elegie*, Rizzoli, Milano, 1989, p. 95.

一样。然而，恋爱的关系是忽然在两个素不相识的人之间产生的。因为恋爱，两个陌生人得以感受到彼此之间萌生了一层深厚情谊、一种共鸣共识，彼此更胜过自己认识的其他人。所以他们才能互相说："我就是你，你就是我。"在柏拉图所著的《会饮篇》（*Il convito*）中，亚里士多芬（Aristofane）在解释这种经验时说，人类曾经有一段时间是一个合一的个体，结果被宙斯一分为二，从此人类永远在找寻自己失散的另一半。

尽管如此，这种关系和"既存""可预期"的血缘关系并不同，这种关系是需要从头建立、从头培养的。恋人将他们的爱情视作一种神圣的义务、一种召唤，恋爱中的人觉得自己有义务做出承诺、提出保证、许下誓言，这种召唤犹如祖国的召唤、信念的召唤。故而爱情不只是喜欢、欲求、情感、激情而已，它也是承诺、誓言、保证。因此它并非仅以"永远铭志在心"为基础，更是以"时时付诸实现"为基础。它是一项计划，期望建构起一个经得起时间考验的东西。

相恋的夫妻

恋爱这回事，是向来都存在的，还是直到现今世界才出现的呢？它是向来都存在的。《圣经》中就讲到亚伯拉罕（Abramo）对撒拉（Sara）的爱、雅各布（Giacobbe）对拉结（Rachele）的爱、波提乏（Putifarre）之妻对约瑟（Giuseppe）的爱、戴维（Davide）对拔示巴（Betsabea）的爱、参孙（Sansone）对大利拉（Dalila）的爱。柏拉图在《斐多篇》（*Fedreo*）中曾探讨恋爱这回事，分别见于《吕西斯篇》（*Liside*）和《会饮篇》。在《吕西斯篇》中，伊波塔（Ippotale）疯狂爱慕着吕西斯，总是把他的名字挂在嘴上、在睡梦中呼唤他，并以各式各样的方式赞颂他，用尽诗词歌赋来颂扬他的美和他的好。在《斐多篇》中，苏格拉底（Socrate）一反之前的戏谑态度，忽然变得正经起来，说自己亵渎了爱神（Eros），并应修正之前所说的话。这就像先知的预言和艺术灵感一样，都是神圣的疯狂。这种疯狂是一种恩赐、一种启示、一种与至高思想境界的接触。因为有了心上人，自己得以自原本的世界一跃而升，让自己得以窥探到绝对之美。爱人的身上散发着上帝永恒的完美。在《会饮篇》中，到最后狄奥堤玛（Diotima）终于向苏格拉底解释说，爱情便是对长生不死的渴求，因为其目的在于不断地拥有美好之事，而拥有之后再创造其他美好。因此它便是创造，便是朝向更高境界、朝向"绝对"的升华。

　　在古罗马的社会里，我们在卡都勒（Catullo）和波柏士的诗中看到恋爱的踪影。它也出现在印度的《摩呵婆罗多》（*Mahābhārata*）、阿拉伯伊斯兰的《天方夜谭》（*Le mille e una notte*）中。在西方文学中更是不胜枚举，诸如但丁（Dante）的《新生篇》（*Vita Nova*）和纳博科夫（Nabokov）的《洛丽塔》（*Lolita*）。放眼望去，无处不是轰轰烈烈、刻骨铭心的爱情，在两个恋人之间引爆火花，将他们带往更高的境界。真爱，亦即能将两人合而为一的爱，都被描述成一种非比寻常的经验、一种启迪、一种深情。

　　人类学家的研究也支持我们这个论点。海伦·费雪（Helen Fisher）写道："即使否认拥有'爱情'或'恋爱'之概念的民族也是一样。波利尼西亚（Polinesia）的孟凯族人（Mangaiani）不太介意自己的性伴侣为何人，但万一某个少年无法与自己所爱的少女结婚的话，他有可能因绝望而自杀……爱情的故事、神话、传说、诗词、歌谣、指南、灵药、护身符，恋人的争执、约会、私奔和殉情，都早已是全世界各传统社会之生活的一部分。"[1] 人类学家威廉·杨柯维克（William Jankoviak）与爱德华·费雪（Edward Fisher）曾以168个民族为对象，做了一项研究，这些民族彼此大相径庭，但他们发现有直接证据显示，在当中87%的民族的社会中存在着浪漫爱情。[2]

　　因此只有一个可能的结论，就是恋爱是世界共同存在的现象，而且在西方传统里，更是结为情侣之不可或缺的要素。恋爱是一夫一妻制婚姻的根本条件，然而它与婚姻的关系会随时间的流逝而起变化。有数千年之久，婚姻要所从父母之命。当时的人们认为爱情是可以用小火慢熬的，是可以因为互相扶持而慢慢培养的，也是可以随子女出世而日益深厚的。歌颂恋爱是上流社会的产物，是个人基于个人主义所做出的选择。我们可以看到它于1200年在意大利佛罗伦萨（Firenze）初露头角，出现在但丁、游唱诗人、中世纪的小说和歌颂哲学家阿伯拉（Abelardo）与哀绿绮思（Eloisa）之爱情的诗词歌谣之中。尽管如此，中世纪的婚姻尚未以恋爱为基础，正起步的中产阶级社会仍深受贵族文化和神职人员的影响。

　　以爱情为婚姻核心的概念，在十八世纪的通俗文学中的发

---

[1]　Helen E. Fisher, *Anatomia dell'amore*, Longanesi, Milano, 1992, p. 47. 此书作者补充道："新几内亚高原的宾宾族（Bem-Bem）也不承认他们有激情的感觉，但有时候，也会有女孩拒绝父亲指配的婚姻，然后和自己的'真爱'私奔。非洲的蒂夫族（Tiv）并没有明确的爱情的概念，他们把这种情感称为'疯狂'。"Ibidem，p. 47.

[2]　参见 William Jankoviak e Edward Fischer, "A cross culturale perspective on romantic love", in *Ethnology*, 31(n2), 1992, pp. 149-155。

展突飞猛进，不过在知识分子圈中的发展则要等上许久[①]。法国女作家乔治·桑（George Sand）视婚姻为一种亵渎、一种限制、一种囚牢，并对之深恶痛绝。司汤达（Stendhal）曾深入探讨多种形式的爱，但并未留任何篇幅来探讨婚姻之爱以及夫妻的共同生活[②]。以恋爱为基础的婚姻关系在十九世纪才开始在西方各国的各个社会阶级普遍化，并拜好莱坞电影所赐，于二十世纪延伸至全世界。

在近年来的各种新兴运动中，有一股多元交往化和公社化的趋势，但随着个人主义的复苏，恋爱、情侣和婚姻也同样

---

① 两位著名的社会学家探讨了历史上这个年代的爱情。参见 Niklas Luhmann，*Amore come passione*，Laterza, Bari, 1982; Anthony Giddens，*La trasformazione dell'intimità*，Il Mulino, Bologna, 1994。但二人未能提出合理解释。假如把恋爱（哪怕它被称为"深情"或"浪漫爱情"）视为造就一对夫妻的一种群体运动，那么这个现象就再合理不过了。只要原生家庭很强势，那么婚姻就会听从家人的安排或主宰。但到了一定的时候，经济情况的改善及越来越细的分工，会削弱这些传统关系，那么夫妻就会形成，所凭借的机制和其他共同体形成时的机制一样：初生状态和建立体制。于是我们就会看到爱情越来越重要，恋爱也迅速蔓延开来。参见 Francesco Alberoni, *Genesi*, Garzanti, Milano, 1989。

② 莎士比亚（Shakespeare）的见解远超他那个年代的人。以爱情为基础的婚姻，在他所有的作品中都出现过，从《罗密欧与朱丽叶》（*Romeo e Giulietta*）到《无事生非》（*Tanto rumore per nulla*），以至《暴风雨》（*La tempesta*）。歌德（Anche Goethe）和曼佐尼（Manzoni）也曾为此发声。在歌德的《少年维特的烦恼》（*Die Leiden des jungen werther*）中，男主角很想娶洛特（Lotte）。这影射着当年歌德爱上夏洛特·巴夫（Charlotte Buff）的情节。《亲和力》（*Le affinità elettive*）的一开始则是爱德华多（Edoardo）和卡洛塔（Carlotta）的对话，他们在双方家人的强制下成婚，终于在婚后发现彼此是相爱的。在曼佐尼的《约婚夫妇》（*I promessi sposi*）中，伦佐（Renzo）和露西娅（Lucia）是两个相恋的平民，而教会努力抵抗蛮横的唐罗德里戈（Don Rodrigo），好让他们两人能够如愿成婚。

回归主流。而如今随着寿命的延长、女性意识的抬头、生育率的降低，这种类型的爱便成了唯一具有结合、凝聚两个成人个体，并使他们成为一对相恋夫妻之能力的爱了。

扭转一下观点

大部分的社会学家和心理学家都未能了解恋爱的重要性。譬如奥尔特加·加塞特（Ortega y Gasset）便认为恋爱是一种一时的愚蠢、一种心理上的绞痛[①]。对丹尼斯·胡奇蒙（Denis de Rougemont）而言，恋爱是中世纪后侥幸留存的一种异端邪教，它鄙视世界，并导向死亡[②]。对弗洛姆（Fromm）来说，真正的爱出自意志，他赞叹有时爱竟然能从恋爱这种激烈而不理性的状态中进出[③]。美国心理学家和社会学家认为恋爱是近代文化的产物[④]。他们都错了。如我们先前所见，恋爱是自古至今都一直存在的。

---

① José Ortega y Gasset, *Saggi sull'amore*, Sugarco, Milano, 1984.

② Denis de Rougemont, *L'amore e l'occidente*, Rizzoli, Milano, 1977.

③ Eroch Fromm, *L'arte di amare,* il Saggiatore, Milano 1966.

④ 我想这是因为英文没有"恋爱"（innamoramento）这个词，而当字眼不存在时，概念往往相应也就不存在了。于是大家的注意力便放在历史上出现的恋爱事件上。"深情之爱"（Amore Passione）借用了司汤达提出的概念，而"浪漫爱情"（Romantic Love）则是从文学引用而来。这方面的分析论述可参见 Anthony Giddens, *La trasformazione dell'intimita*, Il Mulino, Bologna, 1994, pp. 51-57; Steven Seidman, *Romantic Longings*, Routledge, New York, 1991。有人制定了一些标准来衡量这种"浪漫概念"（Ideologia Romantica），如 I. M. Rubin, *The Social Psychology of Romantic Love*, The Univ. of Michigan, Ph. D. Thesis, 1969。渐渐的，很多人终于认清了"浪漫爱情"和恋爱。为了避免这种模糊不清，桃乐丝·田诺（Dorothy Tennov）造了一个差强人意的新词语"limerence"。

以心理分析学派的观点来看，恋爱是受到压抑、受到挫折的欲望的产物，而恋人之所以凝聚，是因为在回溯（Regressione）出生后的那最初几个月，那时唯一的客体（Oggetto）就是母亲①。恋人的一切行为举止都起因于回溯。恋人不是会互相说甜言蜜语、互相疼爱吗？恋人不是会渴望对方的肌肤、对方的体液，就像婴儿渴望母亲的乳房吗？换句话说，所爱之人不过是代替了婴儿初期母亲的角色罢了。

即使这种说法也站不住脚。恋爱能提高创造力、智力和成熟地处理问题的能力。恋人在身体上和心理上都会如童年时期那样融合，这一点毋庸置疑，然而恋人已不再是小孩子了。使用"回溯"一词应小心谨慎，弗洛伊德原本用它来解释精神官能症（Nevrosi）和精神病（Psicosi）等痛苦的、病理的经历。回溯的历程会削弱当事人一些基本的能力，让当事人回到过去。相反的，恋爱正是生命的一大喜悦，让我们对未来充满冲劲、充满期望、充满计划。回溯的状态使人因精神官能症而窒碍难行，相较之下，恋爱则让人解脱、康愈。

两个向来依赖父母、与家人同住的年轻人，拜恋爱之赐，得以放开原生家庭，得以自立，共组一个新家庭。拜恋爱之

---

① 所有心理分析学者都支持这个论点，例子不胜枚举，可参见 Jole Baldaro Verde e Gian Franco Pallanca, *Illusioni d'amore*, Raffaello Cortina, Milano, 1984. 把爱情视为依附关系，更会产出这种想法。人们恋爱后，互相依附，彼此之间建立起互相照顾的关系，一如母亲与子女之间的关系。关于这个范畴，有一本书做了详尽的介绍，读者可以参阅 Lucia Carli, *Attaccamento e rapporto di coppia*, Raffaello Cortina, Milano, 1995. 这种模型可见于荣格（Jung）的论述，亦可见于阿尔多·卡罗泰努托（Aldo Carotenuto）的杰出作品，参见 Aldo Carotenuto, *Eros e patos*, Bompiani, Milano, 1987; *Amare tradire*, Bompiani, Milano, 1991; *Riti e miti della seduzione*, Bompiani, Milano, 1994.

赐，原本隶属于不同国家、种族、宗教的两个人，如今积累了
足够的力量和勇气，脱离原本的社会族群，超越旧有的仇恨和
根深蒂固的偏见，建立一个全新的实体。他们的爱超越过去，
并创造了一个之前都不存在的新社会文化实体。

　　我们的基本立场就是这样的。欲了解某一现象，我们需要
先看它深层的意义，看它对社会生活造成怎样的影响。所有关
于恋爱的研究都犯了一个根本性的错误，就是从心理的、个人
的角度来研究恋爱。因此这些研究只会看到心智或心理的正面
或负面，诸如是否罹患精神官能症或精神病，诸如情绪状态正
常或病态。这就有如看到某个人正在战斗，他正准备开枪射杀
别人，或要炸掉某座桥或大厦。欲了解他的行为，我们不应着
眼于他一人的情绪反应，我们应该设法了解战争这种现象、机
制以及战争对个体的影响。

　　我们若观察恋爱中的人，并了解他的行为举止的社会意
义，就会发现这份爱、这些情感会打破旧有的社会关系并建
立新的关系。到最后恋人不再是一开始的那两个人，而是变成
了两个新的人，变成一个新共同体（Nuova Collettività），亦
即夫妻。正确的分析方式不应局限于心理学，还应运用社会学
甚至是更细腻的群体运动之社会学（Sociologia dei Movimenti
Collettivi）[1]。

　　唯有如此，我们才能了解为何某些特定情绪会存在，为
何个体会经历如此深刻、如此不凡的生命转变。因为他们在
这种时候宛如重生，他们既是创造者，也是主角，造就了一

---

　　[1]　我在以前的著作中提过这个观点，参见 *Innamoramento e amore*, Garzanti,
Milano, 1979。

个崭新的群体。

　　人的肉体来自于母亲，母子成为密不可分的两个人。口语常有一说法："我看到一个妇人手上捧了个娃儿。"（Ho Visto una donna con un bambino in braccio）这个"捧"显示婴儿是客体，而不是主体，是母亲的延伸，离开了母亲便不能独活。精神分析学派犯了一个严重错误，就是把这种关系当成一律适用的标准公式。其实母子关系和恋人关系是恰恰相反的。随着时间和自身的成长，孩子会越来越自主，日益脱离母亲。在恋爱关系中却相反，两个自主的成人相遇、结合，形成一个新的社会实体。

　　子女为母亲所生，但社会群体的形成并非如此，社会群体源自两个个体的相遇结合。两人各有不同的社会背景、不同的传统，一起交织彼此的过去和原生文化。在两种原生文化的融合之下，一种全新的东西出现了，即社会突变（Mutante Sociale）。

　　在性行为中，男人与女人互相拥抱，交合彼此的性器，灵魂在高潮的忘我瞬间短暂结合，而这便足以让卵受精，形成胎儿。但在恋爱时，这个融合的历程牵涉两个人的所有性格和过去，两人因为结合而脱胎换骨，形成一份深刻、持久的关系。这层关系引发他们改变自己，互相适应、互相磨合，生活在一起，更新自己所有的社会关系。恋爱就是这种社会重生的原型和模式，是大爆炸（Big Bang），恋人形成了一种新的社会实体，接着创造各自的社会利基和生活。

　　事实上，人的生命中并非只有一次诞生、一次童年，而是有许多次的重生、许多次的童年，例如，当我们走出原生家庭，走入青少年时期的朋友群；当我们恋爱了，与他人结为夫妻；当我们开展令人兴奋的一份新工作；当我们移民；当我们经历社会上、政治上、宗教上的蜕变时。此时的重生便牵涉许许多多的个体，亦即群体。倘若个体本身不重生，群体便无法诞生。恋爱的非凡经验、神圣的疯狂，不是回溯或精神官能症，而是觉醒，是今日种种譬如今日生（Incipit vita nova），凡事都展现无限生机，一如诞生的第一天。恋爱是一种亲密的经验，是一个新生活的诞生。

恋爱促成最小群体的诞生，亦即仅仅由两个人所构成的群体，也是个人的重生，因为没有群体就没有个体。因此它是新个体与群体的诞生与浮现，是喜悦和热情的展现，是个体快乐的呐喊，因为他凭自己的生平、自己的过去、自己独一无二的一生，打造了一个新的自己。

人生、诞生，这就是恋爱的基本核心。个体和其社会的诞生，于双方一同面对人生之时，一起迈向完美和喜悦。我们不清楚婴儿出生时有何感受，弗洛伊德觉得应该是焦虑的，即出生创伤，这也是所有各式创伤的原型[①]。但真的是这样吗？我们只了解一个成人因皈依宗教、人生体悟、恋爱、融入新社会群体而蜕变重生时的感受，那肯定不是焦虑。他挣脱沉重的枷锁，逃离原本的限制和囚笼，跳出原本错误的生活模式。那是一种醒悟、一种洞察、一种惊觉。现在展现在他眼前的这个世界，显得出奇美丽、完美无瑕，好像是为他量身打造的，正呼唤他，要他去那里住、去那里生活。

个体化和诞生的过程，并非痛苦地与祥和寂静、舒适的

---

① Sigmund Freud, *Tre saggi sulla teoria sessuale*, in *Opere*, cit., Vol. IV, p. 531; *Introduzione alla psicoanalisi*, in *Opere*, cit., Vol. VIII, p. 540.

羊水分离；不是决裂，不是如海德格尔（Heiddeger）所说的"Geworfen"，即一个"人被丢到世上来"[1]，而是一种觉醒，一种解脱；并非来到荒漠，而是来到上帝允诺的乐土（Terra promessa）。只要看一看自己身边，重生者就会看到所有的珍宝、所有的美好。马斯洛（Maslow）曾把这种狂喜的经验描述为高峰经验（Peak-Experience），亦即"对生命的体验"[2]。生命本身就是美丽的，生命本身就是美好的。而在个体诞生的这个美妙宇宙里，他会感到"天生我材必有用"，他会了解自己的生命意义和使命。

　　成人的诞生，既是他本身的诞生，也是其群体在世上崭露头角之时。这不是一种回溯，而是个体与社会的成熟。哀绿绮思和阿伯拉的爱情、但丁对碧翠丝（Beatrice）之爱、诗人和剧作家如莎士比亚、歌德、曼佐尼所述说的爱情故事，通通都是文化向前迈进的足迹。

---

① Martin Heidegger, *Essere e tempo*, Longanesi, Milano, 1982.

② Abraham Maslow, *Religions, Values and Peak-Experience*, Penguin Books, London, 1976.

第二章
恋爱

为什么恋爱?

我们一开始选用的这个案例,乍看之下,宛如是为证明心理分析理论所量身打造的。该理论主张恋爱是性欲受到压抑后的产物,性欲被压抑到某种程度后,会忽然爆发,而将性欲对象理想化。这个案例讲的是一个年轻人,我们姑且叫他"学生"(Student)。这个年轻人在恋爱之前,性经验几近于零。他很害羞、拘谨,心中有一些情色幻想。经历了一段深情却夭折的恋爱之后,他成了一个放浪形骸的花花公子。综合以上条件后,结论似乎已呼之欲出,就是这个恋爱了的年轻人,挣脱了原本的枷锁,解放了自己压抑的性欲,随心所"欲"了。

可是,我们若仔细看看他后来发生的事情,就会发现并非如此。我们这位年轻人上了大学,期中考试都及格了,课业一切顺利。有一天他开始对同班的一位女同学产生好感,他时时渴望能遇到她、见到她、待在她身旁、和她说话。此时任何特殊的情色幻想、性幻想都没有。只要她在身旁,他就很幸福;她若不在身旁,他就开始思念她。然而他还不知道自己恋爱了，他还不认为自己恋爱了。不过他之前就已经有恋爱的经验了，那是一种极强烈的感觉，他还记得很清楚。

渐渐的，"学生"的渴望日益增强，变得废寝忘食、锥心刺骨。他这才发现自己恋爱了，才承认自己恋爱了。他觉得是时候向女孩告白了。就这样，他每晚都去她家楼下，希望能遇到她，向她坦露情衷。女孩躲着他，她深知这个眼神透露着殷殷期盼、每晚在她家窗台下踱步的年轻人爱上了她。因为不想鼓励他这种行为，她便想尽办法不让两人有独处的机会。接下来好几个月，她都请一位男性或女性朋友陪在身旁。"学生"则到好久以后才意会她这样是代表着拒绝。

现在我们来想想看，倘若恋爱是性冲动所衍生的症状，应该有迹可寻才是。这个症状既然由性冲动所衍生，难道不会事先流露出些许端倪吗？这个症状即是伏笔。那好，"学生"所苦恋的这个女孩身上，又有什么特质吸引了他呢？不是肉体，不是性欲。吸引他的是她的说话方式、高雅的举止、社交生活的形态，她的生活比他的生活更丰富、更多彩多姿、更有趣。"学生"是个穷小子，而女孩养尊处优。她跟他聊她去过的度假胜地、名车和朋友一起旅行的异国等。这些是他从来没想过的，从她的口中说出来，让他听得如痴如幻，令他大开眼界。女孩让他发现了一个新世界、一种精致的生活风格，这令他心驰神往。

"学生"在恋爱的阶段，怀抱怎样的期待呢？是自己性欲的宣泄，还是一种更高、更成熟的社交生活呢？如果把他的恋爱心情视为某种心理症状，这当中又透露了什么信息呢？是对女性胴体的渴求，还是跳出自己向来封闭狭小的"井底"，追随这个女孩，迎接新的生活方式呢？

"学生"渴望的是崭新的人生。性欲不论在这段感情之前还是之后都占有相当的分量，因为如我们先前说过的，"学生"的性需求非常强。但在恋爱的这段时间，我们这位年轻人最感兴趣的是一件他从来不曾想的事情：和自己的心上人好好建立一段真正的恋爱关系。一种能一辈子持续的心灵和肉体的亲密感，一种能永远持续的亲密感，他感到自己如今已能迎接这种之前从未有的新经验。

这就是最重要的，即坚定地向前迈进，这就是恋爱所产生的"成熟"。在这个男人心中产生了一项新计划，涵盖了性欲和其他很多事。这不是对母亲和母亲之照顾的渴求了，而是人生中的一项计划，是一项关于厮守的计划，让他能以成人的姿态和一名成年女子共同生活。这样的人生代表着拥有一个自己的家、一群自己的朋友，这是他想都不曾想的生活方式。因为在发生这件事之前，他一直是个儿子，是学校的学生，是一名需要女性的男性。他一直和别人住在一起，但没有想过和另一人分享自己的生活、结婚，一肩扛下身为人夫的所有义务、责任及承诺。

如果是女人，她的做法就和"学生"不一样了。女人会立即了解自己欲望的本质，因为她从小时候开始就一直编织着相夫教子的梦想，她从小就被灌输妇德的观念。但这个小伙子不曾有这类想法。因此这份渴望便犹如突然冒出的怪事，他连它的名字都叫不出来。它激起了基因里的一个印痕（Engramma），却并非性欲的印痕。这份渴望让人向往情侣的生活，凡事皆以两人为考虑的生活。在这样的生活里，他不能没有她，因为她就是他渴望的基本条件。他的恋爱便由原本的"我"变成了"我们"。就是因为如此，他开始觉得自己成了一个孤独、残缺、不完整的人。以前他是个儿子、学生、一群好朋友的一份子，如今他却渴望成为一对夫妻的一半。

但这段新诞生的恋情是落花有意、流水无情，就在他发现自己恋爱了的同时，它也夭折了，连上诉的机会都没有。接下来将近一年的时间里，学生心如刀割，不明白为何这样伟大的爱情不被接受。他觉得这个世界荒谬至极，想寻短见。

经历这次惨痛的挫败后，"学生"开始将性欲与爱情做区隔。当他发现自己的心上人竟然连看都不想看自己一眼时，便不解她为何仍与其他男性来往，纳闷他们究竟哪一点比他好、究竟和他有什么不同。于是他将自己的挫败归咎于经验不足、过于腼腆。他观察身边的人，发现有许多同辈的小伙子很有自信，都知道怎么和女生打情骂俏。他对自己的朋友中表现得最成熟、最大胆的那一个特别感兴趣，那是一个花花公子，这让他这辈子头一次感到嫉妒。因此，他想花花公子如此辉煌的战绩，或许能他所不能。于是"学生"找机会接近花花公子，恭维他，设法成为他的好朋友。等两人有一定的交情之后，"学生"向花花公子坦诉自己的恋情、自己的秘密。既然是哥们儿，就可以叫他不要打自己心仪对象的主意，顺便让他传授几招。同时，"学生"观察他、研究他、模仿他。

这位朋友的友谊和所带给他的信心，让他鼓起勇气跨出第一步，不过对象的类型却和先前恋爱的类型完全不同。为了不想再因经验不足而被拒绝，他决定以自己最富经验的朋友为榜样。他们一同去跳舞、认识女孩子。"学生"有了多次性经验，但都不怎么让他感到愉悦。事实上他并不是为了性关系而来，他这么做是为了学习，他也很认真地学。他是个新手，但进步神速，他越来越有信心、胆识、魅力。他成功了，有不少次艳遇，然而艳遇的对象都比不上当初的心上人。他只是借由她们了解女人的心态，借由她们学习如何追女孩子，学习男女之间的角力，以免以后重蹈覆辙，他不想下回约会时又不知所措。性爱和求欢都不是目的，而只是手段。

这个案例告诉我们什么？告诉我们恋爱并不是被压抑之性欲的爆发而已。它更不是回溯，而是一种成长，是迈向二人生活、建立成人亲密关系的过渡时期。但在"学生"的案例里，他并没有达成这个目标，于是他为下一次的机会做准备。事情就这样发展下去，又过了好多好多年，他爱得惊天动地、轰轰烈烈。这次有情人终成眷属，他和心爱的人携手走过非凡而多彩多姿的成人生活。

何时恋爱？

我们恋爱的时候，就是希望有所改变，希望放下一段已经结束且陈旧的过去，并已有足够冲劲展开一段新的探索，以改变自己的人生。这个时候，我们准备发挥未曾发挥的潜力，探索不曾探索的世界，实现一度放弃了的梦想和抱负。这个时候，我们对既有的事物感到深深不满足，并有充分的精力奔向人生的下一个阶段。

有些人说他们总在恋爱，每一年每一月都在恋爱，这是不可能的，只不过是一时的诱惑、一时的情欲被他们冠上了恋爱之名罢了。他们所谓的恋爱，只是一种迷恋、一种偶然的诱惑，只是探索，不可能发展成真正而稳定的恋爱。

真爱就不同了，我们可以由迪诺·布扎第（Dino Buzzati）的小说《米兰之恋》（Un amore）谈起。主角安东尼奥（Antonio）是一名中年男子，当了大半辈子的光棍后，他疯狂爱上年轻的妓女蕾依（Laide）。为什么呢？在故事的结尾，他自己做了解释。话说他爱上了蕾依，而且醋劲儿极大，最后她怀孕了。于是他终于平静了、明白了。他了解到直到恋爱之前，自己的人生一直是不完整的、有缺憾的。他一直对女人、对爱情敬而远之，因为他不曾有勇气越过雷池半步。是故对蕾依的爱恋非但不是疯狂之举，反而是成熟的表现，早在多年前就该出现了。"蕾依代表了什么呢"，他下了这样的结论，"不正是一个孤独的人的心中，所有那些滋长发酵了这么多年却未曾获得满足的渴望吗？"① 他对许多女人有过这份渴望，却不曾有勇气或能力让她们成为自己的女人。"他遇见她们，觉得她们有如遥不可及的尤物，不敢多加奢望，她们根本不会把他放在眼里……他只要向她们一开口，她们似乎就变得不耐烦，连他的眼神都令她们反感，他不过抬起头来看她们，她们就已把目光转向别处"② 。就这样，安东尼奥大半辈子都不敢上前搭讪，不敢追求她们，不敢奢望她们的爱。他一直只往来于妓女之间。即将迈入老年之际，他内心忽然冒出了反抗的声音，使他挣脱以往的拘束，疯狂地爱上一个需要花钱买的女人，但这个女人只属于他一人，这个女人爱他。"竟然到五十多岁的年纪才开始为情所苦，岂不怪异荒谬？"③ 他这么自问。一点儿都不。恋爱意味着奋力一搏、意欲改变自己的人生，意味着他也想体验别人已体验的感情，想让自己的生命更圆满，想获得一份每个人都有权享有的尊严。

　　除了安东尼奥年纪较大而"学生"年纪较轻之外，两个案

---

①　Dino Buzzati，*Un amore*，Mondadori, Milano, 1966, p. 25.

②　Ibidem, p. 255.

③　Ibidem, p. 256.

例在本质上其实相当相似，两人都是从对性的渴望过渡到对夫妻生活的渴望。恋爱是成熟化的表征，在"学生"身上于二十多岁时出现，在安东尼奥身上则更晚，等他快接近生命尽头时才出现。然而两人都是在对过去累积了许多不满，对未来萌生了许多渴望、许多冲劲之后，才心生恋爱之情，使他们得以向前跃进，重获新生，勇敢面对这个过程中的种种艰难。

　　有些时候，不论如何刺激或诱惑，当事人都处于无法恋爱的状态。其中一种情形就是罹患忧郁症，忧郁症患者无法恋爱，因为他们缺乏对生命的冲劲，缺乏足够的求生意愿[1]，缺乏希望。若想产生恋爱的感觉，必须至少萌生一丝希望，即希望自己的爱意也能获得回应[2]。这种情形也见于深爱之人过世的时候，此时当事人一切的生命力都用来疗伤[3]，世界显得了无生趣。

　　另一种无法恋爱的情形，就是我们已经恋爱了。因为心上人的爱便是我们最深切的渴望，我们渴望和心上人一起吃饭、跳舞，和他一起与朋友相聚。没有他，我们的心灵便顿失一切欲望，变得麻木，化为铁石。当我们恋爱时，唯在当某人也确定喜欢我们的时候，我们才会喜欢他。一旦我们心生疑虑，渴望便

---

[1]　Ludwig G. Biswanger, *Tre forme di esistenza mancata*, Garzanti, Milano, 1978.

[2]　这是司汤达提出的论点，参见 Stendhal, *Dell'amore* Garzanti, Milano, 1972。用我们的理论来说，恋爱是经由许许多多的探索而形成的。在每一次的探索过程中，当事人都会评估自己获得青睐的可能性大小。假如他断定自己无法获得对方青睐，那么恋爱的历程就不会展开。然而他也可能判断错误，他可能把友谊、善意或性爱勾引误当成两情相悦的爱情。

[3]　Sigmund Freud, *"Lutto e melanconia,"* in *Opere*, *Introduzione alla psicoanalisi*, Vol. VIII, p. 102.

消失无踪，我们也坠入最幽暗的孤独。所爱之人其实并非爱情的对象，而是通往其他所有对象的一道门①。

如果有个人说自己爱上了某个人，忽然又说自己爱上了另一人，那么我们可能会怀疑他第一段恋情的真伪，并对第二段恋情的真伪更是纳闷。恋爱指把某人看得比其他人都重要，认为他独一无二、无可替代，没有任何人能与他相提并论。罗兰·巴尔特（Roland Barthes）曾写道："我所爱、所被吸引的人是'独一无二'（Atopos）的②。我无法将他归于任何一类，因为他就是绝无仅有的'唯一'、'理想'，奇迹似的吻合我的渴望。"③若某人声称他同时爱上两个人，那么他可能指的是别的意思，譬如他很喜欢其中一个，而爱上另一个，或者是他正在做关于爱情的"探索"。其实恋爱总是从"探索"、摸索开始，但并没有进一步的发展。在这类探索中，当事人可能会陷入两种截然不同的吸引力之间，并感到挣扎，但还称不上是恋爱了。

之所以萌生恋爱之情，就是因为对现况有所不满，这些不满逐渐累积成一股张力、一股强大的活力，到最后变成诱发因子、适时的催化剂。以社会学的用语来说，就是个体与自己群体间的关系发生危机，然后某件事将个体引向一种新的生活形态，引到一个新门槛之前，以致双方几近决裂，而个体投向新

---

① "门"（Porta）也是一个很常见的宗教用语。在连祷文中，圣母玛利亚被称为"天国之门"（Janua coeli）；在伊斯兰教中，"Bab"指通往崇高神圣之门；苏丹的领袖被称为"至高之门"（La sublime porta）。

② 指无可归类的、绝无仅有的，原是苏格拉底的友人、学生对他的称誉。——译者注

③ Roland Barthes, *Frammenti di un discorso amoroso*, Einaudi, Torino, 1979, p. 38.

生活的怀抱。真正的恋爱发生之前，既有的人际关系产生了危机，当事人感到自己过去都做错了，仿佛这一切脱离了现实、不再真实。同时他殷切盼望一个更真实、更有力、更实际的生活。

在华顿（Edith Wharton）的小说《纯真年代》（The age of innocence）中，年轻的男主角纽兰（Archer Newland）即将与梅（May）成婚，但从欧洲来了一位神秘动人的奥兰斯卡（Olenska）伯爵夫人。于是他开始质疑自己的人生，他觉得自己的价值观显得媚俗、虚伪、不真实。纽兰依然娶了梅，但在举行结婚仪式的过程中，他不断反省自己的所作所为。他感到一切都显得不真实，而且不断暗自想着，在这世上"一定有一些真实的人，……在他们身上发生着一些真实的事情"。[1]

在小说《查特莱夫人的情人》[2]（Lady Chatterley's Lover）中，康思坦斯（Constance）于战乱中成婚。战争结束后，丈夫回到家中，因负伤变得瘫痪且无能。他们将家搬到一个矿烟弥漫的盆地地区。她觉得这个地方非常糟糕，令人生厌。那栋破旧的房子显得了无生气。"至于其他则毫无任何情感上的热情让这个住所产生家的感觉。这个房子就像一条荒凉街道一样惨淡。根本称不上是人生……那些佣人……犹如行尸走肉，他们没有具体的人生"[3]。丈夫向她解释："重要的是两人终于能长相厮守，终于能过共同的生活……不论发生什么事，你和我都是结发夫妻。我们很习惯彼此。而习惯对我而言，比其他片刻即逝的激情更重要……渐渐的，只要在一起住久了，两个人就会

---

[1]　Edith Wharton, *L'età dell'innocenza*, Corbaccio, Milano, 1993, p. 156.

[2]　David Herbert Lawrence, *L'amante di lady Chatterley*, Mondadori, Milano, 1946, pp. 25-27.

[3]　Ibidem.

越来越相近，产生一种默契，就像心灵结合了一样。这便是婚姻的真谛。"[1] 但她仍然感到无比地空虚，觉得自己一无是处，"世界上、生命中的所有一切似乎都耗竭了，而她心中的不满足感比山峦更古老深远"[2]。就在这个时候猎场管理员梅洛斯（Mellors）出现了，并成为她的情人。随着他的现身，原本不真实和死气沉沉的感觉都消失了。她为了他抛弃丈夫并与他共创新生活和新共同体。

　　此处的情形和大多的情形一样，力量的产生是由内而外的，不过有时候也可能相反，是受到外在力量的影响。大家都知道度长假的时候，很容易发生一日恋情或假日恋情。因为度假就像住在孤岛上，与世隔离。生活的步调慢了下来，生命的冲劲便寻找新的发泄渠道。基于同样的理由，年轻男女最容易在刚上大学时坠入爱河。那是一个全新的世界、全新的生活，一般而言，他们是带着心中的爱踏入这个新环境的。有些人在换工作或搬到其他城市生活时坠入爱河，尤其是因为长时间远离自己的妻子或丈夫。他们重新敞开了心胸，充满活力，渴望有一番作为。旧的关系显得遥远模糊，丈夫或妻子少有机会和他们一起讨论遇到的难题，无法再陪在他们身边帮忙出主意。然而办公室里有同事，一个男人或女人，和他们朝夕相处，和他们一起奋斗打拼、一起做计划、一起出差。两人渐渐变成朋友，发展出恋情，甚至发生性关系，此时两人很容易爱上彼此。这种事情在演艺界时有所闻，电影明星往往必须在数月的时间里和异性同事在异地一同工作，或许他们拍摄的正是一段

[1]　David Herbert Lawrence, *L'amante di lady chatterley*, Mondadori, Milano, 1946, p. 58.

[2]　Ibidem, pp. 62-63.

爱的故事。这样一来，他们所处的情境便兼具了共同目的、度假的孤立感以及亲密感等条件。

以上种种让我们得到一个基本的结论：当一个人正经历改变、正在蜕变，经历一些全新的体验时，他所处的情况便使他有可能再度恋爱。因此一段长寿而多彩多姿的人生，很难只有一段恋情。当然，还是有很多夫妻终生挚情不移，但即使是他们，至少其中一人都很可能爱过其他人，也可能终究决定放弃一段恋情，以免伤害原本的这段感情。

与谁恋爱？

心理分析学派认为我们之所以恋爱，是因为恋爱的对象让我们回想起童年时期爱过的人。某个男人之所以爱上某个女人，是因为这个女人和他的母亲在心理上或外观上有相似之处。相对的，女人可能是因为父亲，也可能因为其他人，但必须是童年时期的人物。心理分析学派的理论主张成人时期的所有重要课题都源自童年时期发生的一些事情。对心理分析理论来说，一切都是回忆、追溯，连恋爱也是。

为了说明这个论点，心理分析学者一般都会举出弗洛伊德的文章《威汉·颜森的歌蒂华之梦》（Il delirio e i sogni nella Gradiva di Wilhelm Jensen）[1]。内容简述如下，一名年轻的考古学者诺贝·哈诺（Norbert Hanold）发现了一个庞贝浮雕，上面的图案是一个女孩行走的模样。他深深地迷恋上她，并给她取了一个名字叫"Gradiva"，意指"步行的女孩"。在恍惚的状态下，他

---

[1]　Sigmund Freud, *Opere*, Boringhieri, Torino, Vol. V, pp. 256-336.

去了庞贝古城，就在梅拉葛王子故居（Casa di Meleagro）前面，看到了浮雕上的女孩在那里走动。起先他以为是自己的幻觉，后来又以为是鬼魂，最后才发现那是一名有血有肉的女子，名叫佐伊（Zoe），并且似乎对他相当熟悉。佐伊主动说明了事情的原委，他们原是青梅竹马的伙伴，自幼在一起玩耍，两小无猜，不过后来因为种种因素失去了联络。哈诺发现这幅庞贝浮雕时之所以魂牵梦萦，正是因为"Gradiva"与佐伊非常神似。故事的结局是哈诺与佐伊一同步上红毯，从此过着幸福美满的生活。

对于大多心理分析学者而言，每一次的恋爱都代表我们受到了吸引，而且吸引我们的对象是能让我们想起母亲或其他所爱之人的人。总是过去的情影或恋情在导引着我们的未来[①]。如今也有类似的观点，是由约翰·莫尼（John Money）提出的，他追踪了数名五岁至八岁儿童对爱情的憧憬。他让这些儿童依照自己既有的经验想象自己理想中的人生伴侣，想象自己觉得诱人和性感的情境。以后，当他们遇到符合这些条件的人时，他们便会产生恋爱之情[②]。

[①]　我们已经谈过另一种观点，即把恋爱情感视为母亲依附的后续发展和延续，此由约翰·鲍尔比（John Bowlby）所研究提出，参见 John Bowlby vol. I: *L'attaccamento alla madre*, Boringhieri, Torino, 1972; vol II: *La separazione dalla madre*, Boringhieri, Torino, 1975; *Costruzione e rottura dei legami affettivi*, Raffaello Cortina, Milano, 1982。关于这个议题，也可参见 Lucia Carli, *Attaccamento e rapporto di coppia*, Raffaello Cortina, Milano, 1995。

[②]　John Money，*Lovemaps: Clinical Concepts of Sexual/Erotic Health and Pathology, Paraphilia, and Gender Transposition in Childhood, Adolescence and Maturity*, Irving Publishers, New York, 1986; *Amore e mal d'amore*, Feltrinelli, Milano, 1983.

本书所阐述的观念则恰恰相反。即使爱情是以过去的渴望和梦想为出发点，它的方向和动力依然是朝向未来的。轰轰烈烈的爱情都是使人更趋成熟的动力，都是向前跨出的步伐。这些恋情往往能以新群体取代旧群体，以新恋情取代陈腐的旧恋情，创造一对新情侣、一个新的共同体。当然这些过程也有可能失败，但它们的动机和意义确实在于寻求更充实圆满的人生。

我们之所以产生恋爱之情，是因为我们遇到了一个能够帮助我们成长、让我们看到更多可能性的人；让我们朝一个符合自己内心需求、符合社会对我们的期待的方向迈进。尽管心上人或许与我们的母亲、姑姑、阿姨或童年时期的任何一位人物有相似之处，但这只是一种手段，只是生活之活力借以展现自己的一种工具。如果我们曾经怀抱梦想，曾经喜欢或欣赏过某位明星，那么心上人应该会让我们回想起这个人。但我们选择了这位心上人，因为他在某个特别的时刻出现在我们眼前，至少就象征层面来说，他似乎有办法解决我们最关键的问题。

歌德笔下的一个著名人物威廉·麦斯特（Wilhelm Meister）[①]年轻时读了塔斯（Tasse）的《解放耶路撒冷》（*Gerusalemme liberata*），读到丹可第（Tancredi）使心爱的可洛琳达（Clorinda）重伤致死并绝望地跪在她身旁的那一幕时，不禁感动落泪。麦斯特便朝思暮想地想着像女战士可洛琳达这样的女子。有一天，他在剧院里看演出，看到了年轻的女演员玛丽安（Mariane），她一身军服，身着赤红的短上衣，戴着一顶冠着

---

① 歌德以这个人物写了三本书：1777 年的《威廉·麦斯特的戏剧志向》（*La missione teatrale di Wilhelm Meister*）、1797 年的《威廉·麦斯特的学习时代》（*Gli anni di noviziato di Wilhelm Meister*）和《威廉·麦斯特的漫游时代》（*Gli anni di pellegrinaggio di Wilhelm Meister*），他一直写到 1829 年。

长羽毛的帽子，俨然现代版女战士可洛琳达的化身。他马上就爱上了她、跟随她，而且自己也成了演员[1]。

　　这样的转变意味着什么呢？意味着威廉·麦斯特恋爱是因为他遇到了一个女扮男装、让他想起可洛琳达的女子吗？没错，但更因为他是在剧院里看到她，而且她是演员。威廉·麦斯特早就对戏剧表演有憧憬，早就向往自由的生活，才会借此显露自己的梦想和朝戏剧发展的志向。就这样，那身短上衣勾起了他童年的梦想、他对爱情的渴望，以及他对表演艺术的向往。玛丽安不只是完美女人可洛琳达的化身，更代表了一种可能性、一种生涯发展路线、一种人生。

　　威廉·麦斯特人生的每个转折点都有爱情的印记。玛丽安抛弃他之后，他过了许多年贫乏、了无生趣的生活，直到后来他又遇到了一个剧团。他快乐地加入他们，并爱上斐琳（Philine），一个单纯、轻松而无忧无虑的女孩。和她在一起后，他终于登上了他戏剧生涯的巅峰：他拥有了自己的剧团，并成为团长。这是他生活的第二个阶段，之后还有第三阶段，他进入了上流社会和文艺圈。为了达到此目的，他爱上了娜汀（Nadine）。就连此时也勾起了他的童年回忆。小时候他常常长时间站在祖父的一幅画前凝望，画中描绘的是年轻而身患重病的安提奥古（Antioco）倒在莎多妮（Stratonice）王后面前。一天，麦斯特在森林里漫步时遭到攻击并受了伤。他回过神后，看到他的身边是年轻的女勇士娜汀和她的士兵队。这一幕勾起了两个回忆：画中病重的主角及垂死的可洛琳达[2]。他就

---

[1]　Pietro Citati，*Goethe*, Adelphi, Milano, 1990, p. 73.

[2]　Pietro Citati，*Goethe*, Adelphi, Milano, 1990, pp. 62-63.

这样爱上了娜汀，虽然她不是演员，却是招待他的贵族罗达力（Lotario）的妹妹。娜汀嫁给了他，麦斯特从此攀上了贵族之列，不再受共济会精神和启蒙运动的影响。

因此，我们有可能爱上某个类似儿时所遇见的人物、渴望亲近之人、偶像、小说主角、电影主角、电视剧主角或明星的人，但重点是此人在当下所象征的意义和所可能开启的未来。埃丽卡·容（Erica Jong）观察到许多女性主义者和作家，往往不可自拔地爱上桀骜不驯或叛逆的人。她写道："少女梦想着爱情和深情，就如同少男梦想着征服一样，因为这类梦想都必须离开家里、自我成长……最大胆的女性主义者，往往也是最大胆的恋人，我们该怎么解释这种现象呢？如果我们把她们当成受害者就大错特错了。她们其实是最勇于冒险之人。"[①] 不，她们爱上的是命运为她们安排的人。

如果当事人已经准备好彻底改头换面，那么只需些许的刺激，几乎如借口似的，就足以激发恋情。他会爱上眼前出现的第一个人，就像在《愤怒罗隆》（*Roland furieux*）中所描述的到雅丹（Ardenna）森林里饮了爱之泉的水的人一样[②]。我们这就有

[①] Erica Jong, *Paura dei cinquanta*, Bompiani, Milano, 1994, pp. 293-296.

[②]

E questo hanno causato due fontane	此乃肇因于两座喷泉
che di diverso effetto hanno liquore	其水各有魔力
ambe in Ardenna, e non sono lontane;	位于雅丹，互距不远；
d'amoroso disio l'una empie il core;	倘若喝了其中一泉之水，则心中爱意无尽；
chi beve all'altra, senza amor rimane	倘若饮另一者，则爱意荡然无存
e volge tutto in ghiaccio il primo ardore.	只成铁石心肠，冷酷如霜

摘自 Ludovico Ariosto, *Orlando furioso*, Utet, Torino, 1969, canto I, 78, pp. 64-65。

个现成的例子，姑且称他为"都灵男人"（L'uomo di Torino）。

"都灵男人"没有真正谈过恋爱就结婚了。他忽然对爱情极度失望，但几年后，他遇到了一个温柔、如母亲般的女子，他在她怀里很有安全感。他在婚后如工作狂般投入事业，并放弃了原本对艺术的兴趣。他事业有成、收入丰厚，对自己的地位和社会成就很满意。然而，他觉得这样的生活违背了自己的兴趣，他感到自己背起了一个重担却卸不下来，并因此痛苦不已。随着时间的推移，他越来越觉得自己的妻子面貌丑陋、知识贫乏，她的身体令他心生抗拒。他依然履行夫妻义务，但只在召妓时感到性愉悦。他在工作上与老板起争执，他觉得自己受到压迫，生活如同炼狱。他开始出现严重的身心症症状，并接受心理治疗。这段时期社会和政治也正处于动荡不安的阶段。某晚，他非常忧郁、孤独地在城里漫无目的地乱走，碰巧遇到一个朋友，带他去了一个前卫艺术的交际圈。在那里他遇到一个很有活力的年轻女子，她狂放不羁，喜欢逗弄他。她说她想当导演。她邀他一起去剧院，他同意了。那是一个他向来不熟悉的环境，令他看得目不转睛又眼花缭乱。他们聊到清晨，聊生活、聊爱情、聊人生，无话不谈。她是个叛逆的人，不断鼓励他甩开身上的一切束缚、追求自由、做自己想做的事情。他们相拥相吻、做爱，他才发现自己恋爱了。

这是一份反抗式的爱，这份爱颠覆了原本平衡的生活，不论那生活看起来多么美好。就和布扎第在他的小说《米兰之恋》中描写的情节一样，那是一种对以往至今之人生的抗议，亦即压力累积到一定的关键门槛（soglia critica）后的爆发。这时候心上人的特质就不那么重要了。心上人只是一种象征，象征着自由、快乐、脱胎换骨的途径，并不需要什么心灵的依托或深刻的情感。

到目前为止，我们所看到的案例对于转变的反应都是如此的强烈，以致主角立即萌生爱意。但一般来说，主角反而往往尚未做好心理准备，或遇到的对象并不合适，或欠缺其他条件。于是恋情从一开始就在原地踏步，并成了短暂、冲动的一时迷恋，过一阵子就不了了之。而且一段时间之后，主角又觉得自己受到别人的吸引，继续找一个能替自己解决难题、能够满足自己需求的人，就这样又展开新的尝试、新的探索。

就像以下这个我们称之为"米兰女人"（La donna di Milano）的例子一样。她来自乡下，嫁了一个事业心重、身心都完全投入工作的主管丈夫。她不爱他，但还挺喜欢他的，他能给她安全感以及相当不错的社会地位。她和他生了两个儿子。在这段婚姻的最末几年里，丈夫投身金融业，收入十分可观。她成了富婆，但也很寂寞。她有花不完的钱，但生活甚是乏味。丈夫总是忙于事业，一回到家又只顾儿子。

有一天她认识了丈夫的一位年轻同事，他基于礼貌稍微奉承了她一番，她才意识到自己的女性特质。她忽然被一股排山倒海的渴望所侵袭，她为他失去了理智。然而事与愿违，他们之间并没有任何结果。但只要对方再多坚持一些、两人相处的机会再多一些，就足以擦出爱的火花。"米兰女人"的第一次尝试失败了，但她仍热切渴望好好体验人生。她开始减肥、整容，花费大量金钱添购衣装，让自己变年轻，向男人抛媚眼。一次在自己举办的宴会上，来了一位很帅的客人，一个出了名的花花公子。他懂得对女人甜言蜜语，会弹钢琴、唱情歌。

"米兰女人"和这位客人有说有笑,她的丈夫全都默默看在眼里。她忽然感到无比愤怒,亟欲背叛他、惩罚他、报复他的沉默,抗议两人关系的冷漠。花花公子邀她去他家,他们发生了两三次性关系。她神魂荡漾,深信自己恋爱了。她写了许多深情款款的情书给他,他却毫无响应。而且两人见面的时间也越来越少,他说他有事外出远游。某天,在邻近的一个小镇上,她撞见他和他的情妇在一起。她才知道他背叛了她,而且永远也不会改过来。她怒斥他,而他把她赶走,两人就此告吹。

一段时间后,"米兰女人"和一些女性朋友航海出游,认识了一个热爱古典音乐的年轻德国工程师。这一次她也差点坠入爱河,但工程师回了德国,再也没有联络。她只感到深深的惆怅,并觉得自己从今以后要开始寻找可依靠的终身伴侣。她为这些挫折感到愤愤不平,她把自己的不幸和一切过错归咎于丈夫。她怪他太老、太丑、太无聊。她指控他强暴了她,要求分手。这时候,她遇到了一个优秀而上进、事业正要起步的年轻人。他觉得这个女人气质优雅、充满活力,可遇不可求,因而深深心动。她感到自己恢复了活力,自由了,恋爱了,于是离婚,嫁给了年轻人。

不过恋爱也不总是对无聊而狭隘之日常生活的反抗。有时候,恋爱正是通往新世界的大道,比如以下这个我们称之为"日本主管"(Il manager del Giappone)的例子。他被派到日本的分公司,而且任期长达数年。他的同事都迫不及待想回到欧洲,他则被此地所吸引。他深深着迷于这个似乎将他拒于门外且不得其门而入的国家。他开始学习当地语言,观赏当地戏剧。他甚至有过几段艳遇,这让他体验了异国神秘的情欲世界。可是他仍感到寂寞、悲伤，内心却也充满活力，渴望着某种自己也说不上来的东西。

就在这时候，"日本主管"认识了一位在大学里任教的年轻女老师，她已经结婚却不爱丈夫，婚姻濒临破碎。他是个严肃、传统的男人，而她则想有所改变，并深受西方文化所吸引。起先双方都认为两人的关系可以只限于性爱友谊，结果却爱上了彼此。他被东方性爱的力量所征服，这个女子就像一个艺妓，是神秘而勾魂之性爱的高手。她懂得如何掩覆和揭开他的身体、让他变得诱人，那是西方任何烟花女子都做不到的。她又散发着一股单纯的深情、一种坚毅的决心，令他联想到日本武士。他觉得自己仿佛在她身上发现了女性魅力的真谛，这种女性魅力是他在西方未曾见过的。透过这种女性魅力，他一脚踏入且立即认同了东方世界，仿佛一堵高墙、一道障碍倒下了。他不再觉得自己只是个西方人，他开始觉自己也是个日本人，并感到自己经历了非比寻常的成长。

当一个人恋爱时，对方会为他带来多得不得了的新知识。那是一整段人生，是通过另一个观点所看到的、所诠释的世界。通常必须身为父母，看着自己的子女长大，参与他们的游戏、分享他们的喜好、听他们听的音乐，才能得到类似的经验。我们甚至常说父母会因为孩子而变年轻，但所有这些都必须逐年逐月地慢慢累积。相反的，恋爱时，我们只在短短几个月内就走进了另一人的人生。那就像开启了一个新的宇宙，因为每个人都自成一个小宇宙。因此爱一个人，在这层意义上也就意味着重生、变成另一个人，自己的人生被分成了两支，除了自己原本的人生外，更多了另一个平行发展的人生。

当有不同文化背景的人相遇时，文化的渗入是很彻底的。

它穿透我们，带着我们飞舞，它丰富我们，让我们既惊奇又欣赏不已。因为我们不再只是从表面而是从内在出发认识它，仿佛我们从小就在这个文化里长大一样。彼此分享的是最亲昵的动作、童年的儿歌、昵称或绰号、亲戚间的相处情形，一起拥有共同的街道、共同的广场、共同的天空。不只是现在的种种，还包括从前的一切，即我们所爱之人从小到大所看过的一切。"日本主管"和他的情人就是这种情形，他们相遇相爱。他走入东方的国度，她则踏入西方的世界，彼此帮助对方拼凑人生并圆满自己的人生。

总括来说，我们的观点与心理分析学派的观点最大的不同在于我们认为个体爱的并非自己的过去，而是自己的未来，是即将可能发生的事情。

这件事可以在下面这个例子得到清楚印证，我们姑且称她为"一心向学的女孩"（La ragazza che voleva studiare）。她出生在南部偏僻地区的一户贫穷人家，从小就渴望念书，上大学，成为作家，但这似乎总是个遥不可及的梦想。后来忽然有个机缘让她来到了罗马，她来到这里才见识到有那么多人的生活竟都与表演、电影和电视剧息息相关。那里隐藏着许许多多一夕致富的机会，但她也看到了不少靠算计他人、靠惹麻烦和靠自我欺骗维生的人。在这个圈子里，一个女人如果想往上爬的话，姿态就不能太高。这个女孩本来就长得很漂亮，因此很快就有许多男人前来亲近，她的前途看起来一片光明。

一天，她遇到一位电视台的主管，他开始追求她，她也对他颇有好感。他很聪明，有内涵，对她念念不忘。她被他的博学多闻所深深吸引，她眼中的他就像个大师。和他在一起，她认识了知识和艺术，她感到非常幸福。但他是个有妇之夫，希望和有钱有势的妻子保持良好关系。女孩渐渐才发现，在他博学多闻的外表下，其实也有卑鄙下流的一面。某晚撞见他与另一个情妇幽会，伤心之余，她决定离开他。

女孩搬到米兰，安于一份低薪的工作，同时去大学进修，她在那里见识了严谨而有深度的学术界。上大学令她高兴不已，让她终于实现了从小的梦想。她白天工作，晚上念书，但非常快乐。尽管同学和教授们都对她略有追求之意，她却躲着他们，过了许多年独来独往的生活，直到后来遇到了一个非常勤学的人，一个非凡出众的男人。他们常相见，她敬重他、欣赏他。他们一起念书，不曾有任何情欲关系，但他们在心灵上有很深层的交流。他很欣赏她的聪敏、她的品行和她的勇敢。他们可以聊上很久很久，成了好朋友。一天晚上，两人沿着纳维里区（Navigli）漫步时，她忽然觉得月色和气氛都和平常不太一样，感到特别的祥和与幸福。当他倾身吻她时，她就明白他将是她一生的最爱。"那感觉就像找到了归宿，"她说道，"就像是回到了家一样。"

即使在这个例子里，也是好事多磨，经历了很久的摸索才修得正果。"一心向学的女孩"已经放弃了所有捷径，而看清了哪些才是真正有意义的东西。她所爱上的这个男人，可不是"第一个出现在眼前"的那一个，而是真正"最合适自己"的那一个。她和他在一起后，才成为自己真正想成为的人。

我们对于自己的能力和命运不甚了解，每个人的眼光高低不等。"一心向学的女孩"童年时期的眼光便十分高，以她当时所拥有的有限资源来说，是太高了。但现在可以说她的目光之所以这么高，乃是她命中注定的。

一见钟情

我们有可能在几天之内甚至是几小时之间，忽然就坠入情网，爱上一个我们素未谋面的人。这种情形我们称之为"一见钟情"。"都灵男人"便是一个很典型的例子，他的一切都发生在一夜之间。在研究了许多其他一见钟情的案例之后，我发现一般而言，这种事还是要经过几番摸索，历经一系列的尝试和犯错之后才有可能发生。

从下面这个我们称之为"企图心强的男人"（L'uomo ambizioso）的例子可以看得更清楚。他是一个主管，娶了一个不算美丽但非常有钱的女人，他努力追随那个作风大胆的老板，最后终于登上了公司的要职。他有权势、有声望且有钱，身边不乏美女相伴，她们总令他妻子相形失色，于是他背叛了她。而他的妻子为了表达抗议，三不五时带着孩子离家出走。可是后来老板的公司垮了，他的婚姻也完了。他觉得自己自由了，便搬去和一名年纪比他小很多的貌美女子同住，但很快两人的关系就告吹了。他又交了一个女朋友，同样年轻漂亮，然而他却感到寂寞空虚。这时候，有个朋友找他加入自己的广告公司，并且他可以成为股东，他兴致勃勃地答应了。这份新差事让他很高兴，他企划了很多案子，经常到各地出差。有一天，在罗马的机场，他遇见了一位美丽动人的德国小姐。他们共赴米兰，真是一见钟情。"企图心强的男人"此刻才心烦意乱地了解到，事实上他这一辈子还从来没恋爱过。他向来总是满脑子的钱财和事业，他总是把女人当作炫耀用的奖杯。而现在他心里的新感受却是爱情，而为了这份爱，他愿上山下海，在所不辞。他一路跟她到德国各地去，展开猛烈追求的攻势，把时间、金钱全都抛在脑后，毫不懈怠，乃至她最后与丈夫离婚，嫁给了他。这段婚姻很美满。"企图心强的男人"的例子让我们看到，事实上一见钟情只是一段漫长追寻的最后行动，因为之前当事人的心态尚不够成熟，也是因为还没遇到符合自己内心渴望的人。

暂停的一刻（Momenti di discontinuità） 一见钟情在使用上有另一层内涵，就像有时被用来指我们触电了、飘飘然了、魂被勾走了的那些神奇时刻。就第二种定义来说，它指的并非恋爱，只是恋爱过程中的一个片刻而已。其实，不论哪一种恋爱，即使是熟人或朋友间那种日久生情的恋爱，我们都会觉得有某个时刻特别有别于其他时刻，而且就是在这一刻起了变化。仿佛一个开关被打开了，仿佛一道光芒倾洒而出，仿佛一片薄纱飘然降下。由此才出现了一些用词，如法文的"tomber amoureux"或英文的"fall in love"。

这种暂停的感觉究竟从何而来呢？为了回答这个问题，我们要用一个先前的例子做说明，那就是"都灵男人"。"都灵男人"声称自己就是在女孩带他去夜游，向他述说了自己的童年生活，双手环抱他的脖子哭泣之后，忽然就爱上她的。事实上，如果随后几天他没有再见到她，他们也没有住在一起的话，这个举动根本不会造成任何后续影响。因此，直到后来才会看出这是关键的一刻，之前只是身陷其中而浑然不觉。他在这个过程中并不会意识到这是不可回头的一条路。他感到一股极为强烈的情感，但仅此而已。然而就是在这个阶段，爱情的大门开启了，他心中的壁垒被拆除了，出现了一个出口，恋爱的过程也因此得以继续下去。

我们现在来检视另一个例子，我们称他为"巴里男人"

（L'uomo di Bari）。"巴里男人"与妻子聚少离多的人。有一天，他遇到一个年轻女子，她的眼神中透露着冷傲、魅力和不安，令他怦然心动。他有好几个月没有再见到她，这段时间，他和妻子的关系恶化了。当他再度见到这名女子时，他邀她共进晚餐。两人一同出游，他拥抱她、吻了她。他能感受到女子柔软而丰满的胴体贴在自己身上的感觉，那是一种很强烈的感觉。然而，直到此时，我们都不能说"巴里男人"恋爱了。假如他们从此没有再相见，那这就只会成为一段愉快的回忆。但就在这几天里，他意外得知了一个消息，使他与妻子之间的关系急遽恶化。他激动万分，怒不可遏。他又把女子约出来，并决定豁出去了。他们去了一间汽车旅馆，他脱去她的衣服，当他看到她裸体躺在床上时，整个人被她美丽的乳房给慑住了。后来他总是说，他就是在那个时刻爱上了她。但我们还记得，几个月前，他就曾被她的双眸吸引了，还有后来互相拥抱时的浓烈感觉。"乳房的惊艳"必须等到他与妻子闹翻、完全臣服于这段感情和卸下一切心防后才会发生。

因此这些暂停的一刻，就是当事人卸下心防、敞开心胸的片刻。我们总是抗拒爱情，不敢放任自己跟着感觉走，感受不到那些敦促着我们的刺激因子。然而，总会有某个时刻，我们终于放下了心防，敞开了心胸，甘愿"俯首称臣"。有些像催眠时，当事人到了某个当头放下戒心而乖乖配合催眠师的指示。如果某人执意不让自己接受催眠，那么他的世界便是任何人也无法进入的。

那么一见钟情究竟是什么呢？就是决定毫无保留地放纵自己接受吸引后所得到的产物。假如相反的，当事人对爱情的吸引力有所抗拒、不愿屈服，那么这个过程就会慢慢逐一逐一地进阶，切割成许许多多次的新感触，成为很多暂停的一刻。

就如"谨慎男人"（L'uomo prudente）的情形。他已有两次离婚记录，而且从小到大他一直是个很谨慎的人，因此他总是对新恋情产生强烈抗拒。他认识了一位年轻小姐，人长得非常标致，两人共事了一年，不过他从未把她当成可能的交往对象。他只是欣赏她，赞叹她的才智和品行。两人成了朋友，常促膝长谈。某晚，在一场宴会上，他凝望着她倾身替来宾倒酒的身影，惊觉她细致的背和修长的腿竟是那么的动人，他终于"看到了她"。第二次触电的感觉是当她穿着泳装、露出古铜色的肤色出现在他眼前，他被她的美迷得神魂颠倒。然而，他到后来才会发现自己在那一刻已疯狂爱上她。这时他们已经住在一起，某天，两人起了一点争执，他出门去上班，可是忽然间感到恐惧不已，害怕她一怒之下从此再也不理他了。他心急如焚地跑去找她，却发现她的甜美微笑依旧，他激动地一把紧紧抱住她，最后一道壁垒终于倒下。现在他终于体认到这个女人是他生命中所不可或缺的，他再也不要和她分开。

所以爱情是来自内心深处的，而且眼光放在未来。然而当事人必须接受它，想"要"它才行。当事人在决定恋爱与抗拒恋爱的天人交战之间，有许多短暂的跃进与让步和一些顿时的体悟。"都灵男人"很快就发现自己恋爱了，他也很快就用这些词语来形容自己。"巴里男人"直到得知了那个晴天霹雳的消息之后才进入这个历程。"学生"呢，则要等许久以后，因为他的爱没有得到响应。而最后的"谨慎男人"，即使已拥有自己心上人的爱，也小心翼翼的，不敢完全敞开心胸。

因此一见钟情，并非如许多心理分析学者所说的，是一种神经官能现象。他们主张，一见钟情时我们并不了解对方，我们在对方身上所看到的，只是我们自己心理的投射。倘若我们对他很了解的话，我们的爱就会实际许多。我们方才所举的例子推翻了他们的观点。恋爱时我们眼中的对方总是神秘而陌生且召唤着我们的。就连我们爱上一位男性友人或女性友人时，总会有那么奇迹般的一刻，使我们以崭新的眼光看待他或她，忽然发现他或她有一种与众不同的特质是我们之前都不曾注意的。

恋爱所可能产生的一大致命伤，就是恋人对未来可能各自拥有全然不同的计划，但彼此并不知道。维斯康堤（Visconti）的电影《对头冤家》（Ossessione）中的主角就是这样。男主角是一个卡车司机，他想要云游四海，走遍全世界。女主角则年轻貌美，嫁给一个有钱、蛮横的糟老头。两人相恋了，他们把老头杀了，并布置成一场意外。他们现在终于可以双宿双飞了，可以随心所欲了，偏偏在这时候两人的意见起了分歧。他只想让她在身旁，而对房子和土地完全没兴趣。他希望和心爱的女人继续遨游各地。但她心中另有盘算，她爱上了家中唯我独尊的滋味，爱上了家财万贯的感觉，她希望和心爱的男人分享这一切。他不想逗留在命案现场，他知道这样很危险，迟早会东窗事发。她却一点儿都不想离开，而希望好好享受安逸的生活。这栋房子就是她的战利品，就是她"咸鱼翻身"的证据。于是，他决定离开，决定不要单恋"一枝花"。但没有用，爱情的力量更大，他又回来了。此时连她都意识到此地不宜久留，但后悔已经太迟。他们在前面逃命，警察在后面追捕，车子冲入山崖，她死在他的怀中。

共同的理想

在新西兰拍摄、简·坎皮恩（Jane Campion）执导的电影《钢琴师和他的情人》（*The Piano*）中，一名年轻的英国女子嫁给了新西兰的一个殖民拓荒者。这个少妇从六岁起就不再开口说话，只用手势和写字与他人沟通，并能深情款款地弹钢琴。从船上卸下行李时，钢琴也运来了，却无法运往丛林内的家，只好放在沙滩上。由于丈夫聆听她弹奏的意愿不高，她便请一位邻居陪她去弹钢琴，邻居同意了。他们在沙滩上会合，他听她弹钢琴后，大受感动，便向她丈夫买下了这架钢琴。他把钢琴从沙滩搬回自己家里，把音调准了，然后请少妇教他弹钢琴。

看着她弹琴的模样，他感到一股无法自已的渴望，渴望她、她的音符、她的胴体。他了解到，对这个女人而言，钢琴就代表了她的生命，因而起了歹念，胁迫她，他说可以把钢琴送给她，但条件是必须让他看她赤裸的香肩、让他触碰她，并要她裸身躺在他身边。这等于想要她一点一滴地以自己的身体买回这架钢琴，她接受了。然而，后来当男人发现自己真的爱上她时，自责、悔恨不已。他后悔自己利用了她对音乐的爱，后悔把她当成妓女看待。他打算把钢琴送给她后就离去，因为他真心爱她，所以不希望她有任何的勉强。这时候，这女子也发现自己爱上了他。她爱他，因为他是她唯一的知音，只有他听懂了她的语言。在和丈夫的一次激烈冲突后，她和他一起远走他乡。在离开的旅程中，她决定彻底摆脱过去，想把钢琴丢到海里。可是钢琴在沉没时，却拖着她一起往下沉。她才发现有一条系着钢琴的绳索，绊住了她的脚踝。她拼命挣扎，总算挣脱了绳索，浮回水面。于是她终于摆脱了过去，得以和情人一起去欧洲展开新的人生。

在这段美丽的故事中，爱情就是建立在共同的理想上。男人一直对这个弹琴的女子倾心不已，他迷恋她的身体、她的面容以及她自我表达的方式，亦即音乐。这种未曾接触的艺术，让他走进了自己的心灵，也走进了她的心灵。音乐是他们的共同点，而且这音乐只有他们懂。丈夫只想着买田买地，认为夫妻只要相处久了，慢慢就会产生感情。然而男人即使把她当作妓女看待，也是一心渴望着她，渴望她的肉体和灵魂，因为音乐就是他自己的灵魂。他是第一个不拆散她的肉体和她的音乐的人，他把性爱和艺术合而为一。少妇的性欲因而被唤醒，他解放了她，也诱发她再度开口。因此他们之间的感情是很深刻的：互相尊重对方的肉体与心灵。

还有一个共同理想的例子是作曲家威尔第（Giuseppe Verdi）和女高音史翠波妮（Giuseppina Strepponi）的真实故事。威尔第出生在意大利一个叫作艾米利亚（Emilia）的小地方，家境贫穷。一个有钱的人家供他念书，他也成了这户人家的女婿。但生活困苦加上年轻时期缺乏知音，使他变得寡言抑郁。他就像《钢琴师与她的情人》里的少妇一样，也选择以音乐而非言语来表达自己。而享有盛誉的年轻女声乐家史翠波妮正是通过音乐了解了这个郁郁寡欢的年轻作曲家。她走进了他的心里，谱出了一首首动人的乐章。同样的，威尔第也从史翠波妮身上获得了无数的创作灵感，也看到了他向来追求的深情和简洁。他们终其一生都相守相惜，不再分离。

要注意的是，不可把这种共同性和所有恋人都拥有且主要源自爱情之初生状态（stato nascente）的那种共同性混为一谈。

事实上，所有的恋人都觉得彼此之间存在一种深层的共通性，简直像一种共同的精髓。仿佛彼此一直在人群中寻觅对方，而终于在千万张面孔中，一眼认出了对方。这种认出的现象其实是很容易理解的，因为我们知道，在恋爱的起步阶段，我们在情绪上和心智上会经历很大的变化。我们变得更敏锐了，变得能够理解、欣赏对方，并依他既有的模样去爱他。仿佛我们能够理解对方的精髓，即使连他自己都不了解。而我们认出的就是这个精髓。但这种认出并不代表两人之间存在一种深层的个人共通性，两人的品位、价值观都不见得相同。因爱情而结合的人，也可能日后才发现彼此其实是迥然相异的两个人。

《包法利夫人》（*Madame Bovary*）的故事便是这样。她不爱她的丈夫，并觉得自己与所住的这个小镇格格不入。她阅读很多浪漫小说、爱情故事、罗曼史、游记等。有一天，她家门前来了一个年轻人，叫里奥。他是个大学生，也是个准律师，他开始跟她聊起巴黎、海上的日子、旅游之所见所闻等。她顿时觉得终于有人像自己一样敏感、和自己有相同的价值观。可是，是真的吗？其实不然。里奥很年轻，像个大孩子般敏感和充满梦想。但他既没有勇闯天涯的个性，也没有这种冒险精神。事实上，他变得对她百般依赖，而且最后连营救这个爱他的女人都没办法。两人之间并没有共同的理想，只有大略相似的期望和梦想。

在交响曲作曲家马勒（Gustav Mahler）和他的妻子埃玛（Alma）身上，也发生过类似的情形。马勒当时是维也纳国立歌剧院的指挥。当时他的成功主要来自演奏，他的伟大创作尚未为世人所理解。他想尽办法让自己的音乐出头，并试图从所爱的人身上寻得一份认同、一份支持。当时的埃玛二十二岁，她年轻、漂亮、聪明、动人，而且自己也作曲。尽管她喜欢且欣赏这位交响乐团指挥，却不了解也不喜欢他的音乐。即使马勒疯狂爱上她，仍在许多热情的情书中向她坦承自己对音乐无法自拔的热爱。为了创作，他得付出超乎常人的心力，简直要把自己掏空了，所以他需要她，需要她的协助。他恳请她放弃她那广受欢迎的音乐，然后全心协助他作他正在创作的音乐[①]。埃玛答应了，嫁给了他，然而在内心深处却存着几许疑虑。结婚才几个月，她就感到很不幸福。她并不喜欢丈夫的外貌，很想念自己的朋友和乐迷，也想念自己的音乐。实际上，两人之间并无共同的理想。最后埃玛爱上格罗皮厄斯（Gropius），而不久之后马勒也过世了。

从友情到爱情

还有一种爱情，是从友情慢慢绽放开来的。这种爱情不是两个陌生人间的瞬间触电，而是他们原先就互相认识了，对彼此都有一定的敬重和信任，然后才萌生了男女情欲。而情欲在一开始也只是附属品，或者说一种希望更深入地认识对方的渴望。事实上，唯有亲密关系才能披露对方内在而深层的一面。基于友谊的信赖感使双方都能更放心地敞开心胸，无须处心积虑，无须勾引诱惑，无须装模作样。

一见钟情是迅速而剧烈的，恋人并不了解彼此。两个陌生

---

① Françoise Giroud, *Alma Mahler, o l'arte di essere amata*, Garzanti, Milano, 1989, pp. 48-54.

人因彼此的相同点或相异点而结合在一起，事实上，对彼此的了解少之又少。相反的，从友情发展而来的恋爱，彼此之间已经存在共同的理想，彼此之间的信任、敬重和信赖已经相当稳固。

　　请注意即使是发自友情，这种恋爱仍有其出乎意料或不可预测之处。它是自己萌生的，是从一个人的内心深处缘起的。朋友间总以为自己已经很了解对方了，可是总会有那么一个奇妙的时刻，意外发现对方其实与我们印象中不同，而且令人惊艳。彼此遥遥相隔，但又被这个唯有恋爱才解得开的谜所紧紧编织在一起。从这层架构来说，这种恋爱和两个陌生人之间的恋爱其实是一模一样的。然而友谊，长久诚挚的友谊，却提供了一种珍贵甚至和初生状态同样珍贵的东西。因为恋爱并非只是一个举动，而是一个过程。它是一连串的启示和疑问，是一连串的焦虑、痛苦，是一连串的考验。恋爱在成为真爱之前，必须先通过实际相处来认识对方。我们所爱上的人，搞不好和我们想象中完全不一样。他有可能令我们失望、令我们感到幻灭。时间会让事情越来越清楚。我们怎么知道对方也爱我们？怎知对方没骗我们？我们质疑对方、考验对方，对方对我们也一样。唯有如此，爱情才会越来越真实，不再只是梦幻而已。爱情若想长长久久，也必须成为一种信赖、一种敬重。因此，它必须兼具友谊的某些特质。

　　从友谊萌生的爱情已经历了这段历程。我们已经认识我们的朋友，知道他的极限，也知道他的优点。最重要的是，我们信赖他、相信他的为人。要不是因为这样，我们一开始就不会和他成为朋友。友谊牵涉人品，就是基于这份认知，基于对于对方人品的这份不言而喻的信任，爱情才得以萌芽。爱情是一种迷乱、恐惧，是一种激动、泪水，是一种对心上人无法形容的渴望。但除了这些感受之外，还有友谊添加的信赖、互相信任和对彼此自由的尊重。因此，源自友谊的恋爱，是更清澈而更祥和的。

第三章

爱情关系

爱情的基本机制究竟为何呢？各种爱情的机制又为何呢？恋爱、情侣的形成和情侣的发展，究竟取决于哪些因素呢？因素如下：喜欢的原理（Ilprincipio del piacere）、失去（Laperdita）、指标（L'indicazione）和初生状态（Lo stato nascente）。

喜欢的原理

我们从喜欢的原理讲起，这是最普遍、最广为人接受的出发点。我们会和能满足我们需求与渴望的人建立感情。如果有个人能带给我们快乐，我们也想让他快乐，想常和他在一起，想和他建立更紧密的关系。喜欢能巩固这段关系，而挫折则会加以破坏。这种机制是制约反应和所有学习理论的基础。小孩子就是以这种机制建立对父母的感情，因为父母能满足他所有的基本需要，能哺育他、维持他的生命、给予他所需要的关怀。这也是友谊的基本机制，我们的朋友是友善的，能够了解我们、倾听我们说话，不论是高兴、紧张或难过的时刻，朋友都会陪在我们左右。我们喜欢和让我们高兴、逗我们开心、让

我们自在的朋友待在一起。每次和这种朋友见面，都帮助我们
又更了解自己一点儿，也更了解这个世界一点儿[①]。我们通过
他的经历让自己更充实了，也因为他的支持而变得更坚强。必
要时，我们会求助于他，安心地向他倾诉我们所遇到的问题或
心中的秘密。由于朋友会响应我们的要求、满足我们的需要，
随着时间的增进，这段情谊也日益巩固。倘若相反的，朋友令
我们失望、欺骗我们、背叛我们，那么这段关系就会受到打
击，到了一定程度之后就决裂了。

　　每一次愉快的肉体接触、每一次的高潮都会增强我们对
对方的需求。如果双方均感到愉快，那么两人就会建立一段稳
定、持久的感情。彼此会努力取悦对方、让对方喜欢、让对方
幸福。彼此会尽量避免不悦的情境，努力让每一次的相遇圆
满、完美，两人都觉得很完美，这样才会再次相见，延续这段
关系。

　　心中之所以萌生爱意，是因为我们所遇到的这个人具备了
我们所重视的优点，能够满足我们内心的渴望、梦想和志向，
它们是我们从以前到现在逐年逐月累积而成的，往往在婴孩时
期和与父母相处时就已经开始形成[②]。也许是实质的需求，也
许是象征性的需求，有时是有意识的，有时是无意识的。爱情
若想两情相悦，那么彼此的这些需求也要能互相呼应。但情侣
的感情生活也需要动动脑筋，需要用心经营。彼此需要了解什

---

① Francesco Alberoni, *L'amicizia*, Garzanti, Milano, 1984.

② 这是约翰·莫尼提出的理论，前文已经引述过，参见 John Money, *Lovemaps: Clinical Concepts of Sexual/Erotic Health and Pathology, Paraphilia and Gender Transposition in Childhood, Adolescence and Maturity*, Irving Publishers, New York, 1986。

么能让对方高兴，不可忽略对方的要求、期望和恐惧。唯有如此，彼此的满意度才能提升到最高。

然而，喜欢的原理还不足以解释恋爱这回事。因为这种机制需要花上不少时间才能培养出强的关系。彼此越常满足彼此，时间过得越久，这段感情就越深厚。亲子关系、朋友的友谊就属于这类情形，强的关系是长期顺利发展的结果。然而我们可能在很短的时间内爱上一个我们不认识的人，爱上一个并不知道我们爱他的人，这有时令我们心如刀割。恋爱中的爱情，往往就像是我们的主宰，总是不让我们如愿以偿，像一种附身的疯狂、一场大病，让我们恨不得赶快解脱。因此我们也可能爱上我们并不信赖而且会背叛我们的人。尽管这般痛苦、这般绝望、这般怨恨，我们依然爱他。正如拉斐特夫人（Madame de La Fayette）描述克莱芙王妃（Clèves）时所言："她看到他时心慌意乱，却仍感到快乐。而且她为这样的想法深深痛苦，并因此几乎要怨恨他了。"[1]

失 去

第二种机制是失去。我们之所以往往觉得某个人不可或缺，是因为我们有可能失去他，因为他渐渐离我们远去，因为某种负面力量如疾病、外力、死亡有可能把他从我们身边带走。让我们举个例子，有些家长因为自己的儿子叛逆、不读书、不听话而忙碌奔波、精疲力竭、愤怒不已，他们把他大骂了一顿。结果有一天，他们忽然发现儿子不见了，他们顿时忘

---

[1]　Madame de La Fayette, *La principessa di Clèves*, Rizzoli, Milano, 1986, p. 156.

了那些指责、那些怒气。他们抛下手边的一切事物，寻找他的下落，他们只想把他找回来。他们这才发现自己是那么爱他，其他任何事情都不重要了。可能失去的人变成了至爱的对象，唯有找到他，其他事情才会再度有意义。找回他变成了唯一的出路，而其他任何事情都只是找回他的手段。这么一来所有的人、事物都出现了顺序，被划分成要紧的和不要紧的。如果儿子几小时后就被找回来，那么所有的心急如焚和担忧不安就如一场短暂的噩梦。但他们会从这个噩梦中得到一个结论：儿子是他们的心肝宝贝，他们不能没有他。然而万一接下来好几天、好几个月都没有儿子的踪影，那么他们的生活秩序就会变了个样，一切的焦点都放在找回儿子、让他重回自己的怀抱上。

这种经历让我们了解到，所爱的人比我们自身还重要，若能拯救他，我们甚至愿意牺牲自己的生命。"失去"形成一种断层：一边是要紧的事物，一边是不要紧的事物，而且两边是无可相互衡量、比拟的。这种情形是一种绝对的概念，只有全有或全无而已。

失去的机制并不只适用于个体的爱，它也常见于集体的情形。例如，当我们的祖国、我们的宗亲团体、我们的自由受到威胁，当敌人入侵家园、伤我族类时，这种机制就会浮现。于是为了他们，我们愿出生入死、在所不惜。约公元 219 年的马沙达（Masada）事件中，犹太人因为面临沦陷，便把妻小家人都杀害，然后自杀，以免他们沦为罗马人的奴隶。另外公元前 219 年前后，萨贡托（Sagunto）的罗马人宁可选择死于大火，也不想成为迦太基人的俘虏。近代卢旺达（Ruanda）的图西人（Tutsis）大屠杀惨剧中，许多母亲宁可手刃自己的亲生骨肉，也不要看到子女被虐待，然后被大刀剁成肉块。

"失去"有两种不同的情形。第一种情形是，没有任何要主宰或毁灭我们所爱之对象的明确对手或敌人。比如，胎儿小产了，疾病，因为觉得所爱之人好像冷落了我们、不爱我们了而感到焦虑不安。第二种情形是，有明确的侵犯者或敌人想攻击或会威胁到我们所爱的对象，比如，遭绑架或有外人入侵。嫉妒是双方之间接触的产物。事实上，嫉妒的前提是要有对手，有人觊觎我们所爱的对象，并企图取代我们，但前提是所爱之人也已移情别恋，与对方情投意合了。嫉妒时，我们害怕所爱之人喜欢第三者胜过于喜欢我们。因此，我们不但可能对第三者产生敌意，也可能对所爱之人产生敌意。对于可能将所爱之人从我们身边带走的力量，不论是哪种力量（失去、疾病、诱惑或敌人），我们都称之为"负面的力量"（potenza del negativo）。

在失去的时候，我们会发现自己爱上了某个人，而事实上我们之前就已经深爱此人。失去是我们对先前就应该知道的事情突然有了很深刻的再确认。事实上，失去的历程并不只是让已存在的爱再度浮现于台面，还有新的东西让我们更深切地体认到所爱之人的重要性，让我们更加心系所爱之人。结果，情感因为一连串"失去"的感觉而变得更加强烈。孩子还没诞生，母亲便已殷殷期盼着他，对他百般呵护，唯恐他受伤了、病了，直到他安然呱呱落地。然后母亲养育他、照顾他，在他哭的时候哄他，在他病的时候为他治疗。睡觉的时候总是寸步不离，就怕他醒了，一个人吓哭了。她如履薄冰地守护他，不许任何的危险接近半步。她保护他不受负面的力量的侵袭，而且每次她都发现他就是最重要的、就是最珍贵的。因此我们这就来到最重要的结论了，"失去"并不只会让我们发现已然存在的爱，更有助于创造这份爱。

我们方才在阐述喜欢的原理时说过，爱情关系是过去种种正面经验的累积结果。我们也可以说，所爱的对象也是一种累积结果，是我们为了他们而与负面的力量搏斗的累积结果。因此我们不仅会爱那些带给我们快乐的人，也会爱那些被我们从"无"拉拔到"有"的人。爱那些我们赋予他们生命并维系他们生命的人。

我们爱那些曾通过我们的努力、用心、奉献而具体化的人、事物，我们为之付出了自己最美好的生命活力。我们爱自己慷慨付出所得到的成果，因为我们的呕心沥血使身外的某个东西得以具体化，并变得比我们自身更加重要。

父母爱自己的子女，因为他们曾养育他们、保护他们，因为他们曾不分昼夜、不眠不休地守在子女枕边，因为每当遭逢危难、威胁时，他们都把子女摆在优先的位置，视子女为至贵珍宝，并让其他一切都比而下之，因为父母甘愿为了子女而牺牲自己的性命。我们爱自己的祖国、自己的党派，因为我们曾经为了它挺身奋斗，曾经把自己的大半辈子都献给它，而且愿意为了它抛头颅、洒热血。

基于这个理由，子女对父母的爱和父母对子女的爱是互不相同的。子女对父母的爱乃是由于喜欢的原理，由于需求得到满足，就像友谊和性爱关系一样。父母对子女的爱则是出于奉献，出于无私，就像对祖国的爱一样。两种机制自然常常相辅相成，而且两种情形都载有浓烈的爱。父母因为子女的亲和与依附而感到喜悦。父母的健康永远是子女关切的焦点，而子女总会尽一切力量让父母快乐、不要忧伤。但我们必须清楚地了解，两种爱的原动力是互不相同的。

按照"喜欢的原理"来说，需求越是得到满足，彼此的关系就越紧密，但"失去"的机制不一样，该机制最主要的是一种饱和（saturazione）的历程。当我们奋力地想维系某个所爱之人的生命时，过程会令我们痛苦。如果此过程太过漫长、太过痛苦的话，我们会心生反抗之意，想要自我保护，例如，需要他人耐心照料的慢性病患或绝症病患就属这种情形。一开始，我们的爱会越来越强，但时间久了之后，如果情形没有好转或不见转机，那么悲伤和痛苦便会与日加剧。距离感逐渐产生，我们开始希望这种折磨能早日结束。

"失去"的机制在其本质上是一种奋力对抗。当不再有胜利的希望，当奋力对抗似乎不再有意义时，这个机制就会趋于瓦解。不过，至少还有两种情形足以使以"失去"为基础的爱消失、散逸乃至转变成恨。一种是在历经了几番努力、奋斗后，对方对我们忘恩负义；另一种则是我们发现对方借由装病来占我们的便宜，或让我们心生嫉妒以支配我们。

在"失去"的情形里，我们设法挽留自己所在意的东西，挽留可能会离我们而去的东西。这是对外在力量亦即对负面的力量的一种抵抗。这其中也有一种倾向驱使我们夺取他人所拥有的东西、去拓展自己的势力范围、去征服、去主宰、去战胜。动物会保卫自己的地盘，不让外来入侵者侵犯，但它也会入侵别人的地盘。这是一种"宣示主权"（affermazione）的倾向。我们不妨以唐璜（Don Giovanni）和卡萨诺瓦（Casanova）为例。他们对女人充满爱意、渴望、深情，因此他们以自己的魅力征服女人。然而，一旦追求到某个女人，一旦她"束手就擒"后，他们对她就不再感兴趣。一旦追求成功后，"确认"也就达到了其目的。它并不会创造稳定的爱情。

许多女人借由施展魅力来确认自己。当对方上钩，当对方爱上自己时，我们对他就有极大的影响力，而某些女人喜欢这种感觉。她们喜欢别人爱自己、仰慕自己的感觉，她们喜欢支配。纪荷（Françoise Giroud）就认为伟大的维也纳作曲家马勒之妻埃玛·马勒便具有这种特质。画家克里姆特（Klimt）在尚未成名之前爱过她，但埃玛仅是吊他的胃口，对他半推半就，而克里姆特则对她迷恋不已。后来她的对象又换成她的音乐教授泽姆林斯基（Zemlinsky）。"至于这个人，"纪荷写道，"完全被她逼疯了。她也让他抱她、抚摸她，任他为所欲为，偏偏不让他过最后一关，她和他谈到订婚，却拒绝和他结婚，让他心情宛如坐云霄飞车，她写了许多热情如火的书信给他，就这样折磨他两年之久。"[1] 还有露·莎乐美（Lou Salomé）——我们在随后会经常提到她——也属同一类型。她希望被雷（Rée）、尼采（Nietzsche）、安德烈亚斯（Andreas）所爱，她把他们全都玩弄于股掌之上，让他们对她百依百顺，并且她乐此不疲。而在所有这些例子中，造就爱情和依恋的机制，就是那个让人想挽留、想占有的机制，即失去的机制。

指　标

当代法国文学评论家勒内·吉拉尔（René Girard）曾对指标机制做过深入的探讨，他视指标为其所有社会哲学理论

---

[1]　Françoise Giroud, *Alma Mahler, o l'arte di essere amata*, Garzanti, Milano, 1989.

的基础①。对吉拉尔来说，我们所有的欲望之所以会产生，是因为我们会模仿他人的欲望，将它们变成自己的欲望。比如，有一对小兄弟，我们给其中一人一个苹果，另一个则什么都不给。不出多久，另一个也会想要苹果。倒不是因为他饿了，而是因为他的兄弟得到了苹果。他将自己与自己的兄弟对比，并且形成了自己的欲望。"人总是有强烈的渴望，"吉拉尔写道，"但不见得明白自己渴望什么，因为他渴望的是一个人，他总觉得自己无法拥有这个人，而别人却能拥有，当事人期待这个别人能告诉他自己该渴望什么……模仿的对象并不是通过言语说明，而是通过自身的欲求，来告诉当事人什么是最值得追求的。"②人们凭着自己的欲望，向我们指出什么是值得追求的。

我们往往渴望某个东西，只因为我们所认同的某个人也渴望那个东西。正因为我们和他追求的是完全相同的东西，因此我们便和他竞争了起来。在人生的路上，我们彼此成了竞争对手。"所谓的竞争性，"吉拉尔写道，"并非因为两者偶然看中了同一个东西。当事人渴求那个东西，只因为对手也渴求它。对手在渴求那个人或那个东西的同时，也等于向当事人指出该人或该物是值得追求的。"③正因追求目标相同，对手也成了当事人的一个阻碍。因此每一段爱情都是三角恋爱，由嫉妒和竞争所构成。

---

① 关于这位作家，要特别一提：René Girard, *Menzogna romantica e verità romanzesca*, Mondadori, Milano, 1964, *La violenza e il sacro*, Adelphi, Milano, 1980。

② René Girard, *La violenza e il sacro*, cit., p. 193.

③ Ibidem.

　　按照吉拉尔的观点，我们总是爱上一个别人（媒介者）所爱的人，这个"别人"借由他的爱告诉我们这个人是值得爱的。心仪的对象显得不同凡响且神秘诱人，因为他身上还带着媒介者对他的渴望。当一个人越是被他人所爱、所仰慕时，当事人就越会对他改观，把他崇高化、神圣化。

　　这就是司汤达所说的虚荣的爱。恋爱中的人，唯有在达成自己的目标后，才会意识到这个错觉。当心上人终于点头，当对手终于被击败、知难而退后，欲望也连带消失了。我们的欲望是因对手而形成的，他一旦消失了，我们的幻梦也跟着烟消云散。

　　我们将看到，这个机制能够解释某些竞争形态的爱情，或者是对于明星的爱。明星是万人迷，是万众瞩目的焦点。就是这种集体的指标，让明星显得更动人、更亮眼、更值得追求、更与众不同。大家一定听过这句谚语："别人家的草总是比较绿。"（L'erda del vicino è semprt più verde.）

　　欲解释爱情这种经验，喜欢的原理、失去和指标都是不可或缺的机制，但它们尚不足以解释人怎会意外地坠入爱河。"喜欢"的机制其实是需要时间慢慢来形成的，需要累积许许多多能增强欲望的正面经验。"失去"的前提是之前就已经具有深厚感情。最后，"指标"也不足以解释，因为往往我们萌生爱意时，并不是因为任何人的指标，也没有任何对手。因此我们必须在此提出另一个很基本的机制，也是所有机制中最重要的，但一直为人所不知，即"初生状态"。

初生状态

　　初生状态的基本原理为何呢？就是从混乱到有秩序的过

程，就是为问题找出的解决之道 ①。阿瑟·克斯特勒（Arthur Koestler），在他所著的《创意的行为》（*L'atto della creazione*）中写道："当生活中出现问题时，我们会依照过去遇到类似问题时所依据的法则来着手处理它……但是……这个新的难题有可能……太过复杂，以致以往所使用的解决办法不足以妥善处理。遇到这种情况，我们就会说是遇到瓶颈了……瓶颈令我们的挫折感越来越强……直到因为某个偶然或因为顿悟的灵感，让我们产生全然不同的想法" ②。于是我们便看到了、发现了令我们耳目一新的东西。

但是萌生爱意究竟是什么问题的解决之道呢？以下便是：人类从婴儿时期开始，就需要绝对而完全的爱的对象，像我们的母亲、上帝、祖国、党派等，必须凌驾于我们之上，比我们自身更重要。

然而，所有具体的爱的对象都有其不完美之处，而且往往变得具压迫感和令人沮丧。所以说，当他们的重要性胜过我们自己时，他们也就更可能令我们失望。如果我们对某些人不怎么感兴趣，那么他们就不太能伤得了我们。倘若相反的，他们对我们来说十分重要，那么即使只是他们的无心之过，也可能令我们受伤。就这样到最后，我们反而会对所爱之人产生敌

---

① 我在阐述初生状态的概念时，关于解决问题方面，特别使用到了马克斯·韦特海默（Max Wertheimer）的研究。通盘概括的话，可以参考以下著作：Kurt Koffka, *Elementi di psicologia della forma*, Boringhieri, Torino, 1977; Wolfgang Kohler, *Psicologia della Gestalt*, Feltrinelli, Milano, 1961; Gaetano Kanizsa, *Grammatica del vedere*, Il Mulino, Bologna, 1980; Max Wertheimer, *Il pensiero produttivo*, Ed. Univ. Fiorentina, Firenze, 1965。

② Arthur Koestler, *L'atto della creazione*, Ubaldini, Roma, 1975, p. 110.

意，例如，子女埋怨父母，妻子埋怨丈夫，反之亦然。此时还要加上弗洛伊德所谓的矛盾，矛盾便是困惑、混乱，并令我们痛苦[①]。于是我们为了减轻这种感觉，就把所爱之人理想化，把任何过错都揽到自己身上，或归咎于外在因素[②]。如果妻子很紧张、焦虑，丈夫便自责不已。如果丈夫脾气不好，妻子就会怪精神太疲惫、怪工作太沉重、怪烦恼太多了。我们不会把这些敌意发泄到所爱的人身上，而是压抑在自己心里。所有这些机制，我们都称之为"忧郁"（depressivi）。如果我们不扛在自己身上，而是发泄在外在的对象身上，那就称之为"虐待"（persecutivi）的机制[③]。

我们所爱的对象（丈夫、妻子、情人、子女、党派、教会或任何我们认同且喜爱的事物）总是一个理想化的架构，是修饰后的结果。所爱的对象是我们的个人迷思，我们不断美化他们、重新塑造他们，以减少彼此间的紧张、让他们显得美好动人、降低矛盾的程度。但这种不断修复、调整、与现实妥协，以及一再将对象理想化的做法，有些时候也会失败。人一生中在不断改变，原先觉得美好的事物，后来渐渐显得不够好

---

① 我必须引用这个原理以解释群体运动与恋爱的充满爆发性的历程。三个动力原理的详细说明参见 Francesco Alberoni, *Genesi*, Garzanti, Milano, 1989。

② 按照这个理论，"理想化"是防卫机制为了对抗矛盾而形成的产物，这些防卫机制分为忧郁性的和虐待性的。完整论述参见 Francesco Alberoni, *Genesi*, cit., pp. 134-166。

③ 这是延伸梅莱涅·克莱因（Melanie Klein）关于忧郁与精神分裂的看法。关于这些讨论，请参考 Franco Fornari, *La vita affettiva originaria del bambino*, Feltrinelli, Milano, 1963；Francesco Alberoni, *Genesi*, Garzanti, Milano, 1989。

了。我们有了不同的经验之后，会产生新的要求。一旦达成目标之后，曾经必须放弃的许多欲望再度油然生起。连我们所爱的人也变了。他们变得不一样了，开始有一些别的要求，彼此的喜好也不再相投，情侣的关系因此恶化。为此人们和老朋友翻脸，和另一半离婚，和子女起争执。要不然就是假装一切和从前没两样，但实际上一切已经彻底不同了。我们继续演这场戏，却已不知什么是真的、什么是假的了，我们甚至不知道自己到底要的是什么。

这就是矛盾、混乱、失序（entropia）的情形，"忧郁"和"虐待"的机制都失灵了，我们再也无法将所爱的对象理想化了。此时已经进入负荷过大（sovraccarico）的情况，取而代之的是一种空虚、无用、失败的感觉。生命的冲劲已经不知该往哪个方向释放，如无头苍蝇四处乱撞，寻找新的出路。当事人会觉得自己好像耗损了极多的心力，觉得好像只有别人才是快乐的。他看到别人欢笑、开心，从心里羡慕他们，仿佛他内心的渴望再无法直接表达出来，别人却可以。他身处于矛盾和混乱中，看着周遭的人，觉得他们似乎拥有无限的欲望、深情和喜悦，但他都不得其门而入。青少年便时常有这种情形出现，他们充满活力，但不知道应该在何种对象和目标上释放这些活力。

这种问题的解决方式就是重新定义自己和这个世界，有可能是宗教信仰上的转变，也可能是政治立场上的转变。当事人顿然发现所有让他痛苦的事情其实都毫无意义，他根本是在作茧自缚。在新的团体、新的教会里，一切都变得再单纯清楚不过了。他同样发现了什么才是最重要的，并把其他事物都列到次等顺序。

最后，也有可能是恋爱。此时他最终极的目标就变成某个人，因为他就是通过此人看到了所有值得追求的东西，也看到了他的完美。这个时候，初生状态登场了，旧世界、混乱和矛盾全都失去了意义，出现了一个美丽灿烂的新世界。这就是死亡与重生的时刻。

在初生状态的一开始，首先体验到的是恐惧。我们感到害怕，因为以往习惯的世界忽然变得陌生，变得一文不值。有时候我们甚至感到悲伤、不安，但紧接而来的就是一片深深的喜悦。我们感觉好像大口大口吸入了日月精华，仿佛所有美丽的事物又绽放开来了。在恋爱的初生状态，这种重新诞生的形成，是由于接触到一个定义清楚之人，并和他建立关系。唯有通过他，我们才得以踏入新世界。

我们一面接近我们的爱，一面感到自己终于真实了、自由了。同时，我们感觉到若想获得自由，一定要正视自己所受到的召唤：实践自己的人生使命，至死不渝。文学中的爱情经常谈到死亡，但那并不意味着述说者万念俱灰或精神崩溃，而是意味着恋爱中，人生的意义是很重要的课题。我们确实会问一些形而上的问题，例如，"我们是谁？为什么我们会在这里？生命的价值为何？"我们的存在不再显得理所当然，不再因为大家都是这样，我们自然也是这样。生命成了一场奇遇，我们被卷入其中，但也可以退出。我们几乎是误打误撞踏上了这条路，但我们也可以换一条路走。我们回顾自己的来路，然后分析它、评断它。初生状态也是审视。

慢慢的，在我们的意识中，浮现一道标准，一边是重要的东西，另一边则是不重要的。在日常生活中一切似乎都很重要，连最无聊的琐事好像都十分重要。但在初生状态下，那些一度令我们忙得团团转的事情，被拿来和真正重要的事情、和人生意义相权之后，顿时显得那么空洞无益。

即使是对最为疲惫、漠然的人，爱都是一种复苏。世界变得妙不可言。体验过这种境界的人，再也无法回到从前那种了无生气的暗淡岁月。即使痛苦、即使备受折磨，恋爱中的人仍渴望去爱。缺少了爱的人生显得贫乏、死气沉沉，令人无法忍受。我们所爱的人，不仅比别人更美丽、更值得追求，他也是一道门，是通往新世界唯一的一道门，让我们能走入更多彩多姿的人生。通过他，借由和他在一起，拜他之所赐，我们找到了接触点，接触到一切事物的根本起源，接触到大自然、宇宙、绝对。于是我们平常惯用的言辞，不再足以表达内在的这种真实感。顿时，我们明白了直觉的语言、诗词的语言、神话的语言。

初生状态永远不是清晰可见的，而是依稀可见的。一如史上最伟大的先知摩西（Mosè），他也只能远远遥望上帝应允的乐土，不能亲历其境。所爱之人近在眼前，也宛若远在天边。所有人之中，他是我们最心爱的。然而，在我们心中，他是完美不可知、遥远不可及的。如果他也爱我们，我们反而受宠若惊，不知自己究竟是否够格。好像天降神迹一样，其爱有如恩赐。此人身上散发着一种不同凡响的力量，让我们惊叹不已，让我们大呼不可思议，就像一场稍纵即逝的美梦。

初生状态是一种救赎、解放的力量，让一切事物都换上新风貌。对于所爱的人，我们会一并爱他的缺点、他的不足。我们甚至爱他的五脏六腑，热恋中的人想抚摸它们，就像亲吻嘴唇、亲吻乳房、亲吻性器一样地亲吻它们。说理想化是错的，应该说是一种改观（trasfigurazione），向来被视为不登大雅之堂的东西如今有了新的地位，向来被遮遮掩掩的事物现在登上了台面，与其他那些高尚、被一般人所欣赏的事物平起平坐。

相恋就是两个人同时进入初生状态，并都依据对方来架构自己的生活。因为这份爱是互相的，所以需要对方也有所回应，同样地敞开自己、重新诞生。

初生状态的历程，通常由其中的一人发起，激起对方的初生状态，打破原本不稳定的平衡状态。初生状态具有极佳的交流力量，那是一种不同凡响的吸引力，能攫住对象并将他掳过来，但丁对此事甚是了解。弗兰切斯卡（Francesca）确实说过："爱情迫使被爱的人也必须响应这份爱。"

因此，互相的恋爱并不是两个人在一般的情况下、特质明确的时候互相认同对方。两个人是在不寻常的情况下互相认出的，亦即初生状态。两人终于看到主体与客体的结合、至高极乐、完美、圆满。因此他们对彼此来说，既是有血有肉、有名有姓、有住址、有需求、有弱点的凡人，也是一股超凡的力量，能将生命发挥得淋漓尽致。①

---

① 露·莎美乐曾写道："事实上，恋爱中的人并不在意自己被爱的方式〔…〕他只需要知道对方令他幸福得不得了。至于是怎么办到的，他不知道。彼此都让对方感到相当的神秘感。"Lou Andreas Salomé, *La materia erotica*, Editori Riuniti, Roma, 1985, p. 26. 关于恋人彼此的互不了解，可参见 Roland Barthes, *Frammenti di un discorso amoroso*, Einaudi, Torino, 1978；Alain Finkielkraut, *La sagesse de l'amour*, Gallimard, Paris, 1984。

第四章
共同体

共同体"我们"

由于初生状态之故，产生了一种我们称之为"群体运动"（Movimento Collettivo）的特殊社会历程。群体运动基于信念与热忱，会产生新的共同体（Comunità）。我们主张恋爱是最简化的群体运动 ①。它由两个人所构成，而且所形成的并

---

① 有三种社会形式：协会（Società）、共同体（Comunità）以及群体运动（Movimento Collettivo）。前两者德国社会学家滕尼斯（Tonnies）的著作中曾多有着墨，参见 Ferdinand Tonnies, *Comunità e società*, Comunità, Milano, 1963. 共同体存在于个体之前，而且以传统为基础。个体诞生于共同体，而且凭着许许多多的情感、情绪和共同想法而与其他成员紧密相系。家庭、国家、联邦、教会都是共同体。而协会则是个体凭着自己的意志和理智，通过协议、约定所建立起来的，譬如体育协会。
至于第三种社会形式，亦即群体运动，滕尼斯并不了解。它具有共同体的某些特质，因为它的成员拥有共同的情感和价值观，然而它并不是以传统为基础的。它的形成与协会类似，但并不是只以冷冷的理智订定协议或约定。它是由情感所激起的，是由热情和信念所促成的。一开始的时候，加入者会感受到解放、重生、获得启迪的感觉。这种转变、这种内在的蜕变，正是我们所谓的初生状态。而且，所有处于这种状态下的人，彼此都互相认同，并很容易融合在一起，形成一个向心力极强的共同体。体制既是一种共同体，因为它的成员有着共同的情感，也是一个协会，因为它具有约束成员的约定和规范。

非某教派、团体或党派，而是一对夫妻。所以夫妻是最小的共同体。

在初生状态下，原本彼此相异、疏离、竞争的个体，忽然觉得彼此之间产生了深刻的情感，拥有了共同的目标、相同的梦想、一样的使命。意识形态尚未形成，尚未对这个世界产生一套解释之前，这个过程就已经展开了。他们之所以认出彼此，并非因为他们拥有相同的想法，而是因为他们拥有相同的冲劲、相同的期望。因此，他们很容易结合在一起、融合在一起，形成一个扎实的群体、一个共同体、一个团结的"我们"。

这些群体运动在初生状态下，是不稳定的、易变动的，然而随着时间的流逝，会变成越来越坚固、稳定的社会结构，亦即体制（istituzioni）。体制就是人们所选择的、所决定的、所订定的状态。但在运动下，体制的形成并不只靠理智而已，更是因为人们心中有理想、有求生和实践自己人生的需要。群体运动的例子不胜枚举，如基督教、伊斯兰教、方济各会、路德教会、加尔文教派、卫理公会、宪章运动、马克思主义，乃至于民族运动。它们创造了许许多多的共同体，如宗派、教会、党派、工会、国家。

就连以恋爱之初生状态作开始的夫妻关系也能够在日益稳定之后，成为一个体制。相对于其他种类的关系，恋爱的初生状态具有一些特质，最明显的一个特质便是情欲。在各种初生状态中，人们都会互相喜欢，但唯有在恋爱时才有情欲的欢愉、爱情的游戏、心灵与肉体的交合。所以恋爱会产生一种亲密、强烈、愉快的情感，这段情感的双方是完全平等的。在大团体的初生状态中，会产生一个独具魅力的领袖，但在恋爱的初生状态中，相对之下，彼此就是对方魅力四射的领袖，没有阶级之分。

创造与摧毁

到目前为止，我们都把恋爱描述为一种能够创造、能够结合的力量，但这种力量其实也会拆散、摧毁。对于特里斯坦（Tristano）和伊索尔德（Isotta）、兰斯洛特（Lancillot）和吉尼维尔（Ginevra）、保罗（Paolo）和弗兰切斯卡来说，恋爱是一种能够结合和创造的力量；但对于马克国王（Re Marco）、亚瑟王（Re Artù）、弗兰切斯卡·里米尼（Francesca da Rimini）的丈夫来说，这份爱却是背叛、不忠、摧残。此时的爱情成为一股破坏力，让夫妻和君臣间的忠诚均荡然无存。兰斯洛特对阿瑟王之王后吉尼维尔的爱，成了一股强大的破坏力，牵涉的不仅是情侣本身，还有整个社会。这场外遇惹来了一连串的战火和悲剧，最后导致整个王国灭亡 ①。

爱情的初生状态，就是想彻底改变自己的生活，一如群体运动企图改造社会一样。这里蕴含着一股锐不可当的冲劲，而参与其中的人会觉得仿佛一切的不公不义都能迎刃而解。因此便与既有的体制互有抵触，并试图创造新的人际关系。在较极端的情形下，该运动会完全颠覆既有的体制且毫不留情地推翻

① 关于外遇，参见 Tony Tanner，*L'adulterio nel romanzo*, Marietti, Genova, 1990。

过去 ①。

所有的恋爱都具有改革的本质，它的作用总是双重的，对于某人来说是喜悦、解脱、重生，但对于另一人来说可能是灾难、摧毁。它必定会在隶属于新群体之人和身陷此轮替的人之间引发冲突。如果是两个年轻人彼此相恋，而双方家庭也不反对的话，两人可能就平静地展开新生活或结婚了，也不会有什么冲突可言。他们只需要改变自己的生活方式，并不需要激烈地与过去划清界限。万一他们已经结婚了，或彼此之间存在法律上或宗教上的约束或承诺，那么情况又另当别论了。

恋爱中总是存在着激烈的冲击，所有会摧毁与过去的关系的事物、所有会推翻既有关系的事物，都是激烈的冲击。恋爱本身并不想造成伤害，但为了实现它的梦想，为了创造它的新共同体，它就有可能造成伤害，有可能伤害不久前还很亲密的人，会为他们带去刻骨铭心的伤痛、令他们心碎。西蒙娜·德·波伏瓦（Simone de Beauvoir）在她所著的《破碎的女人》（*Una donna spezzata*）中描述了这种痛楚。

---

① 基督徒认为创立基督教是把犹太教更加发扬光大，但对于希伯来人而言，这么一来却是希伯来族群被分化，是一次严重的族群分裂，对以色列民族造成很大的伤害。新教徒的自立门派可视为一支新基督教派的诞生，许多新宗教支派也陆续形成，如路德教会、加尔文教派、再浸礼教派等，乃至于卫理公会及改革后的浸礼会等。它们也可被视为叛离了中世纪的天主教会，成为原团体无法弥补的损失。布尔什维克为求成立，摧毁了俄国原先的政治体系。20 世纪 60 年代的嬉皮让大学秩序大乱，颠覆了传统的组织，改变了家庭内部的人际关系。女性主义也造成了类似的现象，它让女性更团结，但更换、破坏或改变了两性之间的关系。

诞生与情操

在二十世纪心理分析学派的影响之下，形成了一个广为接受的观念，即令人兴奋激昂的经验、所有内心的澎湃、所有深刻的情感，通通源自童年时期，但事实并非如此。当我们感到自己仿佛接触到绝对、接触到人生的精髓，当我们仿佛窥探到宇宙与大自然中的和谐、发现了喜悦与义务的平衡点时，初生状态下令人兴奋激昂的经验其实是人类心智（mente umana）的一种基本特质。

人类的生命中并非只有一次诞生、一次童年而已，而是有好多次重生、好多次童年。每一次的初生状态都是一种死而复生，都是当事人和他的世界的摧毁与再造。这种例子比比皆是，如一个人恋爱时（这又是一次新的印痕）、科学上有新发现时、皈依宗教时和新的政党、宗教团体、科学组织形成时。

不寻常的体验，是个体与其世界的再度年轻化，一切又变得生气勃勃、活力充沛；是向前的一大跃进，是走出自己的井底、走出日常生活，看到一种全新的生活方式，个体或团体接着会想在自己的世界中实践它。之所以能进步、日趋完美和获得自由，并非因为我们放弃了梦想、与现实妥协，而是因为我们试图在现实中实现自己的梦想。我们试图依自己的梦想、自己的理想来塑造既有的现实。

人类知道如何凌驾于既有的条件，并让自己的生活方式趋于完美。人间天堂的概念，并非仅是童年回忆，不是某种回溯性、会被抛在身后的东西。若不是因为这种崇高的理想，不是因为这种非凡的梦想，人就不可能有任何梦想、任何理想或任何文明。人间天堂的概念，就是指引人类迈向完美的北极星。

社会会老化、僵化，个体也一样。于是从个体内部会涌出一股复苏的力量，进行颠覆、摧毁，以形成一个新的实体。这种力量就像一种苏醒，是对新生活的一种展望，这种展望让社会、让民族、让历史得以演进。这些运动以及这些运动的期望和理想就是催化剂，尽管历经无数的错误与失败，却能促使人们不断追求一个更美、更公正的社会，就是在它们的激励之下，人类才有那些伟大的梦想。在启蒙阶段，复苏的力量宛如意外乍现的灵光、一闪即逝的炫芒，接着变成耀眼的光辉放射出去，遍及四面八方，环罩全宇宙。因此，初生状态就像一个新世界的愿景。任谁看到这个美丽世界，都想把它带到凡间来，所以会开始做严谨的、历史性的计划。理想的某部分也总是借由具体行动，亦即体制的形式来实现。从某部分来说，体制就是初生状态的守护者兼成果。

但新诞生的东西，必然与原本的某些东西格格不入。新释放出来的东西，必然代表着原本的某些东西的解放。诞生也就代表着摧毁，对于阻挡的障碍物，重生的力量往往会以激烈甚至粗暴的方式来对付。恋人爱这个世界、这个宇宙，他们希望万物都是快乐的，但他们无法忍受与对方分离，因此愿不惜任何代价来守护自己的爱情。

恋爱中的人发现这个世界既是幸福天堂，也有重重障碍。这个新世界美不胜收，充满希望，但也为他准备了很多艰难的任务。他发现自己无法一一实现原来的愿望，他必须面对现实、征服现实乃至摧毁现实，以免自己反被吞没。要不然就屈从退让，最终妥协。恋爱中的人以为大家都爱他们、大家都认同他们，当他们发现事情不是这样时，便深受打击。他们就像幼稚的孩童，在旧世界里漫步。旧世界为了阻止他们形成新的生活方式，便处处阻挠他们，令他们错愕不已。旧世界在他们的路途上设下重重障碍，于是他们奋力挣扎，以免自己窒息，以免自己被迫停下脚步。然而，他们并不是冷漠无情的，并不是没有道德良心的，他们反而对邪恶、对痛苦很敏感。

　　不论在新世界还是在旧世界里，正是由于初生状态会让我们所爱之人蒙上"绝对"的色彩，我们必须面对的抉择是非常煎熬的。因为这并非选择优或劣、好或坏，而是必须在两个极好极美的事物之间做抉择。基于这个原因，这俨然是一种两难选择（Dilemma）[1]。每一个重生的人望着这个世界时，就如当年祖先在伊甸园时一样，所做的决定势必使自己不得不离开天堂。不论他的决定为何——顺从自己所属的团体或自立门户，接受新恋情或忠于原恋情——总是鱼与熊掌不可兼得。世界不得不一分为二，义务与喜好终究要分道扬镳。他必须流血流汗为自己的人生打拼，也就是必须保持警戒、提防猜忌、全力以赴，但在他心中依然会存在一个远远更崇高、更美丽的意象。

---

① 　关于由道德两难衍生的道德观，可参见弗朗西斯科·阿尔贝罗尼的《恋爱与爱情》（*Innamoramento e amore*），特别是《善与恶的理由》（*Le ragioni del bene e del male*, Garzanti, Milano, 1981）。田诺对恋爱的描述是不完整的，因为她忽略了它本质上冲突的一面，她描述的是"梦幻般的完美爱情"，而非真实具体的爱情，参见 Dorothy Tennov; *Love and Limerence*, Stern and Day, New York, 1979。

由初生状态所产生的情操（moralità），并非只有一个面向，而是兼具两个互相对立的面向 ①。其中一个面向是面临抉择并拒绝抉择。它不希望否定，不希望摧毁，也不希望对抗任何事物；它渴望一个不同的、圆满的世界，一个和谐安详的世界；它希望尽量避免将好与坏明确地划清界限，它尽量避免评断。另一种面向则是以求生存为最高原则，它认同奋力抵抗和抗争，不认为这有何不对。它有鲜明的敌友之分，会评断，也会判定。

男人与女人

恋爱都是一样的，不分男女、不分老少、不分同性恋或异性恋，但罪恶感和两难的感觉会随着不同文化、不同历史、从小接受的道德观而有很大的不同。虽然两性之间的距离越来越近了，但现今仍存在一些差异 ②。一般来说，女性视爱情为一种正面的、合乎道德的行为，女性的传统道德观告诉她：如果真的爱某人就跟他去吧。相对的，对男性而言，爱情属于个人喜好的范畴，男性的传统道德观告诉他：要信守承诺，要好好照顾依赖你的人，不要伤害爱你且依赖你、支持你的人。对男人来说，唯有恋爱才会让他将爱情局部合理化，那就像爆炸，炸开了既有的道德规范，他的内心觉得自己有权追求自己的爱情。即使在这种情形之下，另一个道德观，亦即责任的道德

① 参见 Francesco Alberoni，*Valori*, Rizzoli, Milano, 1992, p. 90。

② 参见 James Q. Wilson，"*Differenza sessuale*," in *Il senso morale*, Comunità, Milano, 1995。

观，依然徘徊不去[1]。因此恋爱中的男人，即使抛弃了对方，往往仍然继续照顾对方，觉得自己必须为对方的痛苦负责。新的恋人促使他彻底与对方分手，往往是这位新欢向他解释他有权这么做，更有义务这么做，因为如果他并不爱她却继续和她在一起，那么只会对她造成更多伤害而已。

把这种行为视为女性的同性相斥其实是一种误解。女人只是认为，如果真的爱某个人，就应该全心全意只爱他一人，并没有其他什么道德规范需要遵守。女人只要追随自己所爱的人就等于遵守了她所有该遵守的道德规范。千万年以来，男人学到的反而是他最重要的职责就是对共同体、对家族、对妻子、对子女负责。情欲只是额外的附加价值，是一种可从妻子、从小妾或女奴那里得到的东西，甚至可以从战争或掠夺中获得。但这一切都以不干扰他最重要的职责为前提，而最重要的职责是不包含情欲成分在内的。

女人常说男人在爱情中比较犹豫、比较迟疑、比较举棋不定，此话确实不假。女人敢爱敢恨，没有灰色地带，当一段感情结束时，就是永远结束了，她不再觉得自己有任何义务继续支持曾经爱过的情人。在纪荷的书中，有个女主角曾如此说自己的丈夫："……他对女性心理根本不在行。难道他不知道，不再爱了的女人，自然而然会把曾经爱过的对象干干脆脆地从心

---

[1]　玛丽亚·文图里（Maria Venturi）的一本相当有趣的书《爱情靠学习：如何征服并留住男人》（*L'amore s'impara: come conquistare e tenersi un uomo*），书中所有用来看管丈夫以及对抗第三者的策略都利用了男性的罪恶感。这些策略能启动罪恶感、增加罪恶感，或让人因罪恶感不堪负荷。这些方法不适用于女性，除非她被迫放弃子女。参见 Maria Ventur; *L'amore s'impara: come conquistare e tenersi un uomo*, Rizzoli, Milano, 1989。

中抹去、清除掉吗。"①

相反的，千万年来，即使在分手之后，男人还是很习惯地觉得自己仍有责任、仍有义务甚至仍有权力。直到近代，随着大家庭的减少、女性意识的抬头、生育率的降低、社会福利的提升，向来扛在男性肩膀上的责任也慢慢减轻了。剩下来的是一种心理习惯、一种道德敏感性，不再有实质的必需性了。于是女性的思维模式越来越普遍，而男性开始觉得自己的犹豫、迟疑不再是一种美德，而是一种有罪的弱点。他觉得自己的迟疑再度且矛盾地成为他的罪恶感（senso di colpa）。

道德问题

古时候关于情欲和爱情的规范是十分严格的。严禁乱伦、巩固婚姻承诺、严惩通奸及婚外情，并且规定必须将怀孕的少女娶进门。这些规范越来越落伍，其重要性也日渐薄弱。情欲与爱情的关系越来越注重个人的喜好，在青少年之间便可见一斑。如果某少年喜欢上另一个更漂亮的少女，那么他便会毫不犹豫地和现任女友分手；如果某个少女遇见了另一个她更喜欢的少年，她就会把这件事告诉正在交往的男孩。可是万一他仍爱她，万一他很痛苦，万一他去自杀呢？那是他的问题。在爱情之中，当事人并不觉得自己必须为对方的感受或作为负责。

青少年特有的这种行为正逐渐感染如今的成人。电视连续剧再三颂扬的一个观念，就是爱情是维系婚姻的不二法门，爱情

---

① Françoise Giroud，*Mio carissimo amore*，Rizzoli, Milano, 1995, p. 62.

最伟大。新的观念只有一条守则："跟着心里的感觉走。"① 如果某人不再爱了、生气了、火大了，他就会一走了之，甚至不会回头看看自己留下的伤痛和破坏。结果就是，在现实生活中，爱情和情欲的世界越来越以个人好恶及丛林法则为主轴。不妨看看以下这个例子，一个女人全心协助丈夫的事业，不但深爱着他，并为他生了一群儿女。丈夫却爱上一个年轻女孩，并娶她为妻。女人开始酗酒，几年后死于肝硬化。这位前夫并不觉得自己必须为前妻的死负责。再看这个例子，一个年届六十的男人遇到经济危机，他病倒了，身边的女人也弃他而去。他死于心脏病。这个女人也丝毫不觉得自己有错，因为自己反正不再爱他了。但这样对吗？

当然并没有任何合约、道德、法律能强迫某人非得爱另一人不可，但这并不代表我们就不需为自己的行为负责，否则就等于侵犯了我们文化中的基本道德守则："己所不欲，勿施于人。"别人受伤害，我们总是难辞其咎，并应该尽量将伤害降到最低。没错，感情的事确实不能勉强，但更不容否认的是，我们确实可以做到谨言慎行、对人宽厚、帮助别人和尊重别人。

许多人主张爱情是身不由己的，这也要看是哪种爱情。许多伟大的爱情不过是一头热、一时的迷恋罢了。就连真正的恋爱也是从摸索开始，如果想壮大，便需要我们的允诺、我们的投入。那么以爱情之名而产生的虚伪、自私、卑劣又怎么说呢？一旦有了爱情当挡箭牌，是否就能对所有可耻的行径理直气壮呢？如今很多人宣称只要依随自己的心，就没什么不行、没什么不对的，而且他们一听到别人讲责任就一脸不屑。

---

① 就像苏珊娜·塔马罗（Susanna Tamaro）的作品《依随你心》（Va'dove ti porta il cuore）。参见 Susanna Tamaro, Va'dove ti porta il cuore, Baldini & Castoldi, Milano, 1994。

第五章
真正的恋爱

我们怎么知道一场恋爱是真的恋爱，而不是假的恋爱或一时迷恋呢？真正的恋爱是否有其典型、绝无仅有的特殊感受呢？我们认为是有的。真正的恋爱是由初生状态的机制所主导的，其他恋爱则否。假如我们仔细检视初生状态的典型感受，就不难看出眼前的这个是否就是真正的恋爱。这种感受是很复杂的，但值得我们费心认识一番。我们要很仔细地检视它，唯有找出以下所有的特征，我们才能确认这是真正的恋爱，假如没有便不是。

1. **解放的感觉**　我们会觉得好像终于走出一段漫长的囚禁时期，我们终于扯下了枷锁，呼吸到新鲜空气，我们体验到自由的感觉。我们之前因为懒惰、因为被动、因为恐惧而臣服了，我们任人摆布，逆来顺受。我们遵从别人的游戏规则，而不是聆听自己内心深处的渴求。我们不是我们自己，逐渐把自己关在一座无形的监狱里。如今我们推翻了阻碍的高墙，终于变成自己想要成为的人。

2. **启迪**　像魔术似的，原本蒙住眼睛的一层面纱被揭去了。我们终于知道自己真正渴望什么了，终于意识到自己的特色，知道什么是对的、什么是该做的事。我们原先好像同自己周遭的人一样是盲目的、沉睡的，但顿时，我们错愕地望着四周，因为我们似乎无法再满足于过去的一切。曾经我们也和周遭的人一样，不是真的、不是活的，但如今我们知道怎样才是真正的活着，而且知道一切都取决于爱。即使我们有可能因爱而受苦，爱情依然是一种美妙的付出。失去了爱，就意味着必须回去与"盲人"为伍，继续做"行尸走肉"。

3. **独一无二**　我们所爱的人是任谁也无法比拟的。他就是世上那唯一一个我们所能爱的人。不论我们又遇到了谁，哪怕是我们最爱的明星，也无法取代他。我们再也找不到第二个像他这样的人或比他更好的人。倘若我们的爱有了回报，倘若他也爱我们，我们便受宠若惊，觉得天底下最不可思议的奇迹竟发生在自己身上。我们原本完全不敢奢望的东西，如今竟捧在手中。因此，出现在每个恋爱女人面前的，真的就是童话中才有的白马王子；每个恋爱男人遇到的，都是一代天后、巨星，都是他连瞄都不敢瞄一眼的女皇。这是如此一份厚礼，如此不可思议，我们简直不敢相信。所以我们决定好好保护它，不让它受半点伤害，尽全力悉心呵护它。

4. **现实与偶然**　既然已经看出人间事物的精义，我们就知道凡事都是由一股更超凡的力量所营运的，一切都趋于喜悦、快乐，趋于让凡事更和谐、圆满。这就是现实的最深层的真义。痛楚、缺陷、邪恶都只是外表、假象，只是偶然的罢了，终有一天会拨云见日的。对我们是如此，对众人亦是如此。一切终将回归到爱和喜悦，因此我们必须把心稳住，耐心等待。

5. **活着的感觉**　我们觉得世上万物，不论有生命的还是没生命的，都有其存在的意义，一切事物都散发着绝对的气息。有生命的光辉照映时，万物都是美丽的。生命本身就是美丽的、合理的、必要的、令人赞叹的、充满惊奇的。因此世上任何事物，一座山丘、一棵大树、一片叶子、晚霞下的一面墙，乃至于一只昆虫，都犹如动人的诗歌。

6. **自由与使命**　当我们心中有爱时，我们就身处在宇宙的鼻息里，我们成为它祥和与律动的一部分。我们感到有一股超凡的力量通过了我们的身体、震撼着我们，我们就像宇宙乐章中的一个音符。然而我们并不觉得受到禁锢，反而感到十分自由，并热爱这份自由。我们走向自己的心上人时，就等于响应生命的呼唤。追求自由之身就是实践自己和自己的使命。没有人是自己爱情的"奴隶"，因为爱就是他的真理、他的动力、他的使命。

7. **浩瀚的爱**　当我们恋爱时，我们就拥有了一切，山峦啦、树林啦、河流啦，所有有生命的万物。我们俯身望着这片大地时，心中充满了体悟和爱。我们更爱身边的人，希望能让他们都快快乐乐的。我们觉得义务和喜悦应该合而为一。当这无法如愿，当我们不得不在心上人和其他所爱的人之间做抉择时，我们就会感到心如刀割，整个人快被撕裂了似的，这就是道德两难。许多人选择放弃爱情，或与情人殉情，因为他们觉得他们的道德两难似乎无解。为了保全爱情，只好放弃性命。但强者——想要兼顾生命与爱情的人，就会绞尽脑汁想出两全其美的办法。真正恋爱的人随时准备放弃、牺牲，万一他伤害了某人，就会感到罪恶、痛苦。

8. **重生**　人一直像机器人一样被原共同体羁绊住，恋爱便能让他们摆脱这道束缚。以前的人际关系，从这一刻起开始有所改变。他们变得不一样了，变成另一个男人、另一个女人。昨日种种譬如昨日死，取而代之的是一个崭新的个体。他经历了一场内在的蜕变，亦即圣人保罗（San Paolo）所谓的"心灵转变"（Metanoia），即死而重生。恋爱是一种重生，如果没有体验到这种重生，就不能称之为真正的恋爱。

9. 真实与纯洁　正因为旧的"我"，那个贪心、不真实又虚假的"我"已死，所以我们要成为一个真实而纯洁的人。恋人彼此会坦承以对，说肺腑之言，因为他们内心的需求便是如此，他们不再像过去一样欺骗自己。真正的恋爱是清新的、轻盈的、可塑的，不再是贪心的、吝啬的、自私的，因为当事人最关心的就是自己的爱情。这种体验很切合宗教里的一句话："你只管去寻找上帝的国度，其他事情自然会让你享用不尽。"因为他看出了人生的真义，不再畏惧任何障碍。他感到自己能够超越所有的困难、所有的误解和所有的憎恨，这种万夫莫敌的心态并不会蒙蔽他的理智，他依然耐心、专注并深思熟虑。

10. 最重要的是自己的心上人　尽管之前自己有千万种要求、千万种习惯，但如今恋爱了，它们通通显得不重要了。自己所拥有的物品、自己的穿着方式、旅行的方式，一概不重要了。他只需要那最重要的，最重要的就是能取悦心上人、能让他快乐、能守在他身旁。他认为只要有"一颗真心和一个小巢"就够了。恋爱的人可以将就，可以舍弃，能知足，能心平气和地承受疲倦、困意、饥饿。如果他仍像以前那样贪心、不肯舍弃，就表示这不是真正的恋爱；如果他抱怨不断，就表示他不是真的在恋爱。

11. 爱情的"共产主义"　如果某人爱上了一个富有的人，尽管他对此人的富有感到很高兴，但此人贫穷也无所谓。他并不想和此人一样有钱，他并不想成为此人。相反，如果是他本身富有的话，他会觉得自己有义务付出、减小彼此之间的落差。真正恋爱中的人不会在意付出和自己的财产，每个人会各尽所能，各取所需[1]。这是唯有恋人彼此节制自己的物质需求时，才有可能办到的事。他们之所以愿意这么做，是因为他们乐于和对方在一起，因为其他方面所需不多。他们只要浓情蜜意地看着对方的眼眸，即使口中嚼的是粗糙面包，也变成了人间美味；即使住的是破旧、简陋的旅社，也变成了他们的小王国。

如果有贪心或吝啬的情形出现，就不是真正的恋爱。此外，恋爱时，所有来自亲戚、宗派成员或党内同志的要求，恋人都会与它们审慎地保持距离。我们是以个体的身份进入初生状态的，所以供给是远超过需求的。如果感到有所不足，如果有一方贪得无厌、需索无度，就表示这不是真正的恋爱。

12. 赋予历史意义（Storicizzazione）　因为我们重生了，所以我们要建立自己的新身份。为了了解自己何以偏离正途以及自己如何找到了真爱，我们回顾自己的过去，重新审视自己一路以来的所作所为，这就是赋予历史意义。所有旧的伤痛、旧的痛楚、旧的爱情，通通逐渐淡去，不再有意义。我们改头换面，没有埋怨，也没有束缚。这个历程乃恋人双方共同完成，互相倾诉自己的过去，都诚实地托出自己的缺点、自己的过错。他们一同发现彼此相遇、相恋的征兆和迹象，通过彼此的倾诉，得以知道对方是如何看待这个世界的。借由这种方

---

[1]　这就是马克思在《德意志意识形态》中所使用的定义，参见 *L'ideologia tedesca*, trad., Ital., Editori Riuniti, Roma, 1956。

式，他们不仅把现在的生活融合在一起，连过去的生活也合而为一。他们的人生交合在一起、编织在一起，直到堆砌出一段共同的过去，建立起一个共同的身份。

13. 视爱情如恩赐 即使我们曾使出浑身解数来赢得对方的爱，但当对方也爱我们时，我们还是会视其为奇迹、殊礼、恩赐。爱情没有理由，它是一种完全自由的行为，所以我们也希望对方爱我们是出于自己的意愿。就算我们有想囚禁他、绑住他的冲动，好让他留在我们身边，我们仍希望他能自发地对我们说"我爱你"。传说中的"爱情灵药"能让心上人对我们倾心，能让他对我们也有一样的感情，让他感受到和我们一样的心灵转变。爱情不像一种囚禁，反而像一种解放。他喝下灵药后，就能看到真正的我们。

14. 平等 在爱情中，每个人对于对方而言都是独一无二的、无可取代的，重要性胜过其他任何事物。因此每个人都觉得自己仿佛登上了世界的顶端，从社会学的角度来看，每个人都是对方的魅力领袖，都是不可取代的。因此恋人是绝对平等的，他们无法想象彼此之间存在任何阶级或高下。

15. 时间 心上人就像黎明：他是我们新人生的初始；他就像黄昏：他就是我们的最终。因此他就是我们的生命，就像艳阳高照的一天一样：他就是时间之始，亦是时间之末。我们知道人生——因为这份爱的出现——达到了最高潮。因此在未来，我们只盼望能有他相伴，携手面对所有的逆境和难题。我们会想象自己一生至死都与他常相厮守，有了此爱，一生可谓圆满、完美了。如此看来，爱情就等同于时间了。

与其放弃爱情，我们宁愿一死。同时我们殷切地渴望活着，但前提是必须有我们的爱人在身边。生命的新周期以他为开始，也以他为结束。只要一想到未来他有可能不在身旁，我们心中便充满恐惧。要是没有了他，就意味着我们会一蹶不振、坠入万丈深渊；而有了他，我们就可以成长、变得更好、实现自我提升。

16. **改观** 恋爱时，我们会对所爱之人改观。改观的同时，我们产生一种双重体验：世上的每一个事物都很美妙，但可以再更完美、可以有更多提升。母亲就是以这种方式看待自己生病的孩子，她知道这是一种疾病，她希望他能好起来，她希望能治愈他。同时，她不禁觉得这个苍白的小脸蛋、这个弱不禁风的小生命，实在是非常美丽可爱。改观让我们在生命的光辉下，珍爱眼前所存在的。请别把改观和理想化弄混了。理想化的时候，我们会在所爱之人身上，看到众所认同的优点，我们忽略他的缺点，我们对它们视而不见，只看他的优点，而且把它们夸大。

改观则是，当我们恋爱时，就是爱对方既有的模样，就这样和他融合在一起，我们接受他的肉体、他的心灵。我们敞开自己的心胸，随时准备依他的愿望而改变自己、修塑自己。我们希望自己在他眼中是完美无缺的。

17. **精益求精** 我们发现内心有一股力量，驱使我们超越自我。我们看见了我们和所爱之人的生命精华，而他的精华不只是现在所展现的，更是隐藏在他内在的所有潜力，或许连他自己都不知道[1]。好像我们此生的任务便是要依照上帝创造他时的原意那样，让他充分发挥原本的自己[2]。因此我们敦促他改变，但

---

[1] 参见 Jurg Willi, *Che cosa tiene insieme le coppie*, Mondadori, Milano, 1992。

[2] Verena Kast, *Paare, Beziehungsphantasien oder: Wie Götter sich in Menchen Spiegeln*, Krenz, Stuttgart, 1984, trad. it., *La coppia*, Ed. Red, Como, 1991.

在我们身上也发生了同样的蜕变，我们也希望挖掘出自己最深刻、真实的一面，把自己的生命发挥得淋漓尽致。所以我们必须追寻它，不只是通过所爱之人带给我们的指示，更要从我们的内心很真诚地寻找。

每个人都希望自己能够完美无瑕以博得心上人的欢心。我们听从他的意见，依照他的愿望来塑造自己。然而，在这同时我们也寻找自己真正的人生方向，这趟追寻有可能与心上人的要求有所抵触。大致来说，两人都希望自己和对方能更完美[1]，但他们所看到的和所提议的时而契合、时而相违。接下来的这段复杂过程已不能称为相互适应，因为这早已远远超出相互适应的范畴了，这是一种重新诞生、一种再创造，一种自己和对方的再创造以及彼此关系的再创造。

在这个共同再创造的过程中，有可能发生误会、错误、调整、修正和重新来过。因为对方无法看出我们在他身上所看到的潜力，而我们也看不出他何以对我们有如此期许。这是因为许多东西看似真实，实则似是而非。初生状态便是探索还有哪些可能性，越是探索，可能性就越是减少。摆在眼前的是不可能的事，亦即与想象、期望相违背的“现实”。

唯有当这个“现实”与“改观”不互相冲突、不互相抵消时，两个人才有可能成为情侣，并维持这段感情。幸福的情侣，他们的改观是持续不断的，但他们并不会让所有的可能性都实现。一些限制和局限是早已注定的，但内在的生命活力会不断迸发。

---

[1] 关于本身与对方精益求精方面的研究，参见 Sasha Weitman, *On The Elementary Forms of Socioerotic Life*, Pro manuscripto, Univ. of Tel Aviv, 1995。

18. 融合　这是心灵上的交合，本身就能自满自足。我们这里所说的是与"绝对"、与"极乐"的相遇，其时间就是现在，其愿望就是让时间、让当下（nunc stans）、让永恒停止。当时间停止时，事物就会展现自身最精华、完美的一面，然后一切渴望也会跟着终止，因为此刻已经超越了欲望。

融合指肉体的融合、心灵的交会。彼此温暖、彼此启明，融合就像让我们纯真洁净的圣水，就像让我们坚不可摧的圣礼。当事人因为它而升华了，而变得更完整。两个躯体在交合之前，变得神圣、变成供品、变成圣殿。于是出现了天地融合的奇迹、天人合一的奇迹。天地被召来为情侣作证，并予以祝福，这就是婚姻、神圣的结合，这是在庆祝有情人终成眷属，不再有你我之分。相异的两个个体从此结合，一切也由此诞生。这就是升华（transustanziazione），躯体变得神圣，彼此的结合象征着所有诞生和萌芽。

19. 计划　融合之后，跟着出现计划：两人想一起展望未来、携手共创未来。两个恋人手牵手走向世界，世界显得既美又新。在新婚的彩灯下，一切都显得美轮美奂，当事人已经准备好迎接新生命。之前，一切都还在启蒙阶段，一切都还停留在一种假设状态。计划就是定案，计划会一笔一笔勾勒出未来、成为未来。未来会随着计划成形，未来以计划的形式跳出当下、跳出永恒。

计划日益健全，它完全是自由而瞬息万变的，像是通往世界的一个运动，像是在世上的一场游戏。计划是可行的，因为当事人对世界已经改观了，世界随时都能接纳它。执行计划不会让人感到勉强或痛苦，反而让人神采飞扬且充满创意，让人产生强大的动力，来打造一个家、组建一个家庭，也可能是把

自己封闭在一座塔里（你的心和一间小屋），或躲在森林里（如
特里斯坦和伊索尔德的故事）。然而，这一切都是以这相遇之
名、以这撼动人心的心灵结合之名去做的。它就是摇篮和原动
力，是开始也是结束。所有其他的决定、家或落脚处的打造、
去或留，全都以它为出发点，因为它就是处世的方式，象征着
自身的神圣性和动向。

　　影响计划的，包括文化、累积的经验、童年时期的恐惧与
焦虑和爱、所遭受的幻灭，以及未获得满足的欲望和梦想。计
划是融合、求生意志的产物，是因为希望变得有活力、自然、
有实体且有架构。那是它在世上的化身，是它在世上的实践。
它就是起步，是创意，是生命活力所留下的足迹，生命活力不
断追求尽善尽美，但在某种程度上，总希望成为某个有活力、
能持久的东西。

　　20. 道德两难　因为已经窥探到永恒，所以必须追求永
恒。恋爱并不只是口头吟唱的优美诗歌而已，并不只是不切实
际的幻想什么好、什么不好而已，而是要确实行善，而这就牵
涉道德了。道德总意味着当事人必须在被他认为同样有价值的
事物之间做抉择。恋爱中的人总希望能皆大欢喜，但总会有几
个人不开心，他便不得不陷入两难的局面。这趟费时费力的追
寻不在于寻找永恒之中有什么好，而在于想办法将不好的事以
及痛苦降到最低。

第六章

其他形式的爱情

世上除了有真正的恋爱之外，也有虚假的恋爱、一时迷恋等其他形式的爱情。我们应该学着辨认它们、区分它们。

假如是真正的恋爱，初生状态会仰赖其他所有的机制。其他形式的爱情，通常会仰赖一种机制。譬如，如果恋爱状态仅仅由指标的机制所决定，那就成了崇拜之爱；如果只凭借失去的机制，那便是竞争式爱情，会需要一些威胁、一些困难或一个对手。倘若只仰仗喜欢的机制，那么呈现的就是情欲的一时迷恋（infatuazioni erotiche）。另外，还有取决于其他因素的各式各样的爱情。我们将在本章和下一章细细探究。

崇拜之爱

1. **仰慕崇拜**　仰慕崇拜由指标机制所启动。它最喜欢大家都认得、大家都瞩目、大家都崇拜的对象。在政治运动、社会运动或宗教运动中，在教会、团体里，那些魅力领袖、带头人，那些僧侣、修行者、导师，身边总是围绕着一群对他们爱慕有加的追随者。就连那些亿万富翁、电影演员、歌星、冠军运动员，简言之就是所谓的明星，都有很多人欣赏、喜欢、追求。对于女人，这种欣赏经常演变成性幻想。

在各种社会中、各种团体里，都存在着情欲阶级，越是处于顶端，就越是多人追求的对象，越底端则反之。情欲排名（Rango Erotico）就是一个人在情欲受欢迎度上的排名，有些人可直登国际性的排行榜，有些人的排名是全国性的，有些人的排名则是地方性的。

同一排行榜里的名次是可以互换的，但处于排行榜较高层的人胜过排行榜较低层的人。在伍迪·艾伦（Woody Allen）的电影《开罗紫玫瑰》（The Purple rose of Cairo）中，女主角是一位不幸的家庭主妇，她很喜欢银幕上的一个人物，那是一个探险家。有一天，这个人物忽然从银幕上走下来，并爱上了她，她也立即爱上了他。但随即真实生活中的演员也来了，他比那个剧中角色更有魅力，结果她又爱上了他。但到最后两人都离她而去，可怜的女人只好失望地回到曾出现奇迹的戏院。她看到一部由弗雷德·阿斯泰尔（Fred Astaire）和金姐·罗洁丝（Ginger Rogers）共舞的歌舞片，立刻被深深吸引，于是她又忘了之前的恋情。

情欲排名是一种社会特质，会掩盖个人喜好，它是全体社会的观点下的产物。对于情欲议题，每个人都有自己的反应方式。有些人就是对明星的魅力没什么感觉。然而，大多数人还是会被大众的喜好所影响。

到目前为止，有关崇拜的研究都显示[1]，在选择恋爱对象

① Edgar Morin, *I divi*, Garzanti, Milano, 1958; Francesco Alberoni, *L'élite senza potere*, Vita e Pensiero, Milano, 1963, nuova edizione Bompiani, Milano, 1973; Francesco Alberoni, *Il volo nuziale*, Garzanti, Milano, 1992; *The Adoring Audience*, Routledge, London, 1991.

上，年轻女性比男性更容易受情欲排名之影响。她们的情欲一旦被唤起，往往会朝高标准进展。她们会立刻迷上小团体里情欲排名最高的人，但也会迷上国际级巨星。因此，女孩既会梦想着当地的网球好手，也会梦想着汤姆·克鲁斯（Tom Cruise）。其他人只能登上候补名单，以备不时之需。这种机制的渊源很久远了。从盘古开天辟地以来，男人就会追求所有的女人。但女人却会把自己打扮得漂漂亮亮的，以便尽量多吸引一些男人尤其是最受欢迎的男人，然后再挑选其中的精英。

就连男孩们也会喜欢上美丽而且大家都喜欢的明星，但是他们并不认为这么漂亮、这么受欢迎、这么有名的人有可能对他们感兴趣。就算他们相信名人真的会爱上他们，他们也没有什么能给她的，也不知该怎么维系这段关系。由此便缺少了一个恋爱的基本要件——希望，他们最后变得连身边最美丽、最受欢迎的女同学都不敢追求。很多男人后来已经完全放弃那些大家都心仪渴望的大美人，他们把她们留给男明星、留给有钱有权的人。他们习惯往别处看，心想天下总有独属于他的女孩。尽管他们放弃大美人，却仍学会了如何分析她，如何分辨美丽与性幻想。男人因此习惯了接受某些生理刺激，有时候相当粗俗，像是低胸暴露的穿着、一头长长的秀发、一双修长的美腿甚至是摆出挑逗姿势的短腿，都能令他兴奋不已 [1]。

相对的，女孩子会使出浑身解数来吸引周遭受欢迎的男

---

[1]　这个主题详细内容参见 Francesco Alberoni, *L'erotismo*, Garzanti, Milano, 1986。

孩、富豪之子、运动冠军或众人眼中的美男子。对其他人便置之不理，连瞧都不瞧一眼。这种一味往高处看的大胆行径也有其负面影响，她们往往必须忍受和一个不符合自己理想的男人生活在一起，新婚少妇便常常处于这种失望的情形[①]。

2. 群体的指标 明星在影迷眼中的与众不同之处，不是因为影迷个人的改观（trasfigurazione personale），而是由于群体的指标（indicazione collettiva），是整个社会让他变成这样，赋予他一个榜样、明星的形象。仰慕崇拜是一种群体运动，会让大家爱上被选中的那个人。许多女孩喜爱明星更胜过近在身边的交往中的男孩。但我们并不能说她们对于明星的喜欢是恋爱，因为这个历程并非由她们个人的恋爱改观所启动的，并非由她们个人的初生状态所引发的，她们只是参与群体的梦想，社会说好，她们就跟着说好。

俄罗斯有成千上万的女人狂恋列宁或斯大林，就像意大利女人对于墨索里尼，德国女人对于希特勒，美国女人对于罗斯福或肯尼迪一样。所有人都喜欢领袖，但女性还会再加上个人的情欲幻想，就像对明星一样。这种情形下就是社会或宣传单位在挑起个体的恋爱改观过程。

相对的，在个人恋爱改观的过程中，我们能够看出恋人的价值，不论他是什么样的人，不论别人对他的看法如何。一个女人有可能爱上一个丑男、一个罪犯、一个被社会排挤的人，男人则有可能爱上一个妓女、一个吸毒者。因为恋爱时，令人爱恋的就是这个人本身，即使他很穷或生病了也一样。就像即使儿子有肢体残缺，母亲依然会深爱他并觉得他很帅，但

---

① 参见 Francesco Alberoni, *Il volo nuziale*, Garzanti, Milano, 1992。

不能说她错了。因为她特别敏锐，她看到了别人所未能看到的。爱为她开启了一扇门，对于没有这份爱的人，这扇门是关闭的。恋爱中的人会在对方身上看到对方的价值，并且会把这些价值告诉大家。当他望着自己的女人时，他觉得她比最美、最有名的女明星还要更好。就算必须做抉择，他也会毫不犹豫地选择她。恋爱中的人会抵抗群体的情欲价值观，而依循他自己的价值观。他不会臣服于众所皆知的魅力条件，而会向一个真正的群体运动一样，形成自己个人的魅力偶像，并将她的地位提升到所有其他偶像之上。恋爱中的人会在心上人身上看到所有该有的魅力，使她成为唯一有价值的人，亦即她是获选者（l'eletta）。

　　3. **崇拜与独占**　很少有人能亲眼见到自己心目中的明星偶像，而且还被他爱上。通常明星都是遥不可及的，对他只会远远地欣赏，并不会真的爱上他。崇拜某人时，并不会因为得不到回报而感到痛苦。有时候会有嫉妒的迹象，但整体来说，崇拜者还是能接受偶像有妻子、有红粉知己甚至偶尔有些情妇。因为他很遥远，我们无法对他产生影响，不论怎么做，都无法让他爱上我们。崇拜的时候，实际的社会经济地位上的距离让初生的恋爱仅限于想象、梦幻、自我安慰式之满足的范围。

　　唯有当我们也有可能被爱时，唯有当我们也可能获得同等的对待时，我们才会爱上某人，不管此份爱是否得宜。当我们无法获得同等对待时，我们便处于崇拜的状态，而非恋爱的状态。这种时候，即使对方不爱我们，我们也不会感到痛苦。而在真正恋爱的时候，万一对方不爱我们，我们会痛彻心扉。

通常崇拜者很清楚自己不太可能接触到自己崇拜的对象，因此他便认命地远远爱着他。只要能拥有对方的照片、海报或能从银幕上看到他，崇拜者就心满意足了。然而，如果崇拜者真能接触到对方，那么他的渴求也会变得更多。即使如此，他知道自己还是很难获得回报。因此只要能发生性关系，他就很满足了，并把这当成一种殊荣。有时候，崇拜者会主动投怀送抱，不想让他离开自己。有些女人真的会收集有关明星习性的信息，这种情况就不是指标的机制在运作了，而是这些女人想要印证自己的魅力、主宰力。唯有当崇拜者发觉明星也爱上他时，他才会开始产生排他性和独占性。

4. 一时迷恋的崇拜　它看起来像真正的恋爱，但它的改观其实是群体指标的产物。我们可以发现它并非真正的恋爱，因为它并未具备我们在第五章谈过的最基本的初生状态。总之这种虚伪爱情到头来总会原形毕露，因为只要社会的夸赞没了，爱情也就不复存在了。真正恋爱了的人，会不惜挑战整个社会，但迷恋上偶像的人只会盲目跟从大众、被牵着鼻子走。等他真的见到了偶像后，等他真的能够在偶像身边和偶像一起生活后，他才会发现他根本不了解这个人，这个人根本不像银幕上、电视上那样，也不像别人所描述的那样，因而往往感到深深的幻灭。

下面这个我称之为"影迷"（La fan）的女子，她就有这样的遭遇，她一直很喜欢好莱坞的一个电影明星。他是她的偶像，她觉得自己真的爱上他了。由于她常游走于赌场和表演场所，有一天终于她有机会见到他本人。她一头投入这段关系，她引诱他，一段感情就此展开。但真是失望呀！这个男人好赌、爱喝酒，酒量又不佳，每次一做完爱就睡着，还会打鼾。

不仅如此，他的皮肤很差，有一种怪怪的味道。我们这位原本以为自己挖到宝的女主角，几天后很高兴地送他到机场，再也不想和他联络。

仰慕崇拜的对象也可能不是演艺界的人，以下这位"寻找夫婿的女孩"（La ragazza che cerca marito）就是一例。十二三岁时，这个女孩就一直很迷恋歌手艾尔·巴诺（Al Bano）。她对他迷到无以复加，整个房间都贴满了他的海报，她期盼有一天能见到他。数年后，她认识了当地一个很受同学们欢迎的小明星，特别是他有一辆敞篷车。艾尔·巴诺被遗忘了，她完全投入这段新恋情，毫无保留地展开热烈追求。她处处跟着他，想办法接近他，设法诱惑他，任他为所欲为，答应他的任何要求，即使是在最侮辱人的情境下也逆来顺受。直到最后，她终于赢了。他变得风度翩翩、细心体贴，对她浓情蜜意，并想娶她。他把她介绍给家人，两人住在一起，她这才开始发现他的缺点。她眼中的他变得平凡、庸俗、毫无魅力可言。他变成一个普通人，不再是那个众人相争、遥不可及的小明星了。

忽然某晚又出现了另一个明星。他是空军飞官，很帅、很高、体格很好，脸庞直可媲美好莱坞演员，他也令所有女人为他疯狂。不过最为吸引她的还是那套制服。她义无反顾地"爱上"他，原本对未婚夫的爱变成了厌烦、憎恶。她不想再看到他，不回他的信，也不回他的电话了。

这个女子渴望轰轰烈烈地爱一场，但她无法爱上任何人。她的恋爱对象非得是其他女人渴望的对象。尽管连她自己都不知道，但她的恋爱并不是真正的恋爱。事实上，只要她一感觉到自己也被对方所爱，一发现对方不再是遥不可及的，她的爱意就忽然消失了。她随时准备再投入另一个小明星的怀抱，不管他有没有制服。

　　美国心理学者桃乐丝·田诺（Dorothy Tennov）也探讨过一个类似的例子，但她混淆了情色之恋和真正的恋爱。在她的《爱情与迷恋》（*Love and Limerence*）一书中的头几页就谈到一个国中女学生，她的恋情一段接一段，书中是这么说的："泰丽（Terry）总是在谈恋爱。国一的时候，她疯狂爱上学校最受欢迎的男生史密斯·亚当（Smith Adam）。……后来接连有许多段恋情，替换如此迅速，以致旧恋情的伤痛马上被新恋情所覆盖。"[①] 田诺把崇拜和恋爱混为一谈，她的"limerence"的概念本身没有任何元素能够用以分辨这两种全然不同的感觉。

　　5. 崇拜的恋爱　指标也有可能通往一段"真正的恋情"。这种情形下，对所爱之人的改观对当事人就比较容易了，因为依社会的观点，这个对象就是一个不凡、超群的人。这里有个例子，有一名南非女子，二十二岁，很有钱，已经订婚，婚期就在几天之后。我们姑且称她为"未婚妻"（La fidanzata）。当时正值夏天，她和父母及未婚夫出去度假。某晚，她去了一间夜总会，碰巧她从小就很喜欢的一个歌手正在演出。她很讶异地发现，他也正目不转睛地望着她。她听到他的歌、看到他的人，已经觉得很魂不守舍了。一位女性朋友介绍他们互相认识，他和他们坐在同一桌。然后，他献了一首情歌给她，并邀请她参观他演唱会的彩排，简单地说就是他在追求她。她觉得他有一股难以抗拒的吸引力，这个男人是她的梦想、她的偶像。相较之下，她的未婚夫显得黯然失色。真是天雷勾动地火，她接下来几天都与他见面。她父母和朋友都替她担心，不断劝导她。但她不退缩，她毁婚，

---

　　① Dorothy Tennov, *Love and Limerence*, cit., p. 47.

并搬去和他一起住，两个月后他们就结婚了。

显然，倘若这个歌星没有注意她尤其是没有追求她的话，一切只会停留在想象的阶段，她只会对偶像保存浪漫的回忆而已。但此处，这位歌星实际做了青少年所梦寐以求的事，他亲近她、找寻她、告诉她他想要她、告诉她他爱她。如此特殊的际遇，叫人如何抗拒？遇见了自己的偶像，怎么可能说不呢？"未婚妻"遇见了自己的偶像，而且他没有让她失望。在此例中，指标便启动了初生状态以及恋爱。

不过崇拜的恋爱和一般的恋爱仍有些微的差异。在一般的恋爱，被爱的人总会感到几分惊讶、几分陶醉，因为对方竟然觉得自己脸部的每一个细节、自己的每一个动作、自己的每一个想法都是令人欣赏的。这种动机单纯、得来毫不费力的爱戴带给他一种深深的安全感，很像童年时期因为父母的宠爱而让他觉得自己是天之骄子一样。这份突如其来的欣赏、这份信任促使他更努力、更想提升自己，以不辜负对方。

相反的，明星早已高高在上，他已经很清楚自己的价值了，大家都对他尖叫。而这可能会在恋爱的过程造成一些问题。真正的恋爱其实是一种重生、一种重新来过，让我们以质疑的眼光检视自己的过去。高高在上、太过自负的人，也许会说："我就是这样，你就得接受这样的我，你不能质疑我。"

若想要爱情成立，那么爱我们的人必须让我们内心深处的潜在可能性一一发芽，他必须为我们提供一些新的事情。如果一个男人对玛丽莲·梦露（Marilyn Monroe）、克劳迪娅·希弗（Claudia Schiffer）或金·贝辛格（Kim Basinger）说她们很美，这又能怎样呢？一点儿也不能怎么样，她们已经知道自己很美了。千万个其他男人已经跟她说过的话，再说又有何益？千万个其他男人已经送过她的东西，再送又有何谓？

爱情需要看到仍然渴望而尚未获得的东西，需要还没发生过的东西，需要能拓宽它的视野的东西，需要一段值得去活的生命，这可以是力与美、才智、艺术、陶醉、超越、冒险或权力。在亚里欧斯特（Arioste）的《愤怒罗隆》（*Orlando furioso*）中，安洁丽（Angelique）尽管被众神所爱，却独独选择了梅铎（Medoro），一个普通的士兵，因为他长得最帅。玛丽莲·梦露先是看上运动员乔·狄马乔（Joe di Maggio），后来是有文采的阿瑟·米勒（Arthur Miller），最后是有权有势的肯尼迪（Kennedy），就像埃及艳后（Cleopatra）爱上位高权重的恺撒（Cesare）一样。

6. 魅力领袖和明星　追随者与魅力领袖之间的关系和崇拜者与明星之间的关系是不一样的。在群体运动中，追随者不仅爱他们的领袖，也爱这个团体。天主教徒喜欢、仰慕教宗，但也爱他们的教会。伊斯兰教徒心系他们的领袖伊玛姆，但也心系他们的整个宗教社群。总结来说，并非只有领袖是不同凡响的，整个运动甚至整个社群都是极富魅力的①。

---

①　如果想呈现一个群体运动内部的感情关系的话，我们不但要呈现领袖与追随者之间的放射状图形，还必须呈现追随者彼此之间与整个群体的关联性。所以每个成员之间的爱，明确地说，并非个体之间的爱，而是由群体居中调和而成的。如图所示：

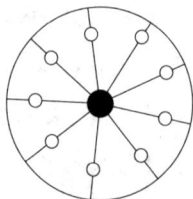

　　明星和追星族之间则是另一种爱情关系了，是一种放射状的星形关系[①]。明星是中心，周围是所有只欣赏他、只崇拜他、只爱他一个人的崇拜者。鲁道夫·瓦伦蒂诺（Rodolfo Valention）、克拉克·盖博（Clark Gable）、保罗·纽曼（Paul Newman）、汤姆·克鲁斯（Tom Cruise）、法兰克·辛纳屈（Frank Sinatra）或鲁契亚诺·帕瓦罗蒂（Luciano Pavaro tti）的影迷或歌迷，都对他们仰慕至极，而且都是一对一的。

　　弗洛伊德在他的大众（Masse）理论中犯了一个大错[②]。他认为团体的形成，是因为儿子们都依恋父亲，就像崇拜者依恋明星一样，因为他们都拥有相同的爱慕及认同对象，所以彼此之间也有横向的认同感，所以领袖是团体凝聚所不可或缺的要件。可是照他这么说，在他所著的《图腾与禁忌》（Totem e tatù）中[③]，兄弟们怎么会起而反抗、杀掉领袖呢？他们憎恨这个领袖，起而推翻他，那么团体也应该就此瓦解。可是他们怎么能团结起来杀他呢？弗洛伊德无法解释这个问题。

　　我们的运动理论就能解释。一旦与父亲决裂后就会产生一种初生状态，把每个兄弟凝聚起来，形成一个新团体。那是一

---

①　如图所示：

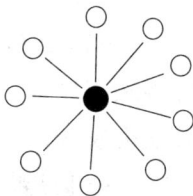

②　Sigmund Freud, *Psicologia delle masse e analisi dell'Io*, cit.

③　Sigmund Freud, *Totem e tabù*, in *Opere*, Vol. VII.

个有"革命情感"、有"同袍盟谊"的团体，新的领袖也会诞生。这种历程在莎士比亚的悲剧《恺撒大帝》(*Giulio cesare*)里描述得很清楚。凯撒有很多追随者，但他们当中许多人对他从景仰变成了怨恨。他们要置他于死地，但没有一个人敢独自对他动刀。必须要等到他们形成一个新团体，推出一个新领袖——布鲁特斯(Brutus)。他们建立起一种意识形态以支持自己的行为，并发誓忠于自己的盟约。后来，凯撒在议会上刚遇害，匕首上还淌着鲜血，他们便依循"同盟"(congiuratio)的规矩，握了握彼此沾满鲜血的手。

对明星的感觉和对领袖的感觉是很不一样的，团体运动的领袖被视为要带领大家走向未来、走向康庄大道的人。然而保罗·纽曼、麦当娜(Madonna)或理查·基尔(Richard Gere)的歌迷、影迷看到他们时，可能紧张得全身发抖，他们可能真的很爱戴他们，却不会有生死与共的感觉。不过，在情欲爱情的范畴内，魅力领袖和明星之间就没有差异了。这就是为什么我们使用了"崇拜之爱"来泛指所有被一大群人所欣赏、爱恋、迷恋的各式爱情，不管对象是魅力领袖还是明星。

竞争式爱情

竞争式爱情就是，当一个人遇到障碍、遇到对方对他说"不"、遇到阻挠者时，他爱得越深。这个不让他心想事成的阻挠者，有可能是父亲、丈夫或妻子。一旦这个障碍消失了，一旦他达到自己的目标，他的爱也就跟着消失了。因此竞争式爱情是"失去"和"确认"的机制发挥作用的结果。

和崇拜之爱最大的不同在于，真正的竞争式爱情是很少见的。通常我们只看得到一些伪爱（Pseudoinnamoramento）[1]，或肉体迷恋式的竞争式爱情。这些是十分普遍的，但不如唐璜或卡萨诺瓦的例子那样极端。唐璜是小说人物，但卡萨诺瓦是真实的历史人物，而且他有著名的《回忆录》（*Memorie*）流传于世[2]。卡萨诺瓦对一个女人爱得难以自拔，他深信自己恋爱了，用尽各种办法、说尽各种好话想要征服她。但一旦她点头了，他的爱就消失了。在由法国影星阿兰·德龙（Alain Delon）主演的《卡萨诺瓦之恋》（*Le retour de Casanova*）影片中，这位祖籍威尼斯的大情圣已经年近半百。他来到一个庄园，那里住了一个女人，他对她的爱只持续了一夜，但她始终都爱着他，并盼着他回来。她一看到他，就以为他是为了她而回来的，但其实不然。卡萨诺瓦告诉她，他爱上了她那芳龄二十的外甥女。那是一个摩登、严肃的女孩，对他不齿并冷漠以对。因为女孩也正在热恋之中，对象是一个年轻的中尉，两人经常共度热情的春宵。卡萨诺瓦热情如火，费尽各种心思甚至试图引她怜悯，但都没用。于是，就在离开的前一晚，卡萨诺瓦怂恿中尉一起玩纸牌，并赢了他一大笔钱，害他还不起。为了抵赌债，卡萨诺瓦要求借用他的衣服，以便趁暗溜进女孩的闺房中。中尉答应了，卡萨诺瓦就靠这个伎俩成功地占有了女孩。隔天早晨，卡萨诺瓦的热情消失了，他跳上马车离开了。但距离庄园不远处，愤怒的中尉在等着他，要求与他对决。卡萨诺瓦接受挑战，并杀了中尉。

　　这个例子不须怎么评论了。情圣爱的并非那个女孩，他之

---

[1]　伪爱，指看似真实，实则虚假的爱。——译者注

[2]　Giacomo Casanova, *Memorie*.

所以渴求她，是因为她拒绝了他，而且他有个情敌。这其中没有任何的初生状态，也没有互相融合的过程，整件事的起因是卡萨诺瓦想印证自己的魅力，也因为有竞争。事实上，这份轰轰烈烈的爱情，随着女人到手了、情敌被杀死了，也就跟着宣告结束。

竞争式的伪爱不论在男人身上还是在女人身上都相当常见。在卡斯铁兰（Carlo Castellaneta）的小说《一世女人》（Le Donne di una vita）中 [1]，主角史蒂芬（Stefano）疯狂爱上已婚女子伊达（Ida）。他说服她离开丈夫，与他远走高飞，但一段日子之后，他发现自己不再爱她了。等她另嫁他人后，他才又开始渴望她。他的其他恋情也是差不多的情形，包括弗洛拉（Flora），还有瓦蕾莉雅（Valeria）。瓦蕾莉雅为他抛夫弃子，但一旦她变成了妻子，每天在家里等他，每当他晚归她就吃醋后，他便开始感到厌倦。而就在他们准备搬进新家，他去处理交屋手续的那一天，他遇到了娇致娜（Giorgina）。他对娇致娜也有一段爱得难分难舍的日子，直到有一天他觉得娇致娜也爱上了他，于是他又准备展开新的恋情。

这种情形并不少见，你应该也曾在聊天时，遇到年轻女子带着殷切的口吻对你倾诉说，她还在找愿意娶她的男人。我们在前文提过类似例子，即"寻觅夫婿的女孩"。她别的什么事也不谈、也不想，甚至开始发表她的征婚启事。她不断"爱上别人"，但没有人娶她。聆听她过去的故事后，就会慢慢浮现一幅比较复杂的画面。她小时候很迷恋影星和歌星，她的初恋是地方上的一个小明星，但后来又和他分手而爱上

---

[1]　Carlo Castellaneta，*Le donne di una vita*, Mondadori, Milano, 1993.

一个飞行员。这个飞行员也很受欢迎，是女孩们追逐的焦点。她为他着迷，做了许多疯狂的事情，终于追求到他，随即又厌倦了。她回到原本对明星的幻梦里。一阵子以后，对象轮到一个有钱、已婚的名人。一如之前的情形一样，她对他展开猛烈攻势，终于成功地诱惑了他，成为他的情妇，但她并不只是想要一段外遇感情而已，她要将他们的关系公开，于是他便结束了这段关系。这段时间，她又认识了一些相貌、素养、才智和社会地位符合她的标准的男人。有些人开始追她，而且其中一人想娶她，但她对他们不感兴趣。她总是不断把标准往上拉，寻找情欲排名更高的人。她迷上一个律师、一个妇产科医师、一个大学教授，她迷上的人总是颇负盛名、总是富有多金，而且总是已婚。她大胆地投入这些恋情，而且总能和他们上床。于是她开始表现得像个恋爱中的新婚少妇，不只在私底下，连在公众场合遇到熟人、朋友也是这样。直到"未婚夫"受不了，分手为止。

换句话说，每当这个女人成功让对方爱上她后，每当男人愿意娶她后，她就厌倦、退缩，对他失去一切兴趣。她的情欲和爱情之所以被挑起，都是因为男人有钱、有权而且已婚，也就是说她有机会施展自己的魅力、自己的姿色，最主要的是她有机会胜过别的女人。

假如经历一次次的挫败，但"寻觅夫婿的女孩"一再重复一样的模式，就表示她乐在其中。这份乐趣正在于诱惑男人，在于把他从原本的生活环境和原本的女人身边拐过来，即使时间只有一下子也好。她口中的失恋（因为男人都不娶她）其实代表着等量的胜利。

另一个类似的例子妮可（Nicolle），她是珍·克森芝（Jeanne

Cressanges）书中的案例 [1]。妮可总是爱上最难以亲近的男人，换作别的女人早就放弃了，但她凭着自己的魅力和毅力，总是能够克服各种阻碍。有个男人禁不住她的热烈追求，正打算离婚。有个土耳其人为了娶她，甘愿为她入法国籍，还有一个罪犯为了她改过自新。但每当她的胜利唾手可得，每当所有阻碍结婚的障碍都消失了，她就开始意兴阑珊，并发现自己不再爱对方了。事情就这样持续，直到有一天出现了一个名叫保罗（Paul）的男子，他的困难度比之前的人更高。他很诱人、很神秘、难以亲近，以致有谣言说他是个间谍。妮可疯狂爱上这个难以捉摸且不断逃避她的男人，经过两年不计代价的追求后，她终于和他成婚。她决定和他结婚，其实是因为在心理上，他仍在躲着她，她还不算彻底胜利，婚姻只是初步的跳板而已。一段时间之后，谜底揭晓，这个如此诡异、如此难以接近的男人，其实患有精神疾病。他是个偏执的精神分裂症者，不时忧郁会发作，后来也自杀了。

我们所检视的所有这些例子，通通都是迷恋。那么是否有真正的竞争式恋爱呢？对于以竞争为重的人而言，唯有当感情长期受挫，而且这种情形一再重复时，才有可能产生类似恋爱的情愫。如果他们所爱的对象从不轻易臣服，而是半推半就或不予答复，如果有个持续存在威胁的情敌（即使是刻意制造的情敌），那么这份爱持续数年、数十年都不是问题。卡斯铁兰在他的小说《激情之爱》（*Passione d'amore*）中说的就是这样的故事 [2]。狄亚哥（Diego）爱上蕾妮塔（Leonetta），并一直对

---

[1]　Jeanne Cressanges，*Tutto quello che le donne non hanno mai detto*，Rizzoli, Milano, 1983, p. 91.

[2]　Carlo Castellaneta，*Passione d'amore*, Mondadori, Milano, 1987.

她情有独钟，只因为她既投入他的怀抱，也不时逃离他。

他们约会的时候，蕾妮塔娓娓向他道出自己的爱情故事、自己的堕落、自己的喜好、自己和其他情人的情史。狄亚哥既心绪混乱又兴奋，不断觉得被挑衅。蕾妮塔已婚而且不想离婚，因为她已经过惯了富裕的生活，她需要钱来做自己——用肉体来换取锦衣玉食。她需要钱来维持自己的美貌，如果她与狄亚哥私奔，就必须忍受平庸的生活，放弃昂贵的保养品、时髦的发型和个人专属的美妆师。她之所以不离开丈夫还有一个原因，她知道狄亚哥需要一个障碍、一个情敌、一个争斗。她知道狄亚哥对她感兴趣是因为在他眼中她是个猎物，一个能从别的男人手中夺下的猎物。她知道狄亚哥对她的爱，尽管已经持续了好多年，但一旦她不再是那个遥不可及的女神，而变成他听话的小女人的话，他的爱就会立即消失，她在他眼中会变得既乏味又无聊。

在此处，我们必须做个澄清。妮可的迷恋之所以产生，是因为她需要印证自己的魅力。保罗，那个神秘的男人之所以吸引她，是因为他冷漠又难以亲近，因为他完全不回应她的爱。她需要向自己证明自己确实有过人的吸引力，所以当她遇到一个无法爱别人的精神分裂者时，她对他的渴望便达到极点。至于"寻觅夫婿的女孩"，她想证实自己优于其他女人、其他情敌。狄亚哥和蕾妮塔的例子就真的很极端了，因为这是一段长达十年、二十年的漫长爱情，而且它包含了真正恋爱的许多元素：融合以及对于共同生活的渴望，但受到要命的竞争机制所拖累、阻碍。

最后，我们来看看这部对于女性情感有着深远影响的经典著作和电影——《飘》（Via col vento）。乍看之下，郝思嘉

（Rossella O'Hara）对卫希礼（Ashley）的爱似乎是竞争式的爱，因为尽管卫希礼一直忠于妻子韩美兰（Melania），她的这份爱却一直延续。卫希礼之妻过世了，她才不再爱他。事实上，早在得知卫希礼与韩美兰订婚之前，郝思嘉就爱着卫希礼，甚至等他们结婚之后，她依然抱着一丝希望，因为其实他从未明确拒绝过她。白瑞德（Rhett）和郝思嘉的关系，在心理上是正确的。郝思嘉无法爱上白瑞德，因为她心中爱的是卫希礼。唯有这份爱告终时，情况才会有所改变。白瑞德对郝思嘉的爱建立于彼此之间一种强烈的相似性上，他知道两人在一起可以擦出不寻常的火花。郝思嘉却想印证自己的独立性、自己性格的特质，她怕自己被白瑞德给压了下去。这就是为什么万一她必须嫁给一个自己不爱的人的话，她会选择一个懦弱听话的男人。

财富利益和社会经济地位

财富、社会阶层以及拥有名车、豪宅、昂贵游艇、时髦服饰的豪华生活，通通能让一个人更具魅力。这些都是能够诱发恋爱的因素，因为恋爱也源自梦想、希望和社会期望。在童话故事《灰姑娘》中，王子爱上贫穷女孩，那是因为在好心仙女的帮助下，女孩得以穿着一件令人惊艳的礼服去参加宴会。如果她还是穿着平常的破衣裳，王子大概连看都不会看她一眼吧。同样，在萧伯纳的《卖花女》①中，希金教授起先很鄙视从街头带回的这个肮脏又无知的卖花女。等到她摇身一变，成为一个高雅细致的仕女后，他才爱上了她。而我们先前也看到，

---

① 后来改编成电影《窈窕淑女》。——译者注

"学生"爱上一个大学女同学，她所属的社会阶层比他的高。他这么选择的时候，心中并没有任何算计，没有任何金钱利益。这女孩象征着他所渴望的世界、他所向往的生活。

在文学中，我们也可以列举不少因为财富而点燃火苗或变得更顺利的恋情。菲茨杰拉德（Fitzgerald）的《大亨小传》（*The Great Gatsby*）就是一例。盖茨比（Gatsby）初遇黛西（Daisy）的时候，他二十岁。当时有一个晚宴，他和一些年轻军官一起参加。他很穷，但军服让他们看起来都一样。他一看到黛西就惊为天人，当场愣住 [1]。他从此爱上很美又很有钱的黛西，而黛西不知道他是个穷小子，也爱上了他。后来盖茨比被派往前线作战，两人失去联络。她另嫁他人，但他依然爱着她。他努力想办法赚大钱，希望能够赢回佳人芳心。这篇小说的自传意味相当浓厚，因为现实生活中的菲茨杰拉德也是在亚拉巴马州（Alabama）服兵役的时候爱上了一个有钱的法官的女儿泽尔达·赛尔（Zelda Sayre）。当时他对泽尔达只能遥遥仰慕，因为她的交际圈远远比他的交际圈尊贵，而一直到他的小说《人间天堂》（*This Side of Paradise*）[2] 大获欢迎之后，他才得以迎娶她。

所以财富也成为真正恋爱的构成条件之一，它能启动初生状态，就像情欲欢愉、施展魅力的举动或制服、权力的吸引力一样。有些人在其潜意识的人生计划里，一直梦想着更上流的生活，故而很容易爱上象征着这种生活的对象。法国文豪巴尔扎克二十二岁时，爱上了四十四岁的罗荷·贝里（Laure de Berry）。对此艾蕾娜·蓓罗蒂（Elena Gianini Belotti）给了一个很正确的解

---

[1]　Francis Scott Fitzgerald，*Il grande Gatsby*, Mondadori, Milano, 1950, p. 157.

[2]　或译为《尘世乐园》。——译者注

释："要说穷酸的巴尔扎克会爱上贵族出身的罗荷·贝里，那是因为他被这种生活方式和交际圈所深深震撼和吸引，他很渴望成为其中的一员。他渴望他人的注意、支持、激励和悉心照顾，这样才能把他这块文学璞石，精心雕琢成一个绚烂夺目的碧玉。他一心渴望弥补原本的初生环境对自己的种种不公对待。他渴望别人能肯定自己的才华和价值。能够满足这些需求的人，肯定不是那些天真幼稚、涉世未深、见识浅薄的年轻女孩，她们自己尚且需要帮助，更遑论帮助别人了。"[1]

然而，财富和经济利益往往不是通往真爱的途径。有些人的婚姻纯粹出于金钱考虑，就像投机的男人会假装爱上获得大笔遗产的女人，而投机的女人也会假装爱上百万富翁一样。《飘》里面的郝思嘉也做过同样的事，为了保住家园陶乐（Tara），她不惜冷冷地诱惑一个有钱的商人，然后嫁给他。

没有爱情的纯粹利益，肯定无法建立稳定的感情关系。伪装一段感情长达很多年实在不容易。男人如果不觉得自己的老婆有吸引力，就必须想出各式各样的借口来掩饰自己的无法勃起。女人遇到同样的情形，也会感到暴躁、易怒，不想有肢体接触。罗莎·阿尔贝罗尼（Rosa Giannetta Alberoni）在她的小说《保罗和弗兰切丝卡》（Paolo e Francesca）[2] 中，描写了一个女人，她嫁给一个有钱、有名的男人，她做了很多的努力。渐渐的，她的身体开始反抗。她对他的体味、对他的手的触感感到厌恶，直到她对他的爱转变成恨。

不过，由财富激发的初生状态与纯粹出于金钱考虑的婚姻

---

[1]　Elena Gianini Belotti, *Amore e pregiudizio*, Mondadori, Milano, 1992, p. 92.

[2]　Rosa Giannetta Alberoni, *Paolo e Francesca*, Rizzoli, Milano, 1994.

之间，尚存在着许多种情形。在很多一时迷恋的情形下，财富以及财富的象征——跑车、游艇、豪宅、奢华生活、昂贵的礼物——都会使当事人具有一种类似魅力领袖或明星的吸引力。它很像恋爱，但其实不是。因此，一旦目标达成了，一旦财富到手了，爱情很快就跟着消失，取而代之的是对独立、自主的渴望，渴望把这些钱都占为己有。很多有钱人如明星，身边就经常环绕着主动投怀送抱或对他们发表爱情宣言的仰慕者。但这究竟是爱情还是一时迷恋呢？还是根本只是算计？这就是为什么有钱人往往会和自己圈子里的人结婚，因为两人财力相当。

造　假

在真正的恋爱中，两人都会追求真相。他会探究自己的内心深处，表达自己最深层的需求、最真切的渴望，他既不会欺骗自己，也不会欺骗所爱的人。偶尔他会故意玩一玩若即若离、欲擒故纵的游戏，逗一逗对方、考验一下对方。但随即他不会再冒险，而一心想毫无保留而真挚、诚恳地展露最原本的自我。也有一些人需要掩饰自己的缺点和恐惧，于是他们非但不坦承自己真正的忧虑，还刻意掩饰它们，伪装出一些自己所没有的优点。

如果双方都是这种心态，都坚持自己的谎言，那么就造成心理学者所谓的互欺（collusione）。这个词是从拉丁文的"cum-ludere"衍生而来的，意思是彼此互有默契地要欺骗对方。两人都发挥演技掩饰缺点，塑造一个虚假的自己。而对方会接纳他，当作这就是真正的他，以便让自己塑造出来的虚假自我也能被他所接受。就这样两人都在欺骗，而谎言再也无法停止。

在这种情形下，我们看到的也是不完整的恋爱或伪爱。初生状态无法贯彻到底，因为它被谎言所阻断，赋予历史意义的历程无法顺利进行。基于这个理由，当事人没有摆脱过去，从前的事情没有了结。因此，日后当事人试图甩开的事情会再回来纠缠他。

不妨来看看尤格·威立（Jurg Willi）谈到的这个例子 ①。有个年轻人，他的父亲既懦弱又被动，母亲却很强势。为了不重蹈覆辙，他处处都想与父亲相反。他表现得很积极、很能干，而且很有自信。后来成为他妻子的这个女人，也有一个懦弱的父亲和一个强势的母亲。她的反应方式是让自己变得非常女性化，既娇柔又病弱。两个年轻人在一家学生常去的餐厅里相遇了，他注意到她，她也对他有好感，但他不知该怎么接近她，因为他害羞得手足无措。后来他鼓起勇气，邀请她一起喝咖啡。她原本以为他很懦弱，不过这个主动邀约令她很惊讶，并让她觉得他是个有自信的人。就这样两人都开始向对方展现自己所没有的优点，他好像万夫莫敌，而她则仿佛手无缚鸡之力。结婚后，他们依然演着同样的戏码。妻子刻意变得非常虚弱，以致需要就医诊治。此时，丈夫无法再伪装自己很有担当，他精神崩溃了，于是妻子变得非常强势。他们终于都露出真面目，结果双双落入彼此向来努力避免的情境里：他很被动，而她很霸气。

有时候恋情会以欺骗和造假的形式开始，但随即演变成真正的恋爱，让真相浮出台面。有不少很好的喜剧电影都以

---

① Jurg Willi, *La collusione di coppia*, Franco Angeli, Milano, 1993, pp. 50-57.

此为主题，譬如《热情如火》，主演包括杰克·莱蒙（Jack Lemmon）、托尼·柯蒂斯（Tony Curtis）和玛丽莲·梦露等。柯蒂斯谎称自己是亿万富翁以博得梦露的芳心，而莱蒙也帮他的朋友编谎，事实上，他们都是一个小乐团的乐师。他们无意间目睹了一场黑道的枪击案。黑道追杀他们，想灭口，而且就在梦露接受柯蒂斯的表白时，黑道发现了他们。两人不得不赶紧逃命，而此时柯蒂斯只好承认自己的真实身份。但对梦露来说这不重要，他们才发现彼此是真心相爱的。

慰藉之爱

慰藉之爱就是紧接在爱情幻灭之后的伪爱。经历了痛苦的心死（pietrificazione）阶段后，我们的生命再度恢复活力，我们开始寻觅新的恋情。但创伤还没愈合，我们还无法爱上别人。于是我们就找那种可靠、对我们有好感、让我们可以安心托付的对象，这不见得就表示这个人一定很呆板、无聊。一般来说，我们甚至会找活力充沛、能让我们耳目一新、能让我们走出日常生活而大开眼界的人。但我们希望是他主动追求我们，而且要爱我们爱得比较多。我们要找爱我们的人，而我们让他爱就好了。

我们先前已经提过"都灵男人"。他经历了一场痛苦的挫败，留下了许多年都挥之不去的伤痛。他希望再谈一次恋爱，以忘掉过去不愉快的恋情，后来，他对一个很漂亮的法国女子颇有好感。他以为自己爱上了她，但远距离恋爱和经济拮据都使这段感情不了了之。接着是和同事的一段情欲之恋，这段感情很快就结束了，因为他们都发现彼此并非真的很相爱。后来他一直没有女友，但内心深处渴望一份稳定、温柔、深情的爱情。总之，就是想取代他失去的爱情。他又遇到一个不错的年轻女子，既活泼又开朗。因为他向她传递了自己对爱情的需要，她的响应方式就是她也爱上他。她把他介绍给家人，她家是一个相当富裕的家庭，大家都很热情地欢迎他。他们订婚了，然后很自然地携手走向红毯的另一端。妻子负责打理家务，而他则继续从事原本的工作。从来没有争执，从来不会提高音量。"都灵男人"一定会毫不犹豫地发誓自己深爱自己的未婚妻，亦即他后来的妻子。但事实上，他只是对她有好感而已，因为他一直爱着另一个女人。唯有经历另一段新的、深刻的恋情，他才能跳出这段旧感情。唯有恋爱才能够潜入过去，对过去做个了结。因此，婚后他发现自己很欣赏自己的妻子，对她有好感，却不喜欢她的外表，也觉得她无法丰富他的心灵。他过了一段困惑、苦恼的日子，直到后来他疯狂爱上另一个女人这一切才结束。

克雅拉（Chiara）的故事就比较悲惨了。克雅拉住在意大利拿波里，人长得非常漂亮，而且父母很宠爱她，她在家里什么事也不做。她在学校和邻近一带俨然一个小女王。十八岁时，她去米兰的一位阿姨家做客，认识了一个二十岁的男孩，他们双双坠入情网。她回到拿波里，长达几个月的时间里两人互相写信和通电话。他会去看她，但无法常常为之。男孩的工作收入有限，见面次数仅止于此。克雅拉的父母并不喜欢他，他们希望她找个更有头有脸的对象。克雅拉没有勇气离家与他私奔，她以泪洗面，终日待在自己的房间里。她的父母寄望于时间，他们深信女儿终究会把他忘了。米兰的男孩不再来找她。几年后，又一次去米兰的阿姨家做客时，克雅拉认识了一个男人，据说男人家是伦巴第地区（Lombardia）的大户人家。这次她的父母认可了，鼓励他们结婚。她接受了，因为她很渴望爱情，而这个男人说他爱她，也因为他住的地方离米兰不远，她觉得自己仿佛可以更接近那份逝去的爱。

两人成婚了。结果这个男人只不过是个家境不错的乡下人，住在一个农场里，拥有一些牲畜。房子又丑又脏，几乎紧邻着牲畜棚，臭味扑鼻而来，中庭泥泞不堪。克雅拉从小住在城市里，过着娇生惯养的生活，忽然面对这种粗重的活儿，她根本不知该如何是好。她不久便有了身孕，她发现自己怀里抱了个娃儿，穿着粗糙的衣服，一头蓬乱的头发，住在一个噩梦般的地方。她每天都有流不完的眼泪，而她的父亲知道自己铸下了大错，常常来探望她。他为她带来衣服，顺便陪陪她。到了冬天，一个浓雾弥漫的夜晚，她的丈夫不幸因车祸身亡。克雅拉吓坏了，抱着孩子就往米兰跑，去寻求救援，她被送回家里。她发疯了，再也没有开口说过话，变得紧张兮兮的。有一天她打开家门出去了，完全是晃神状态，身上连一件外套都没有。她就这样消失在伦巴第寒冷的旷野上，再也没有人看到过她。

第七章
性爱

恋爱中的情欲

当我们坠入情网时，我们的情欲和性爱会达到一种非比寻常的巅峰。所爱之人的身体显得崇高、神圣，我们想和他融合为一。恋人可以日日夜夜缠绵在一起，享受鱼水之欢。他们的欲望才被满足，又立即卷土重来，而且比先前更强烈。讲到欲望，我们通常想到的是饮食的欲望、睡觉的欲望等，它们一旦获得满足就会平息，然后消失。心理分析学派认为欲望是一种张力，是一种可以松弛的张力，然而在恋爱的初生状态下，我们希望爱得更深，渴望得更多。缓和这份张力并不会为我们带来快乐，我们反而希望它持续增加、持续加强。

恋爱的时候，日常的情欲会增加百倍千倍，生活中充满了情欲。所爱之人的身体成了迎接我们的世界，也是我们所居住的世界，它变成我们活力的来源，它创造的一切都是美好的。心理分析学派的解释是，这让人回想起婴孩时期依偎在母亲身边吸吮乳房的感觉。我倒认为，促使婴儿本能地趋向母亲的这种基因印痕，也会促使成人趋向所爱之人。①

　　有时候恋爱一开始只是偏执而狂热的情欲，到后来才变成深刻的爱情。在伍兹·肯尼迪（Woods Kennedy）的小说《爱的一年》（Un anno d'amore）中②，一个男孩爱上他的老师，发现了她的美和性感。这是一股排山倒海而来的性爱，在男孩碰到她女性化的乳房，陶醉而崇拜地望着她的胴体时，爆发开来，他激动地看着初次看到的乳头曲线、神秘的三角地带、纤细的腰围、嘴唇和阴唇。那是一个甜美的国度，他越是拥有它，就越渴望它和爱它。在"巴里男人"的例子里，一份深刻的爱情也是从干柴烈火般的激情性爱开始的。

　　纳博科夫在他的小说《洛丽塔》中，极为成功地描写了由性爱转变而来的爱情。作者通过讽刺的笔触巧妙地描写了一段令人难以自拔、令人疯狂、推到极致的情欲，让我们几乎没有察觉到其实这是一段深刻爱情的开始。亨伯特（Humbert）垂涎于一个十二岁女孩的胴体，他称她为"小不点儿"。他写道："此刻，我的美人趴在我面前，让我看到——让我热血中千万只睁大的眼睛看到——她肩胛骨的玲珑曲线、背脊的柔美、略微蒙上暗影的两个浑厚结实的圆体，以及稚气未脱的腿间三角。"③某晚，他在阳台上，坐在洛丽塔母亲的身旁，女孩跑来钻到两人之间，他趁机享受，"我趁这个神不知鬼不觉的机会，拂过她的手或肩膀，或那个不断被她抛向空中、拍着我脖子的

---

①　萨莎·魏特曼（Sasha Weitman）为情欲恋爱做了十分完善的描述，它的特征包括：喜悦、自然、欢愉、慷慨、付出的快乐、追求自己与对方的美，参见 On The Elementary Forms of the Socioerotic Life, cit.。

②　Robert Woods Kennedy, Un anno d'amore, Rizzoli, Milano, 1973.

③　Vladimir Nabokov, Lolita, Mondadori, Milano, 1966, p. 60.

羊毛丝纱芭蕾小娃娃。然后，在我把这个美艳的小妖精，以纯洁的抚摸彻底裹覆了之后，我鼓起勇气，以手指尖轻拂她小腿上栗子色的汗毛——我一边笑着自己开的玩笑，一边全身战栗，我试图掩饰自己的悸动。有一两次，我感受到她的秀发飘在我唇上的瞬间灼烫……"[1] 此时的爱情只是一种性欲，趁机利用各种机会享受。有一天他挥舞着一本杂志，把洛丽塔吸引到他身旁。"不一会儿，她假装想抢回杂志，整个人扑到我身上来，我抓住她那骨感、纤细的手腕。杂志如仓皇的飞禽般掉到地上。洛丽塔扭了扭，脱了身，向后退，瘫坐到沙发上，然后，这个大胆的女孩竟若无其事地把两条腿伸到我的膝盖上来。我兴奋得不能自已，但我也不是省油的灯。"[2] 接下来就是他不可思议地描述自己如何达到高潮，简直可称是感官上的极致欢愉。后来又发生了几次，每次都是偷偷摸摸的，都是隐藏的，从不曾露出一丝情感、一抹情意，只有不可自拔、意乱情迷的欲望而已。亨伯特感到自己既卑劣又淫秽，但无法抗拒，反而想尽办法来满足这份欲望，甚至娶了女孩的母亲以亲近这个女孩。接下来是疯狂地在美国游玩，从一个观光景点到另一个观光景点，从一家戏院到另一家戏院。他请她吃冰淇淋，不让她去上学，不让她与同年龄的男生交往，借此换取发生性关系的机会。"我多么喜欢端咖啡给她，然后不给她喝，直到她先做完早上的功课。对她来说，我是一个如此体贴周到的朋友、是一个如此深爱着她的父亲、是一个如此敏锐高超的儿科医生，能够满足她那小小的金黄胴体每一寸的任何欲望。我唯一的遗憾

---

[1]　Vladimir Nabokov, *Lolita*, Mondadori, Milano, 1966, p. 64.

[2]　Ibidem, p. 80.

就是不能把她里外翻过来，不能用自己的贪婪的嘴，贴上她年幼的子宫、珍珠般的肝、未知的心、深蓝葡萄般的肺和巧妙成双的肾。"[1] 尽管书中处处见讥讽之意，此处我们却能看到恋爱的铁证。一个爱人会爱上对方的一切甚至是对方的五脏六腑。这份强烈的情欲是作者刻意修饰的结果，它其实是不折不扣的恋爱。

有时候，恋爱则从心灵上的吸引力，从一种郁闷、渴望亲近对方开始，我们已看过"学生"的例子；或从友谊、关怀和欣赏开始，如同"谨慎男人"的情形。因为在当时"学生"所处的阶段，他萌生了一种需求，需要一个女人，需要和一个女人共同生活。相反的，"谨慎男人"对于性则已经习惯由购买获得，并不投入感情，直到后来，友谊、欣赏、信任和亲密感让他卸下心防和摆脱恐惧，爱情才找到出路。

我们现在可以问一问以下这些问题。当一个人真的爱得很深时，他能否对另一人产生性欲而背叛自己所爱的人呢？每个人之间显然有很大的差异，但如果纯粹从可能性的角度来看，答案是肯定的，而且对男人而言尤其如此，女人的可能性则比较小，至少在我们这个年代比较小。有可能随着越来越多以男性为主的行为模式受到接纳后，这种落差会日渐缩小，但目前来说，它仍是存在的。女性比较喜欢被追求、被渴望，然后再由她来选择要或不要。如果她正处于热恋中，就表示她已经做了选择，并拒绝了其他人的追求。男性呢，则恰恰相反，他四处寻觅、追求。当他热恋时，整个世界都显得无比美好，他从每个女人身上都看到自己所爱的女人的影子。倘若他依从自己

---

[1]　Vladimir Nabokov, *Lolita*, Mondadori, Milano 1966, p. 205.

当下的感觉，放任自己的话，他随时可以左拥右抱。因此，很矛盾的，如果另一个女人对他略施小计，不时安抚他、邀请他的话，他也能够展开另一场艳遇。他不会主动出击，但他有可能禁不住诱惑。一旦他想起自己这么做有可能伤害所爱的人时，他就不会接纳这种艳遇，于是他所有的情欲也会跟着消失。

当女人得知所爱的男人与另一女人发生性关系之后，她会变得怒不可遏。她发火不仅是因为嫉妒、因为占有欲作祟，也是因为她很清楚，他的这种情欲能量是她赋予的，是她用她的爱情为他提供了充足的活力，让他听到爱神的呼唤。因此她会觉得好像自己某种神圣的力量被人窃取了，某种东西被他损毁、浪费、亵渎了，因为他把它给了别人，姑且不论那是什么东西，而她要严加惩罚他。男人在描述因为自己的不忠，而弄得女人大发雷霆时，也确实会说："她好像母老虎喔！"他一面说，一面发抖，因为他很害怕失去她，很怕自己因为一时昏了头干下的蠢事而被她抛弃。他知道她不仅是威胁他而已，知道她也真的有本事跟他一刀两断。所以他会谨言慎行，答应绝不再犯，永远对她忠心不二。

对于恋爱中的女人，与第三者发生性关系是一种亵渎。因为她把自己的身体全部留给自己所爱的人，而且她甚是厌恶与"外人的身体"间接接触。她把爱人的身体视为自己身体的一部分，他的身体在爱情的光辉下已经有了不同的样子。她在爱情中获得重生，因此希望自己的身体、心和灵魂都能很纯洁。这个很有灵性的恋爱的身体（corpo amoroso）是独属于他们的。它变成一座圣殿，不许有任何亵渎的情形发生，男人必须带着应有的恭敬心态亲近这座圣殿。

恋爱中的女人的一举一动都是神圣的仪式，因此她的身体乃至于身体周边的空间都是神圣的。他们做爱的那张床也是神圣的，任何人都不许接近，任何人都不许睡在上面，就连父母或兄弟姐妹也不行，唯一能躺在恋爱中女人床上的人是她和爱人的爱情结晶——他们的孩子。

其他形式的性爱

短暂性爱的过程中，当事人并不全心投入，不会使出浑身解数，不会和对方融合，不会改变，反正这迟早会结束。当事人从一开始就清楚，这段关系只是短暂的，开始的概念就已经包含了结束。短暂性爱的描述总是过去式的，"当时还真不错"。举个例子，去地中海俱乐部（Club Méditerranée）度假的一位女士，在那里遇到了一个她颇有好感的男人。女士的丈夫在远方，这些年来她和他的关系变得单调乏味。她现在很想尝试艳遇、叛逆、禁忌、极致的欢愉，但她知道回去后一切就结束了。对于对方来说，或许更简单。他只是在寻找肉体上的快乐，而他的种种浪漫举动只不过是为了讨女人的欢喜罢了，如果他能全权决定的话，这一段过程根本是不必要的。

短暂的恋情　有时候，有一些感情是更强烈的。它们在一开始确确实实是真正的恋爱，然而并没有延续下去，因为当事人无法想象未来。他无法做计划，于是这整个过程只好结束。如果没有这个障碍、这个绊脚石，它也可以成为一段真挚的爱情。艾蕾娜·蓓罗蒂 [1] 对此有详尽的描述，她研究了许多姐弟恋的案例，男方都比女方小很多。在我们的社会里，这种

---

[1]　Elena Gianini Belotti, *Amore e pregiudizio*, Mondadori, Milano 1992.

关系仍然被认为是不正常或不寻常的。女方总是有心理准备，认为她所爱的小男人，迟早有一天会厌倦或爱上别人。所以她的感情会有所保留，不让它变成久远的计划。让我们来听听其中的一些女人怎么说吧。玛塔（Marta）说："每当我想到马克（Marco）时，我从不认为我和他的感情可以持久，不仅是因为他年纪比我小，也因为所有的恋情都有结束的一天，我终究还是会孑然一身。"① 桑德拉（Sandra）说："我深信美丽的爱情故事只会受到时间的限制。我很讨厌婚姻生活，时间会消磨一切。我只在乎曾经拥有，不在乎天长地久。稳定且可预期的生活很容易让我感到无聊，我宁可选择不稳定、没有安全感的生活。我和小男人交往，从来没做过计划、想过未来，因为我很清楚这些恋情迟早会结束。"伊丽莎白（Elisabetta）说："我和理查德（Riccardo）的感情中并没有任何计划，我们虽然没有真正拿出来讲过，但彼此都心知肚明迟早会分手。我并不寄望它会长长久久，只希望即使短暂也能精彩。我想早晚他都会爱上更年轻的女人。"劳拉（Laura）说："我强迫自己不要想和他的未来，强迫自己允许他同时拥有其他的感情，由于年龄的差距，我觉得自己好像把他绑在一段没有结果的恋情里。"②

性爱迷恋　相对的，性爱迷恋就不是一种天生受局限的恋情。当事人深深投入其中，并希望能延续下去。情欲和欢愉非常重要，他一生都会受其影响。当他想到对方时，他会渴望对方，而当他们在一起时，就会不停做爱。不过，性爱迷恋主是建立在喜欢的原理上，并没有进展到初生状态。基于这个理

---

① 　Elena Gianini Belotti, *Amore e pregiudizio*, Mondadori, Milano 1992., p. 223.

② 　Ibidem, p. 225.

由，它属于伪爱的范畴。

通常经历性爱迷恋的时候，我们因为情欲而被对方所吸引，但对方在心智上可能对我们来说并无太大意义，或我们对他并不信任，或他有一些习惯与朋友是我们无法接受的。我们不希望融合两人的生活，并不想和他共同创造美好的未来。我们喜欢他、渴望他，渴望他的身体、他的吻，我们希望与他缠绵。这种欲望有可能强烈到让我们以为自己不能没有他、以为自己恋爱了，但只要见面时的一次不愉快，只要一次误会或一次吵架，某种东西就消失了。这是因为一切都建立于喜欢的原理，而这种原理需要持续不断的正面回馈。

在性爱迷恋中，如果当事人决定把这段关系变得长久，决定建立心灵上的亲密感、携手共创未来，爱情便就此稳定下来。而感情破裂时最先出现的迹象就是情欲消失了。唯有把这段感情视为自由、短暂性，而且与其他所有事隔绝的情况下，迷恋的情欲才有可能存在。如果被迫把这段关系视为永恒，必须在"我爱你"这句话中找到自己的定位的话，它就会减弱或消逝。

有一个男人就是这种情形，因为他位居高阶，我们把他称作"指挥官"（Comandante）。他刚走出失恋的伤痛，他爱上了一个危及他军职生涯的女人，几乎要把他一生毁了。经过一段痛彻心扉的时期后，他想找一个连他最狂野的性幻想也能满足的女人。他找到的那个女人身材高挑、一头金发、丰匀饱满、性感火辣、胸围傲人，类似费里尼（Fellini）的电影《甜蜜生活》（La dolce vita）里面的安妮塔·艾格宝（Anita Ekberg）所扮演的角色。她的个性很温和，不怎么聪明，过去的伴侣不计其数。他们的关系维持了将近两年，他们偶尔会见见面，过几天翻云覆雨的日子。女人在山崖上有一栋房子和一些有钱、放荡不羁的朋友，这些因素都有助于提升性欲。他们的关系良好，形同好友，彼此信任。女人喜欢这个男人，也喜欢他的军服和军阶。有一天她邀"指挥官"搬来一起住，如果他答应的话，两人甚至可以结婚，他也觉得这个主意不错。这个女人能让他心情平静，而且她能满足他的感官和虚荣心。于是他搬去和她同住，开始一起生活。一开始的感觉是正面的，她很好相处，整个环境也很有趣。然而，他很讶异地发现，才不过几天的光景，他对她的性欲就已大大降低。两星期内，他对她的欲望已几近于无。同时，他感到空虚、无能、无聊，他觉得自己好像弄错了什么。又过了一阵子，他才了解到自己并不想和这个女人一起生活。她什么都不能教他、什么都不能给他，她的世界对他是陌生的。和她在一起的生活是肤浅的，毫无意义可言。他想象不出两人能有怎样的未来，他只喜欢把她当成偶尔相见的情人。事实上，他并不爱她。

性爱迷恋和压抑的恋爱

有时候，恋爱会遇到无法克服的内在障碍。它无法进展到全然的融合而是画地自限，局限在情欲的层面上。譬如，法国女作家玛格丽特·杜拉斯（Marguerite Duras）的小说《情人》（*L'amant*）。书中的女孩是个十五岁半的少女，来自一个贫穷而分崩离析的家庭，她在西贡的高中念书。一次旅途中，她遇到了一个三十岁的中国人。他很有钱，人长得帅，温文儒雅又有气质。她跟他回他的小套房，以逃避与母亲的紧张关系、与兄弟的争执，逃避贫穷和高中严肃的生活，但也为了证明自己的身体是有价值的，而且她对这个男人也有好感。他则是疯狂爱上了她，但他是个中国人，他的父亲是个富商，绝不会同意自己的儿子迎娶西方女孩。他的父亲已经替他安排了一桩和同乡女孩的婚事。有一天，他的父亲逼他和这个欧籍小女友分手。

在这间小套房里，两人经历了多次缱绻难舍的性爱。女孩用情很深："我渴望他。我把这份渴望告诉他。……我替他说出来，因为他并不知道他的身上透露着一种帝王般的优雅气息……然而我发现他没有办法忤逆父亲而爱我、要我、带我走。他经常哭泣，因为他无力克服恐惧来爱我……于是，我们知道我们没有未来，所以我们从不谈未来。"①

爱情的初生状态不仅是彼此的融合，恋人也计划着改变彼此的世界，创造一个新共同体，建立自己的社会角色。如果这个历程遇到阻碍，它就会退缩、改变并适应。在这个例子里，障碍一共有三个。第一个是女主角的家人想尽办法利用并羞辱"中国人"；第二个是中国人很怕自己被指控诱拐未成年白种女孩；第三个则是他父亲。所以他们只能秘密幽会，将肉体上的融合推到极致。他知道自己很爱她，所以他恳请父亲，"让他能有自己的人生，让他体验一次对那个西方女孩的疯狂爱恋……"但父亲不为所动。②

于是他试着离开她，结果变成她要求他留下。"而他呢，则吼叫着要她闭嘴，吼叫着说自己不要她了、不要再和她享鱼水之欢，但他们随即又难分难舍，在恐惧中相拥，于是恐惧消散了，他们既绝望又幸福地泪流不已"③。但性爱的欢愉只限于这

---

① Marguerite Duras, *L'amante*, Feltrinelli, Milano, 1985, p. 50-51.

② Ibidem, p. 89.

③ Ibidem, p. 107.

间小套房，肉体上的融合未曾演变成心灵上的融合和对世界的新观。尽管爱情已在萌芽，但还是毫无所存地转换成性爱。

由于双方家人都不接纳这段恋情，女孩不得不离开西贡，回去法国。她并未自问自己是否爱他，直到回途中，在船上，她才开始产生怀疑。某夜，她泣不成声，想投海自尽，但这也只是一瞬间的事情罢了。到了巴黎，她不觉得自己还在想他。好多年以后，她的中国情人带着妻子来到巴黎，他打电话给她。他告诉她，这段爱以不可磨灭的方式烙印在他的生命中，他一直爱着她，现在仍爱她，直到死都还会爱她。①

所以，从一方面来说，这段深刻的爱情的内在和外在都遭遇阻碍。对于这个中国人而言，女孩代表西方，代表珍宝，代表沉沦，代表对父亲的反抗，代表死去和重生，这是一种完完全全的渴望，他的性爱是对于阻碍的困兽之斗。但对女孩而言，整段历程没有发展到这么远。爱情没来得及萌芽，因为她不像他向往西方那样地向往东方。但最主要的是，她不曾想象过未来。他想要有共同的未来，但退缩了，她则根本没想到这一层。所以她只纵情于肉体之欢，而且把其他一切隔离在外。她所经历的是一段性爱迷恋，是未果爱情的产物。

现在来看看下面这个女人的例子。她和一个她很欣赏的男人有性关系，那是个明星。我们称她为"仰慕者"（L'Ammiratrice）。有一天，一次旅途中，在昏暗的室内他们并肩而坐，两人的手不期而遇。她不但没有把手缩开，反而紧紧握住他的手。这意味着双方对彼此都有意思，两人往往会顿时热火难耐，他们相拥、狂烈地缠绵。就这样持续了两年，两人

---

① Marguerite Duras, *L'amante*, Feltrinelli, Milano, 1985, p. 123.

每个月见一次面，每次都难分难舍。他们也聊天，拥着对方谈彼此的工作，但从不对对方说"我爱你"或"我喜欢你"。不谈计划，不谈未来。两人之间已有默契：只要一谈，就等于毁了这段关系。

即使是在这种情形下，男女的态度也是有差异的。男人纯粹是受性的吸引：他喜欢她的胴体，喜欢她做爱的方式。他喜欢她，因为她很低调地接纳他，从不向他索求什么，不要求他许什么承诺，不会用一些感情元素来填充这段性爱关系。但他并不觉得她配得上他，不论在身体上或知性上皆然。

对于女人则完全不同了。她喜欢这个男人，喜欢得不得了，她随时愿意和他双宿双飞，她很愿意与他同进同出，她愿意嫁给他，但她知道这是不可能的。所以他怎么做，她就怎么接受，他希望她怎么样，她就怎么样。就算只是这种纯粹的性爱关系，她也接受了。有时候，她很想跟他说"我爱你"，但她知道这样就完了。所以她只好先将就着享受他的身体和友谊，她只能以目前既有的条件来塑造自己的欲望，尽可能通过肉体融合来获得快乐，她甚至把她的性爱迷恋降格成短暂性爱的等级。她知道一切迟早都会结束，她不想强求。她把心中所有的爱意都打消，而且办到了。

由于她很快就把情意压抑下去，初生状态未能展开，但她还是对这段关系很引以为傲。正是她让这个不凡的男人变成她的情人，是她击退了所有其他渴望他的女人。这个男人也渴望她、欣赏她，而且让她很舒服。她觉得自己是幸福的宠儿，而且无须冒太大风险。她甚至克制自己不要向女性朋友们炫耀，就这样他们的性关系持续了许久，既快乐又稳定。直到多年以后，他们之间仍保持着坚定的友谊。

柏拉图式的爱情

　　这种爱情允许情感和心灵上的交流，却会阻断性爱和身体上的融合。历史上有个例子很有名，因为所牵涉的主角都很有名，那就是露·莎乐美的故事①。莎乐美是俄国沙皇手下一个将军的女儿，她极富魅力而且聪颖过人。她有五个兄弟，是父亲的掌上明珠。她很快就了解到，如果自己结婚了，有小孩了，就会变成一个平凡的女人，必须以夫为尊、夫唱妇随，但她想保有自己的独立性。基于这个理由，她总是寻觅另类的感情，一种没有性关系的精神恋爱，没有子女，也不须承诺忠诚。她很快就开始试验自己的原则，年纪还很小时，她就迷恋上小区的新教牧师吉洛特（Gillot）。她成为他最用功、最乖巧的学生。她拥抱他，坐在他腿上，全神贯注地倾听他所说的每一个字。换作别的女孩一定会认定她爱上他了，但莎乐美不这么认为，她也不想这么认为，这不符合她的爱情计划。反倒是吉洛特爱上了她，向她求婚。她拒绝了，甚至决定离开圣彼得堡。她去了瑞士苏黎世，结识了哲学家雷，同样的故事再度上演。这是1882年，莎乐美二十一岁。雷向她求婚，她则提议以兄妹之谊住在一起，甚至是和第三个人一起住，彼此纯粹凭心灵相交。

　　第三个人物便是尼采，当时他三十八岁。连尼采也立即疯狂地爱上莎乐美，那是一场轰轰烈烈、惊天动地、容不下一

---

　　①　H. F. Peters, *Mia sorella, mia sposa. La vita di Lou Andreas Salomé*, Mondadori, Milano, 1979.

粒沙子的爱情，犹如炽热的阳光般照亮了尼采的生命。尼采想尽办法让莎乐美与自己独处，他也达到了目的，就在意大利北部奥尔塔湖（Orta）边的圣山（Sacro Monte）上。他向她告白，也许还从她那儿得到一枚纯洁的吻。他以为自己的爱得到了回应，幸福得难以言喻，整个人如脱胎换骨，容光焕发，他想要娶她，和她生小孩。至于莎乐美呢，她依然奉行自己的计划，她提议三人一起去维也纳生活。她美丽动人而且极具说服力，这位大哲学家只好不甘愿地答应了。但莎乐美与尼采的妹妹发生口角，于是搬去柏林与雷同住。她在文人圈子里相当受欢迎，也开始结交许多新朋友，但她依然不与任何人发生性关系。尼采痴痴苦苦地等，写了许多哀伤的情书给她，但她都不予回应。当他终于知道莎乐美并不爱他时，整个人几近崩溃。

　　尽管雷是真正地爱着她，他们相敬如宾的日子持续了相当久，但这对雷而言无疑是煎熬、酷刑。直到有一天他受不了，离她而去。几年之后，他自杀了。1887年，莎乐美认识了安德烈亚斯，他是个德国的东方学学者。他也爱上了她，并向她求婚。莎乐美拒绝了，但在安德烈亚斯一次严重的自杀未遂后，她同意嫁给他，但条件是住在一起时不能有性关系，只当好朋友。安德烈亚斯答应了，同时暗自希望能改变她，但其实根本没用。他们结婚的四年间，不曾碰过彼此。

　　我们能说莎乐美真的爱过雷、尼采或安德烈亚斯吗？按照我们对恋爱的定义来说，答案是否定的。她说她爱他们，但他们没有任何一人成为她的"唯一"、她的"最爱"，没有人成为她通往幸福、通往圆满的大门。莎乐美只是在探索，初生状态或许已经点燃了，但莎乐美立即将它捻熄，把它转向别的方向。她完全拒绝只爱一人，她要的是许许多多的朋友。她希望和雷、和尼采、和安德烈亚斯，和其他好多人，同时住在同一个家、同一个房间里，这和恋爱一点儿关系都没有。这反而是友谊的典型特征：不是封闭式的，而是开放式的社群。在友谊当中，生命的活力永远不会只停滞于一处，而会遍布整个区域，在这里点燃一个环节，又跑去那里、那里。而且，这整个区域其实是浩瀚无边的。莎乐美一旦踏入一段恋情，就会又展开一段又一段的其他恋情。她来来去去，身边的人都不一样，但她并不以为意。友谊既没有独占性，也没嫉妒之意。永远都有新的相遇、新的友谊，友谊是一连串的相遇。

恋爱中的人总希望能和爱人在一起，爱人一不在身边就感到寂寞。恋爱中，时间是密集、连续、煎熬的。反之，友谊中的时间是不连续而分散的。两个朋友即使分离多年、相距两地，重逢时依然能叙旧、闲话家常。因为他们的情谊是建立在"融合"和"赋予历史意义"上的，所以时间不会造成影响[1]。莎乐美的柏拉图式爱情不是恋爱，它是一种伪爱。事实上，是一种没有性的友谊。

---

[1]　Francesco Alberoni, *L'amicizia*, Garzanti, Milano, 1984.

第八章

深情

情　深

到底什么是深情或情深呢？[1] 那是一种难以自拔、刻骨铭心、令人迷乱的恋爱。"passione"（深情）这个词源自拉丁文的"passio"，而动词"patire"指的是受苦。深情就像一种疯狂，像一种疾病，令人退避三舍，所以，长久以来人们常想象着可以用灵药来治愈它。在《愤怒罗隆》中，亚里欧斯特说在雅丹

---

[1] "激情之爱"的概念是由司汤达率先提出的，并且有很大一部分和我们所提出的恋爱的概念不谋而合，参见 Stendhal, *Dell'amore*, Garzanti, Milano, 1956。我们不得不说"innamoramento"一词在法文中是不存在的。古字中确实是有"s'enamourer"以及名词"enamouration"，但如今已不再使用。英文中有所谓的"to be enamoured of"，意思是"我爱上了某某"，但并不常用。这两个语言强调的都不是这个概念的过程，而是它的不连续性：tomber amoureux, fall in love。罗兰·巴尔特认为有必要再重新提倡法文的"enamouration"一词。同样，我也主张使用英文，至少从科学的角度来说，应该使用"The Nascent State of Love"、"to be enamoured"以及"enamouration"等词。不过至今没有人这么做。

森林中有两座喷泉：一座是爱之泉，一座是恨之泉。饮了爱之泉的泉水的人会爱上接下来最先看到的人。罗隆喝了爱之泉的水，于是爱上了安洁丽。

在特里斯坦和伊索尔德的故事里，爱情也由爱情灵药所致，这个故事可谓家喻户晓。特里斯坦是孤儿，从小由叔叔马克亦即康沃尔（Cornovaglia）的国王抚养长大。他把国内大患——巨人魔侯（Morholt）给杀了，但他也受了伤，掉入海中。海浪把他送到爱尔兰，金发公主伊索尔德照顾他，并治愈了他。后来，他回到康沃尔。许多年后，马克派他去爱尔兰迎接伊索尔德，因为她即将成为未来的王后。归途中，他们不慎饮用了为夫妻所准备的爱情灵药，结果双双爱上对方。尽管如此，特里斯坦还是把伊索尔德带到国王面前。她成为王后，但他们依然爱着彼此。他们逃到森林里，朝夕相处，直到药效退去为止。他们回到王宫里，但爱意萌生了。经历了许多事之后，特里斯坦娶了另一个伊索尔德，即白手伊索尔德。但由于他一直爱着金发伊索尔德，所以这段婚姻并不美满。后来他受了重伤，自知不久于人世，就遣人把王后请来，她乘船而来，按照约定的暗号，竖起白色船帆以象征希望。但特里斯坦的妻子因为嫉妒，就告诉他船帆是黑色的。特里斯坦抱憾而终，金发伊索尔德也奔来，在爱人的身上死去。

特里斯坦的情形是他遭逢极大的障碍，因为他所爱的人是王后，且他必须对国王效忠。有时候障碍不至于这么严重。在俄国文豪托尔斯泰的小说《安娜·卡列尼娜》（*Anna Karenina*）中，社会很不能接受离婚。安娜嫁给一个高官，两人育有一子。她对渥伦斯基（Vronskij）的爱忽然令她的生活大乱。她喜欢她的先生，他是个老实人，因此有一段时间她陷于痛苦的两难。后来当她发现自己怀了情人的孩子时，她便把这段情告诉丈夫，夫妇俩就分开了。孩子出世时，安娜快要活不下去了，她的丈夫试图挽回她。于是渥伦斯基企图自杀，促使安娜下定决心离婚，跟自己共度余生。他们的行为无法见容于当时圣彼得堡的社会，两人就搬到乡下住，过着放逐般的生活。对安娜来说，有爱便已足够，但对渥伦斯基来说却不然，他仍然难以忘怀军旅生活和军中袍泽。安娜也感到很痛苦，因为她的儿子和他的父亲在一起，她无法见到他。但她最感痛心的是看到渥伦斯基如此心不在焉，总是若有所思，总是感叹从前的时光。对渥伦斯基来说，离群独居变成一种囚禁。安娜觉得他不爱她了，最后自尽身亡。

恋爱在什么情况下会变得如此深刻而激烈呢？当它遇到障碍的时候。光是外在的阻碍还不够，还必须有内心的冲突、内心的两难。当内外都遇到障碍时，真正的爱情就转变成深情。

中世纪的爱情故事，便多着眼于个体与当时社会之间的这种致命冲突。恋爱代表个人对抗既定义务和社会规范所做出的选择。婚姻是父母之命，往往在孩子儿时就已安排好，为的是经济或政治考量。譬如，神职人员不得娶妻。所以对一般人而言，恋爱就像违反了社会最神圣的规定，与婚姻制度恰恰是相反的。这种新诞生的力量尚无法颠覆既有的秩序，恋爱尚未有力到足以成为婚姻的基础。哀绿绮思一开始只是拒绝嫁给阿伯拉，因为她认为婚姻与爱情毫无关联。她渴望与他人作身心和知性的结合，但在身边的这些家庭里看不到这样的情形。①

特里斯坦和伊索尔德的爱情与兰斯洛特和吉尼维尔的爱情

①　Etienne Gilson, *Eloisa ed Abelardo*, Einaudi, Torino, 1950; Maria Teresa Fumagalli Beonio Brocchieri, *Eloisa e Abelardo*, Mondadori, Milano, 1984.

就描述了这一类的冲突、挣扎，而阿伯拉和哀绿绮思与保罗和芳雀丝卡的悲剧则是具体的历史事件。深情是为了自己的爱而拼命对抗的结果，而最后的结局确实也是死。爱之所以和死贴得如此近，是因为社会悲剧，因为企图颠覆传统所致。

丹尼斯·胡奇蒙以这些例子为出发点，主张深情是一种对死亡的渴望，但他的论调是错误的。他认为情人充满了矛盾，他们相爱，又处处与自己的爱情过不去；他们感到内疚，又持续做不该做的事情；他们说谎，却声称自己是无辜的；他们分手以便重逢。他总结道："事实上，就像所有著名的恋人一样，他们觉得自己超越了善恶，凌越了既有的共通的现实条件，跃升到一个无法言喻的绝对境界，无法以世俗的规则来解释，但他们又觉得这个境界比现实更真实。他们面临死亡，而且无能为力，只能乖乖就范，但善恶是非也因此消失了。他们甚至回到所有道德规范的原点，超越喜悦与痛苦，超越已知的范畴，那里并没有互相抵触的相对性。"[1]

我们已经知道，这些非凡的特质，是初生状态所特有的。在初生状态中，生活中的二元性确实都失去其意义，所以的确是"超越了善与恶"[2]，而个人义务与个人喜好合而为一。初生状态也总是计划，总是日常生活的重新建构，它渗入世界之中，并成为一种体制。当计划失败时，当无从建构共同体时，当事人就渴望逃离现实，死的念头几乎具有吸引力地也因之萌生。死是另一种方案，恋人们的心中向来都有这个概念，因为他们觉得自己没有对方会活不下去，因为他们知道，除了自己

---

①　Denis de Rougemont, *L'amore e l'occident*, Rizzoli, Milano, 1984, pp. 83-84.

②　参见 Francesco Alberoni, "*Zarathustra*", *in Genesi*, Garzanti, Milano 1989。

的人生之外，还有别的更重要的东西。这并不表示他们想死，恰恰相反，他们渴望活着，他们极度热切地渴望活着，但他们有自己无法放弃的理想的人生。

在《洛丽塔》中，亨伯特之所以会一往情深，是因为他一直无法让少女爱上他。他深信她还无法爱他，因为她年纪还太小，而他已经是个成年男子。事实上，她爱的是另一个男子，还与他私奔了。多年后，亨伯特终于再度有了她的消息，她格外早熟，怀孕了，而他发现自己仍然爱着她，而且永远都会爱她。洛丽塔现在有了身孕，对爱情失望了，因为那个男人而"心碎了"。于是亨伯特把身上的钱都给了她，然后杀了那个伤害洛丽塔如此深且毁了他们一生的男人。这故事在一开始看起来好像不过是一段肤浅的男欢女爱，到后来却演变成深刻的爱情，两人都渴望脱胎换骨，但对两人而言都失败了。

秘密恋情，金屋藏娇

为了探讨这种形式的爱情，我将以某位作者的真实经验和著作为例，他的著作有些已发表，有些未发表，不过不能透露他的姓名，就称他为"作者"（Lo scrittore）吧。"作者"写书都是在他的恋情结束后，为逝去的爱神伤时，都是一些描述爱情的书，用书来倾诉款款深情，借由回忆重新经历了这些感情，而爱情就是这种追忆、这种重新经历。

我所说的这个男人不曾与妻子分居，不曾离婚，他隐瞒了恋情。因此，恋爱从未发展成共建家庭的夫妻模式，它依循的是另一种路径、另一种呈现方式，结果就演变成地下恋情。这样的关系他很能接受，每一回都是女方受不了，提出分手，而且其中有两人另嫁他人。

所以这是真实的恋爱，是真正的爱情，但是即使情妇提出要求，这个男人也坚持不与妻子闹翻。这种爱情没有建立共同的社交生活的计划，而是一种秘密恋情，被沉默和掩饰包围得密不通风。它赖以生存和发展的体制并非共同生活或婚姻，只限于秘密情人本身。

这种感情与世隔绝，很完整地被包装起来，完全不属于日常生活、聊天的话题、社交范围。因此，举凡属于义务、劳动的部分就留在外在，而好事、放纵、自由和喜悦就留在内在。就像是星期天，或星期六，或星期五，与崇高、神圣接触的那一天，绝没有任何的亵渎。这种爱情并不想推翻既有的现实，而是想逃避现实。它想让秘密幽会越来越完美，它效法的并非家庭，相对而言效法的是修道院或神秘教派，与世隔绝。每次的幽会就像保密到家的秘密仪式，它向往的并非公开的婚礼庆祝仪式、随时欢迎朋友光临的一个温暖的家，相对而言像一种秘密团体，成员有共同的誓约甚至有义务保守秘密。就像跟随撒巴太（Sabbatai Zevi）的犹太教徒，他们几世纪以来都伪装自己的教徒身份，暗中信奉自己真正的信仰。

现在讲一讲一种秘密、隐瞒、被保护、孤立的爱。婚姻的义务已经履行，专业的工作也已经完成。于是接下来被允许的、应得的便是心灵、身体上的欢愉享受。其他一切，所有的社会义务都只是例行公事，只是仪式般的举动，是为了享有这段神圣爱情所不得不做的，这段爱空前绝后，是人间天堂。就像水手历经千辛万苦，突破万难，只为了回家几天，看一看自己所爱的女人；像逃亡中的罪犯，不惜冒着生命危险，暗中与情人相会。

类似的情形又如，某个妇人生了个儿子，并把他送到一个离家遥远的中学。她为了儿子从事了一些低贱的工作，下海成妓。羞辱和牺牲对她来说并不重要，因为只要能见到儿子，一切就值得了。她让他来到人间，把他一手带大，亲自照料他的大病小病，而现在，她要让他免于悲惨的生活。她决定不计代价，不让他被自己的生活所玷污。她逆来顺受、任劳任怨，只为了不影响儿子，因为他是她在世上唯一在乎的人。她不想把他接来同住，因为她的生活形态不适合他，因为他们的关系会因此起变化。唯有当他远离她、不清楚她的状况时，这种关系才得以维持。

在这种爱之中，相见的价值在于它本身，它不是手段而是目的，它不是过程而是结果。它对未来没有展望，它不做计划。每一次相见都可能是最后一次，所以每一次相见也是极深刻的。在这里，我们又看到了初生状态独有的特质，亦即当下。恋人紧紧相拥，仿佛这是最后一次相见。而每一次，他们都做好赴死的准备，因为他们正在经历的是人生中最美好的时光，是人生最甜美的果实，相较之下，其他任何东西都只是冰冷无情的工具罢了。然而，在初生状态下，这种感觉很快就会演变成相反的东西，变成迈向未来的冲劲，变成计划。此处，这种感觉自我封闭起来，完全就像神秘的玄学一样。神秘的玄学不是一种初生状态，而是一种体制[1]，一如所有的体制，这种感觉保留了部分原始的体验，而且守护这部分的经验，其余的部分则被它舍弃而流失了。这种时候，它便舍未来而取当下。因此这种相遇像水一样，必须是绝对的、

---

[1] 参见 Francesco Alberoni, "Il misticismo", in *Genesi*, Garzanti, Milano, 1989。

无与伦比的才能舒缓真正的饥渴，而只要喝一口这样的水，就足以在沙漠中生存。

只要一个简单的象征，就足以让人联想到远方的爱人，如一角蓝天、一张泛黄的照片或一封信。这个象征让我们得以继续活下去，它赋予生命一个意义，就是靠着这份回忆、这个象征、这个信物，我们才有力量漂洋过海、翻山越岭。有些人会随身携带一件爱人或子女的东西，这种有恒心的爱、全心全意的爱、超越距离时空的爱，心中的这种情有独钟是很美、很动人的。

偶尔的秘密幽会也有一种不寻常的情欲特质。如果它们变成日常生活的一部分，如果两人的关系被公之于世，如果情人成为丈夫或妻子，或许其中的魔力就消失了。有些浓烈的性爱迷恋之所以能持续许多年，正是因为它们是不连续且保密的，而且它们不会变成计划，进而演变成日常生活的一部分。于是它们会产生初生状态和深情的一些特质。

在卡斯铁兰的小说《激情之爱》中，就是这样的情形。狄亚哥一心希望蕾妮塔与丈夫离婚，与他私奔，变成他的妻子，一起建立一个可以招待朋友的家，但蕾妮塔不答应。她的反应就像"作者"一样，她要狄亚哥继续当她的情人，两人只偶尔见见面，每次的幽会都火辣而难分难舍。她爱他，但她也知道，如果与他私奔，一切很快就会变了样，沦落成平凡的日常生活。每次约会时，她都把最美的一面呈现在他眼前，像爱情女神一样。这是用钱堆出来的，是平常就要保养的，是需要事先准备的。一切都有一种距离的朦胧之美，一切都是修饰过的。因此蕾妮塔才不愿离开有钱的丈夫，因为是他让她得以维持自己的美。如果为了保有这些经济条件，她不得不与他发生性关系的话，她还是愿意的，她无所谓。因为这是另一个层面了，亦即夫妻义务的层面，是柴米油盐的层面，是必要的例行公事，以确保神圣的深情能够延续，间隔不连续、被保护、保密的深情。

第九章
嫉妒

爱情初始时的嫉妒

恋爱的初生状态是否存在嫉妒呢？有些人认为嫉妒一直是存在的，因为恋人们总是问对方："你爱我吗，爱不爱我？"他们数着小菊花的花瓣，时而暗喜，时而恐惧，这并非嫉妒。当我们吃醋时，会担心爱人移情别恋、担心他爱别人更胜于我们。嫉妒的时候，都有情敌。如果恋爱中的人并不担心情敌的话，那就只是担心对方不爱自己。

恋爱有一种无法言喻的不安感，因为我们费尽心力所争取的东西，有可能又从我们手中溜走、消失。我们知道我们不配得到对方的爱，因为这份爱宛如一份厚礼，宛如免费得来的恩赐，我们怕情人改变心意，变成相恋前的那种模样。对于我们能够解释、能够掌控、能够施展力量的事情，我们是很有把握的。但我们不了解所爱的人，我们对他无能为力。一会儿，他显得比我们自己更贴近我们，一会儿又变得高高在上而遥不可及。希望与信任，畏惧与惶恐，这些就是爱情初始时的主要经验。恋爱能让我们体验情欲的巅峰，但也让我们见识到它的愿

景。胴体、美感、性爱欢愉、吻、肌肤之亲、拥抱，性爱中的
所有结果和成就在我们恋爱时就变成一种途径，这些途径能带我
们走得更远，走向所爱之人的精华，走向言语无法形容的境地。
这种性爱形成一个路程、一条管道、一种方法。

　　有时候爱情一开始只是艳遇，像干柴烈火、血脉偾张的情
欲体验。这样的情形可能会持续很长一段时间，但如果到了某
种程度，两人中的一人甚或两人都爱上对方，就会产生彻底的
变化。情欲举止原本是自信满满、夸胜道强的，忽然变得犹
豫不决，变成一种战栗的等待，当事人有哭泣的冲动，觉得
感动万分。最亲近我们的对方，现在变得更可贵、更遥远了。
我们望着他，仿佛初次相见一样，每一次见面都像第一次，
仿佛以前对他的了解都是很肤浅的。我们自以为已经完全了
解他，但其实一点儿都不了解。他的身体、他的双手、他的
眼眸，都向我们诉说着某种未知、无限的东西。只要我们在
一起，只要我们在彼此的怀里，只要我们继续缠绵，我们就
能跨越这道鸿沟。可是一旦我们分离了，一旦彼此遥遥相隔，
仿佛我们就会迷路，找不到对方了。所以我们需要常常看到对
方、触碰对方，听他说话，听他对我们说"我爱你"。

　　以上这一切并非吃醋[①]，而是恐惧，害怕迷失自己、迷失
人生方向。爱情确实让我们看到了对方无限的多彩多姿、无限
的丰富亮丽。因为我们看到了他过去的好、可能的好、现在的
好，以及他将来的好。爱情让我们看到此人无限的潜力，充满
了惊奇，因此我们也了解到他的不凡以及这场邂逅的弥足珍
贵。这段爱让我们陶醉不已，因为我们发现生命变化无穷，但

---

　　① 关于嫉妒，参见 Peter Van Sommers, *La gelosia*, Laterza, Bari, 1991。

也因为我们发现对方拥有一些我们迫切需要的元素。所以我们才会渴望留住他、把他紧紧揽在怀里，让两人合而为一。

两相情愿令我们感到不可置信。我们千挑百选，找到了精英中的精英，他近乎尽善尽美。然而这个超凡的人，在茫茫人海中竟选择了我们，偏偏选中了我们，而且爱我们。爱情让最卑贱、最不受宠的男人，成为爱情女神维纳斯的最爱。而最黯淡、最寂寞的女人，竟听到一个声音对她说："你是所有女人中最幸运的。"这就是为什么失恋或被抛弃会那么惨痛，这就是为什么醋意会那么强烈。

吃醋不是一种偷窃，当我们认为属于我们的东西从我们身边被取走时，我们不会吃醋。如果有人从我们身边被掳走，我们并不会吃醋，也不会嫉妒掳掠者。唯有当我们所爱的人任由自己被取悦、被诱惑，被别人远远带离我们身边，爱别人更胜于爱我们时，我们才会吃醋。吃醋总是因为自己不再是对方心中唯一的一人。

许多心理学者不认同嫉妒感，认为自己是"唯一"的心态是荒谬的。自己怎么会是唯一的呢？没有人会认为自己是天底下长得最好看或最聪明的人。倘若与全天下人相比，我们没有任何足以胜过别人的优点。以世上任何公认的标准来评比，我们只不过是凡夫俗子而已。然而，我们却喜欢自己、敬重自己，因为在内心深处，我们觉得自己有不可取代的独特价值。在恋爱的时候，这种独特性、这种唯一性是明显的，是受到认同、受到肯定的。所爱之人在爱我们的同时，也将他生命的活力和尊严传递给我们。

吃醋就是被爱的人——不管有理无理——认定自己不再是独特的、唯一的，认定情人不再像他一样，把对方视为唯一。

自己身上才有的价值，情人竟然在别人身上也发现了，而且这个第三者拥有的一些优点是情人认为非常重要的，比如，伶俐风趣，能逗人开心、讨人欢喜、让人感动；或者对方比较俊美、比较年轻、比较聪明。于是，他觉得自己好像被掏空了，丧失了一切价值。他觉得自己根本什么都不是，因为当初情人让他觉得自己就是全部，因为情人让他到达一个崇高的境界，这是他一直不曾相信能够达到的。可是，现在情人却把这种刚赋予他的卓越性夺走，把他从刚坐稳的王位上拉下来。情人把他逐出天堂，让他瞬间掉到地狱深渊，并让另一人取代他的位子。

有时候，在恋爱初始时，嫉妒能增强情意，它能驱使萌生爱意的人为爱挺身而斗。假如存在着希望，这种情形就有可能发生。但断然的拒绝会令他却步不前，因为他认定自己毫无价值，无权奢望。

幸好，两情相悦时，双方都有一样的问题，双方都需要安全感，两人也都愿意为对方提供安全感。只要我们的情人真挚地在我们耳边说，"我爱你，而且心中只有你"，就足以让我们安心，扫去我们心中所有阴影。初始的恋爱是信任，凡事只会据实以告，并认为对方也会如此。因此，真正两情相悦的时候，吃醋是无关紧要的，因为爱人马上会让我们安心，而我们也会让他安心。如果刚开始恋爱就吃醋，就表示自己其实并不那么爱对方，表示自己心中还不确定自己的感情，自己提出的考验太严苛了，而想逃避。

抑止爱情的嫉妒

我们已经讲了"学生"的故事，他爱上同班女同学，但

"落花有意流水无情"。他认为自己求爱不成是因为经验不足，所以努力学习追求女人的技巧，而且成功了。他把性关系和感情划分得很清楚。终其一生，他的女人都爱他，而且对他完全忠贞。如果他所交往的女人颇具姿色，但已名花有主，或他认为她们有可能对他不忠时，他总会与她们分手。他连恋爱的层次都未达到，而只停留在性爱迷恋的阶段，他连最低限度的初生状态都不会跨越。由于初恋受挫，他伤心了很久，在后来的感情中总是无法完全摆脱阴影，无法肯定对方也认定他就是唯一。

这种心态让我们了解到，欲启动初生状态，就算不主动采取行动，至少不能心存抗拒，要有初步的认同，要卸下戒心。这有些像催眠，如果当事人心存抗拒，不肯接受催眠，那么不论催眠师怎么做都没有用。若想顺利进入催眠状态，当事人必须有一定程度的配合，心中默默同意，这样一来，就会忽然从清醒状态进入催眠状态。催眠状态和初生状态是很不一样的，催眠是被动的、缺乏创意的，而且极为短暂，但这样的比喻有助于我们了解真实恋爱的不连续性。

学生为了不吃醋，会克制自己恋爱。有的人恋爱了，但为了不吃醋，便亲手毁了自己所爱的人。有一个很漂亮的女人就是这样，我把她称作"猎艳女"（L'avventuriera）。这个女人一生情史丰富、情人无数，但始终只有一段真爱，二十年后仍令她念念不忘。猎艳女很早就离家闯荡天下，她和一位女性朋友一起住在瑞士，开始做生意。十九岁那一年，她遇到了那个令她倾心的男人。他是个医生，比她大十二岁。两人一见钟情。

这女孩很美，很诱人，用情很深，个性叛逆又高傲。男人仍与父母同住，他的杏林生涯前景看好。对他来说，她象征着自由性爱以及颠覆常规，有些像"都灵男人"和迪诺·布扎第的小说《米兰之恋》里的主角安东尼奥的情形。

她还是处子之身，但她毫不犹豫地把自己给了他。事后她才把这件事告诉他，但他不相信，因为她表现得太自然了、太自信了。他想要她，他为她疯狂，但他觉得她不适合当他的妻子，因为她太独立、太不在意别人的眼光了，因为她不懂得中产阶级的那种故作矜持。她经常游走于各地，心里想到什么就跟他讲什么。尽管她不曾对他不忠，他却总认为她到处都有秘密情人。他疑心重重地逼问她，但女孩总是自负地说他无权过问，她爱怎么样就怎么样，因为她是自由之身。不过，为了打消他的疑虑，每当她到国外洽谈生意时，就会告诉他她要去拜访阿姨。有一天，他发现她骗他，于是事情一发不可收拾。他们分开了十几天，还不到一个月，他就忘了她，并另结新欢。她却不然，因为被他质疑而感到很委屈，但并不想报复他。

后来两人重修旧好，共度了一段极乐性爱的日子。直到今天，女人讲起来还是倍感怀念，可是男人却把这些日子视为过渡的、注定要结束的短暂欢愉。有时候他有娶她的冲动，但马上又退缩了，因为他内心认定这个女人放荡不羁，但她那种桀骜不驯的性格又深深吸引着他。他邀她谈论过去的情人，谈她以前和其他男人的经验。由于没有什么好讲的，所以她沉默不语。他便把她推向友人的怀中，想看她会怎么反应，也顺便找借口把她甩掉。有一次，在游艇上，他让她与一位共同认识的朋友发生性关系，他解释说这是一项考验，考验他们的感情。她毫不怀疑地答应了，这时候男人开始醋意大发。

他爱她，不能没有她，但他觉得自己的爱像疾病，所以想结束这段感情。他开始与一名女同事暗通款曲。到了圣诞节，"猎艳女"必须去贝鲁特洽公。男人让她不要去，而是跟他去山上度假。这像"证明爱情"的最后机会，错过了就再也无法回头。但对她来说，这只是无理取闹，因为这个行程很久以前就已经排定了。她向他解释说自己一定得赴约，然后就出发了。她回来后，他失去了踪影。他不回电话，朋友们也不知他的下落，他仿佛从人间蒸发了。她伤透了心。好几个月过去了，有一天，他打电话给她，冷漠地告诉她，他已经结婚了，搬到了另一个城市。她不敢置信，觉得这太荒谬了、不可能。她四处打听，得到了他的电话号码。她打过去，一个女人接了电话，自称是他的妻子。

在此例中，嫉妒之意之所以产生，是因为这个男人被豪放的生活、被这个女人的自由不羁和她的不提供安全感所吸引，他又爱又怕受伤害。故而从一开始，他就决定好好自保，不想被她伤害。他的这段爱深沉而又病态，他觉得两人不适合走向婚姻、共组家庭。他错了，因为这个女孩虽然性格刚烈，却对他一往情深，而且不曾有二心。

倒是有一些人非常能够接受醋意。在有些竞争式的爱情里，嫉妒、情敌都有促进爱情发展的效果，甚至还是爱情不可或缺的要件。对这些人来说，爱情代表征服、诱惑、对抗。无数的女性情欲小说，亦即所谓的言情小说，都有情敌角色。女主角爱上一个男人，而且她总以为这个男人爱着另一个女人。因此她很痛苦，但又不愿放弃这段感情。她设法待在他身边，努力取悦他、征服他。情敌总是个"狐狸精"兼"白骨精"，专门耍心机，而女主角则是诚实、真挚的。到最后，真情终于打动男主角的心，女主角靠着自己美貌和美德，从此与男主角过着幸福快乐的日子。

耐心唤醒对方的爱意，克制自己的嫉妒，避免嫉妒变成破坏性的情绪，我觉得这在女人身上比在男人身上常见。以女性为读者群的杂志和书籍，经常探讨如何有效地吸引对方爱上自己，以及如何征服对方。数万年以来，女人不是谁都愿意跟随的，她们向来选择最优秀、最有魅力、在群体中最受尊崇的男人。如果她不能耐心等待，不能少安毋躁，不能控制自己对情敌的醋劲的话，这种事情是不可能办到的。

促进爱情的嫉妒

许多人认为嫉妒有益于爱情。他们认为为了征服所爱的人或让他留在自己的身边，他们会设法让他吃醋。换句话说，他们利用的是"失去"的机制。亚里欧斯特的这句话似乎正是为这些人所写的："在爱情中，逃离的人是赢家。"不付出爱的人、让对方苦苦寻找自己的人、让对方吃醋的人，就是赢家。

让我们来看看"席耶纳的门房"（La portinaia di Siena）的例子。这个女人不算年轻，但风韵犹存，她的丈夫是个酒鬼，她终于和他离婚了。恢复单身后，她认识了一个年纪比她小的男人，她相当喜欢他，于是决定无论如何都要追到他。可是她也有所顾忌，因为她的工作都是在城里，而他的工作时常需要到外地出差。可想而知，他出差的时候很容易认识别的女人、发生艳遇甚至把她遗忘。为了避免这种情形发生，"席耶纳的门房"想了个计策，她让他找不到她，让他焦急地寻找她、渴望她，她让他充满了不安全感。他不断打电话给她，想告诉她他有多爱她，同时确认她在家里没乱跑，但她不接电话，任由电话一直响一直响。稍后，等他终于找到她时，她就说她和女性朋友出去了，碰巧遇到熟人。她总是神采飞扬、满脸笑容，也总是令人捉摸不定。她让他觉得她的身边好像总是有很多喜欢她、想要追求她的人。借由这种方式，她让他总是多多少少放不下心。然后她又把他拥在怀里，亲吻他，告诉他她很爱他，给他安全感。他原本的不安便变成喜悦，疑虑便变成幸福，而且变得更加渴求她。拜这种计策所赐，他们的关系不致落于无聊、单调或出现出轨或欺瞒的情况，反而相恋多年直至步入礼堂。

一如我们先前所说的，让恋人嫉妒会有两种截然不同的反应。尽管"席耶纳的门房"让她的男友心头悬了一块石头，他反而更黏她了，但"巴里男人"的情形就很不理想了。他爱上一个年纪比他小的女子，但他经济拮据，而且与家人的关系不好。他希望搬去与她同住，想娶她，但短期之内尚无法如愿，他有太多问题必须先处理，女孩一开始并没有催促他，她还有一段未了却停滞不前的感情，所以她同意让新恋情暂时保密、保持低调。随着时间流逝，她决定与旧情人分手，以便好好投入这段如火如荼的新恋情。但男人依然有顾虑，他迟迟不肯做正面答复。她希望能逼他做出决定，但她不是告诉他她很爱他，她希望跟随他到天涯海角，愿意跟他同甘共苦，反而使出嫉妒这一招。她让他误以为有另一个男人在追她，为了拉高自己的行情，她甚至开始拒绝和他亲热。"巴里男人"想把事情问个清楚，她故意把话说得更暧昧。就这样过了将近一年，两人时而热情如火，时而冷战怄气。这女人的计策某一阵子奏效了。男人醋劲儿大发，不断寻找她，写深情款款的情书给她，但这段考验太漫长了。由于她的态度一直暧昧不明，而且拒绝性爱，他便以为她真的另结新欢了，于是他在心中决定彻底分手。经历了许多不成眠的夜晚，在最后一次激情的约会后他走避国外，出差了很长一段时间，而且音讯全无。一年多的时间里，他仿佛生活在噩梦之中，但他从此不再寻找她了。

对过去的嫉妒

许多学者认为对过去的嫉妒是病态的。就是呀，为什么要对已经对我们没有威胁、不会再对我们造成伤害的人心生嫉妒呢？就算我们所爱的男人或女人曾经有别的恋情或情人，又有什么关系呢？一想到自己不是对方的最爱、唯一，就不开心，可是何苦这样折磨自己呢？明明当时对方还不认识我们呀！这样的醋劲儿，是不是代表占有欲强、心态幼稚又病态呢？

欲回答这些问题，我们必须了解到，恋爱时，我们渴望了解对方的一切。恋人花无数的时间、无数的日子互相述说自己过去生活的种种细节。因为他们多么希望彼此从一开始就认识，两人都希望看看对方童年时期、少年时代的模样，乃至于人生中的每一个片段，希望是一直跟他在一起的。这就是赋予历史意义，是"融合"的一个阶段。两人都想走进对方的人生，通过他的双眼来看这个世界，以便心有灵犀、从相同的角度看这个世界。

两人会互相诉说自己过去的恋爱经验。彼此往往希望知道得越详细越好，乃至于把自己想象成对方或对方的情人，以体验对方的感觉。从这里就开始产生了对过去的嫉妒，因为两人都想对对方的过去"打破砂锅问到底"，特别是这个历程进行的方式。

在正常的恋爱中，在正常的赋予历史意义的历程中，两人都会谈到自己的过去，不是为了阻碍刚萌芽的爱情，而是为了扫清障碍。谈论过去的经验时，可以顺便降低过去经验的价值。比如，他对情人说，这一切都已发生，但如今已经结束，彻底结束了。我成了另一人，我蜕变了，而现在，我只在意你一人。通过赋予历史意义的过程，恋人们摧毁过去的哀痛、过去的情伤和过去的恋情，并且以自由、纯真的新面貌出现。赋予历史意义回到过去，与过去了结，以便毫无牵挂地迈向未来。

赋予历史意义的目的在于让人重生。重生的人借由此径回顾自己的过去、检讨自己的缺失，渐渐开始看清真相。圣奥古斯丁（Sant'Agostino）在他的《忏悔录》（*Le confessioni*）中就是这样。一对恋人互相诉说相识前的生活经历，他们这么做是为了变成一个崭新的人，为了重生，以及向对方传递自己过去的生活中所有丰富了、增强了这段爱情的东西，而不是为了摧毁这份爱。他们精心挑出适合融入这段新感情的经验、片段和感受，并淡化那些不适合的。就这样，他们会谈起从前的恋情，但只是为了削弱它们的意义。赋予历史意义既不是回溯，也不是回忆，是创造一个共同的传统、选择适当的价值观、发现自己的使命。他们都选择犹如预言，能预测、指引他们现在的这份爱的东西。完全就像历史学家提图斯·李维（Tito Livio）在其记述罗马历史的书中，选择了特别著名的传说，或如同弗吉尔（Virgilio）在逃离特洛伊到遇见狄东（Didone）的过程中，发现了许多关于未来奥古斯都（Augusto）皇帝的征兆。

之所以会产生对过去的嫉妒，是因为这个历程尚未结束，或被扭曲了。在对过去的嫉妒中有一个著名的例子，即索妮雅·托尔斯泰（Sonia Tolstoj）的经历。索妮雅当时十八岁，疯狂地爱上了托尔斯泰，在她眼中，他简直像神一样。他是俄国最伟大、最有名的作家，大家都很崇拜他。摆在我们眼前的，显然是一段崇拜的恋爱。托尔斯泰也恋爱了，他原本应娶的是索妮雅的姐姐，但他被索妮雅所吸引。很长一段时间，他并不愿承认自己的感情。他觉得三十四岁的自己年纪太大了，不应与一个十八岁的女孩相恋，但他终究臣服于自己的心。他写了一封信给索妮雅，向她求婚，她答应了。于是他让众人跌破眼镜，宣布七天之后就结婚。他忽然觉得有必要让未婚妻彻底了解他这个人，他想把自己的过去毫无保留地呈现在她眼前，包括最丑陋的一面。他心想，如果我们的爱能跨过这一关，就表示她真的爱我，表示我们婚姻的基础是稳固的。他把自己的私人日记交给索妮雅，他截至目前所做过的事情全都一五一十地记载在里面。

　　我们可以理解他此举的用意。托尔斯泰真的动了情，而挣扎了许久之后，他决定顺从内心的感情。现在，他想让爱人知道自己的过去。然而，他不是一点一滴慢慢说给她听，也不是以批判的眼光和她一起分析它。他并非缓慢耐心地和她一起筛选评估，他径自把日记给了她。她一面读，才一面惊恐地发现，他曾经挥金如土，有过各式各样的情人，像吉卜赛女人啦、妓女啦、母亲的女性朋友、乡下女孩，还有他们家的女佣，等等。索妮雅读得心慌意乱，不知所措。日记中描述的是一个她不认识的男人，而且她必须接受这样的他，不能讨价还价，仿佛他跟她说："你看，我就是这样，你就应该接受这样的我。"

　　崇拜的恋爱中两人之间永远是不平等的，总有优劣之分。自认较优越的一方，容易觉得自己是完美的，对方就应这样接受他，他不会如同平等恋爱的恋人那样不时检讨、审视自己。托尔斯泰正是如此，他直接把日记交给年轻的索妮雅，他完全没有回顾自己的过去，没有检视自己的来时路，没有找出自己犯下的错，也没有悔不当初。他没有变成一个崭新的人，没有把过去彻底归零以迎接新恋情。他把自己的过去一股脑儿丢给索妮雅，完全没有表达对过去的任何悔过之意。索妮雅彻夜读完了这些日记后，隔天早上再看到托尔斯泰时，一双眼都哭红了。她什么都没说，只是向他保证自己没事，并原谅了他。但她知道已经发生了不可挽回的事情，她的一生都将留有这亵渎的伤痕。①

在恋爱的初生状态的赋予历史意义是一种工具，能够避免过去的包袱压在现在之上。它能够让两人一起分担这个包袱，并消除包袱的破坏力。这种实时互动的机制，能够永久消除回顾式的嫉妒，让爱情得以终生屹立不摇，不论在过去或在未来。但需要多少的细心、谨慎甚至是想象力才能让爱情完成这个伟大的任务呀！有些恋人什么也不过问，有些则问得太多；有些恋人想知道得更详细，以至于细节犹如大石压着他们的爱情；还有些恋人则把疑问压在心底，随着岁月流逝越来越沉重。这种时候，赋予历史意义就没能发挥功效，过去不断纠缠着现在。赋予历史意义的真正目的在于结清（redimere）过去，铺设通往爱情的大道，并替爱情打造固若磐石的地基。

想拥有爱人的过去的这种心态，说它是精神官能症或是病态的，实在是很荒谬呀！爱情让过去告一段落，并让恋人迈向未来。两个恋人多么希望从一开始就认识对方。在《会饮篇》中，亚里士多芬说恋人各自仅为一半，他们原本是一个个体，被宙斯一分为二。他们终生寻觅对方以再度结为一体。这种奇迹正需要借助赋予历史意义，它一点儿都不病态甚至是正常感情的基本要件。当赋予历史意义未能实现时，就会形成对过去

---

① Henri Troyat, *Tolstoj*, Rizzoli, Milano, 1969, Vol. I, p. 319.

的嫉妒，对过去的嫉妒意味着没有把过去结清，意味着我们没有通过爱情脱胎换骨，意味着爱情的深度不够，没有让我们变成一个崭新的人。

嫉妒的爱

有一种爱情似乎以嫉妒为养分，对它来说，嫉妒是不可或缺的要素。我所指的并非仰赖竞争、靠竞争茁壮成长、渴望征服且战胜对手的那种爱情。在那种爱情下，嫉妒有刺激增进的作用。我现在所讲的这种爱情，嫉妒却是一种不折不扣的折磨，因为当事人深信与所爱的人之间有很大的差异、有一道无法跨越的鸿沟。不过只有他觉得存在着这种差异，也只有他因此受苦。别人或可接触所爱之人的肉体或心灵，这些别人并非某个特定的情敌，而是一群人。

且让我们回想一下"学生"的例子。他忽然发现自己所爱的女孩总是躲着他，总是想办法避免与他独处。她和大家都相处甚欢，唯独他除外。女孩之所以有这样的举动，是因为她发现"学生"爱上了她，她不想当面拒绝他而令他不好受。但"学生"知道这样的举动意味着两人根本没有互动的机会。他想自己完全不了解她甚至对女人一点儿概念都没有。他面对女人时，完全不知道该如何自处、不知该说些什么或怎么说，而别人却能很自然地应对。布扎第在他书中所写的很符合"学生"的心境："他看到她们和别人在一起、在别人的怀中、和别人一同用餐、在别人的车里，而如果他望着她们，她们就不屑地撇过头去。她们身边的这些男人究竟是什么样的人呢？千万富翁吗？调情高手吗？电影明星吗？才不是。不过都是一些酒囊饭袋，挺着个啤酒肚，或是不学无术的老粗，嘴里只吐得出足球赛事，面貌一个比一个丑陋、粗鄙，可是他们深谙其道，他们懂得两三招对女人特别管用的愚蠢招数。"[1]

"学生"是个缺乏经验的年轻人。他不知所措，不知该如何自处。布扎第笔下的安东尼奥是一个五十岁的男人，爱上一个很年轻的妓女。他也不知该对她说些什么，除了金钱之外，也不知该给她些什么。他不知该如何引起她的兴趣，也不知该如何逗她开心。所以他变得嫉妒，倒不是嫉妒蕾依其他定期上门的恩客。因为他们之间也只是冰冷的金钱交易，而是嫉妒他们能吸引她。譬如，有个男孩，她说是她的表哥，但他觉得那是她的情人。他的妒意源自其内心深处、本性中的一份缺憾，某种别人有而他没有的东西。于是他想像他们一样，并且畏惧他们、厌恶他们，也厌恶喜欢他们胜于他的那些女人。

在纳博科夫的《洛丽塔》中，主角亨伯特诱引洛丽塔的方式是给她糖果、带她看电影和游览景点。他一心只求能拥有她的肉体，并希望她不要离开他。亨伯特从不指望洛丽塔也能爱上他，安东尼奥却不然。亨伯特无法想象洛丽塔也能像他爱她那样爱上他，他深信两人在敏感度、欲望和对未来的计划上都有着不可克服的巨大差异。他们本质上就不同，而且无法补救。他是个成年男子，她还是个孩子，欲求和喜好都还停留在孩童阶段。他很担心她有可能被同年纪的男孩所吸引，他便憎恨他们，把他们当成瘟疫一样避着。而且他怕她腻了，怕她厌烦了他让她过的这种生活。他不做长期计划，但每一小时、每一天都在想法子把她留在自己身边。就像一个癌症病患，用尽

---

① 　Dino Buzzati, *Un amore*, Mondadori, Milano, 1966, p. 255.

办法延续自己的生命，哪怕只是多一刻也好。

亨伯特没有任何成年的情敌。他不知道如何获得洛丽塔的爱，也不认为别的男人有这个能耐。当他隐约觉得他们被跟踪时，他感到备受威胁，觉得自己被盯上了，身处险境，可是他做梦也想不到，洛丽塔竟深深爱着那个跟踪他们的人。他不曾想过，也无法想象事实的落差有多么大。这也能解释后来悲剧性的结局，解释他为何需要了解真相、为何像偏执狂一样展开调查。多年以后，一切都结束了，他才得知这小女孩其实当时爱着一个成年男子，那是一个有名的剧作家，是一个偶像。而且她很久以前就开始爱他，并和他一起计划潜逃。亨伯特得知这些内幕后才知道自己有个情敌，这个情敌毁了他和洛丽塔的一生。于是他的嫉妒之心变成了报复之心、惩罚之心。他找到了那个男子并杀了他。

在普鲁斯特（Proust）的《追忆逝水年华》（A La recherche du temps perdu）中，我们也能看到同样弥漫的、偏执的、不安的嫉妒。然而，在斯万（Swann）与奥黛特（Odette）和阿尔贝蒂娜（Albertine）的关系中，应该没有太大的落差、太困难的沟通障碍。她们是有涵养的女人，都属于同一个社会阶层。不过，斯万觉得奥黛特比较难捉摸，觉得她有不为人知的秘密，好像她只要一离开他身边，就会投入另一情人的怀里似的。奥黛特是巴黎上流社会的高雅贵妇人，但这个正常的身份下，透露着一种放荡、一种春楼般的气息、一种淫乱。阿尔贝蒂娜也有这种双重面向，一明一暗，有两种不同的面貌。她的行为举止无可挑剔，但在这完美的外表下，隐藏着另一个不为人知、放浪形骸、无法描述的生活。总之，两人似乎都无法以相互的、明朗的、温暖的方式来爱斯万。他只能勉强进入她们的公开生活，却无法走入那晦暗不明、暧昧复杂的私生活。

安东尼奥知道自己一秒也离不开蕾依。亨伯特知道只要稍不留意，他的洛丽塔就可能被人拐走；或她有可能为了最微不足道的原因离开他，哪怕是为了看一部电影；或是因为她找到了一个聊得来的男孩。斯万随时随地守在奥黛特身边，片刻都不停歇，对阿尔贝蒂娜也是一样，阿尔贝蒂娜天性就容易陷入复杂、暧昧、充斥着谎言的男女关系。她从来不曾承诺永远爱他或只爱他一人，即使她似乎真的爱上他，也可能会忽然不告而别。

读一读普鲁斯特的传记，一切就会明了，原来奥黛特和阿尔贝蒂娜这两个女性角色，其实是同性之恋的化身。和布扎第及纳博科夫的不同之处在于，普鲁斯特并没有告诉我们奥黛特和阿尔贝蒂娜是如何受到吸引的。但知道这其实是同性恋情之后，我们就可推测她们是受到金钱的诱惑，完全就像亨伯特的洛丽塔和安东尼奥的蕾依一样。当然，也可能这两个人物就像他一样是同性恋，但并非用相同的方式爱他，她们对他不忠实，又和别人发生性关系。对普鲁斯特／斯万来说，这样并不够，因为他要的是真正的爱情，只有两个人的爱情，但他得不到这样的爱情，他也知道自己无法得到。秘密情人保有了自己的自由、自己的暧昧和自己高深莫测的形象。

在普鲁斯特的年代，社会对同性恋的接受度远远不如今日。恋爱中的普鲁斯特很希望自己能和情人终成眷属，但社会不允许，就连同性恋的圈子也认为这简直比登天还难。当时的民风保守，再加上同性恋连正式的表达语言都没有，使他所追求的这种爱情根本无法在世人面前公开。罗兰·巴尔特在《恋人絮语》（*Fragments d'un discours amoureux*）中所探讨的可以说是相同的问题。依他所见，爱情无法化为理论，无法归纳成公式，只能用片段加以阐述。这不是因为一般爱情的本质便是如此，而是因为他心中所想的那种爱情并非世俗普遍接受的爱情，并非由道德伦理、法律、正式关系、婚姻、离婚所约束的爱情。因为这种爱情并不具备正式的、能够让它发声的语言，规范、法律和言语是异性恋情所独有的。因此，同性恋只好地下化、秘密化，同时不规律化、野蛮化、复杂化。在这种爱情里，不能奢望，也不能高声要求平等、忠诚。

在保罗·罗宾逊（Paul Robinson）的一篇很美的小品文《亲爱的保罗》（Caro Paul）中 ①，一位男老师教导一个男学生要认清自己同性恋的性向。学生说自己爱上了室友，并感到非常失望。老师说他错了，不该一开始就追求爱情。的确，在男同性恋的世界里，是先有性而后有爱的。以男同性恋圈子的结构来说，注定要先把浪漫放一边，必须先去某些特定的酒吧交际，并经历一些几乎无关私人情感的性行为。所以学生应从认清自己的性向开始，体认到自己受同性的吸引，走进男同性恋的圈子前要先能接受这个圈子的规矩，也就是交往关系复杂的规矩。就这样直到最后，他才能够体验到私人的、浪漫的恋爱。

罗宾逊写这篇小品文的年代，距离今天已经好多年了。世人对同性恋的接受度已大幅提升，艾滋病也从中蔓延。今天已经有一些同性情侣过着异性情侣般的生活了 ②，同性婚姻也越来

---

① Paul Robinson, *Caro Paul*, in AA.VV., *Omosessualità*, Feltrinelli, Milano, 1981.

② 请见佩普劳（Letitia Anne Peplau）所做的杰出研究，她将男性与女性同性恋夫妻和异性恋夫妻做了比较，参见 "What Homosexuals Want," in *Psychology Today*, March, 1981。另外可参见 Steven Seidman, "Between Pleasure and Community," in *Romantic Longings*, Routledge, New York, 1991。

越常见了，从前复杂的集体交往行为，现在已经体制化，演变成以双人情侣作为基本单位了。欲了解普鲁斯特书中爱意与妒意纠葛的痛苦、想要独占的心态以及晦暗不明的复杂交往关系，我们必须倒退一个世纪，回顾那个时代的人际关系。在他的世界里，同性恋情是一种非预期、难以想象的爱情，也不可能因此与他人成为情侣。它是一种欲望，让人想要随时随地拥有，但它在本质上又是不可拥有、无法命名、难以捉摸的。这种爱情不能以道德观点看待，不能要求它做出任何承诺，它也不知如何回答这些问题。因为它在本质上，根本就无法了解这些问题或完全漠视这些问题。

在我们所检视的所有这些例子中，不论是"学生"、布扎第、纳博科夫还是普鲁斯特，我们都发现，一旦爱情无法思考、定义或无法发展成对未来之计划时，它就会蒙上嫉妒的阴影。处于初生状态的人想要具体化，想要变成一个群体，想要一份承诺、一个约定、一个体制。当初生状态的这股动力沿途受阻时，它就变成深情。但处于初生状态的人万一连自己的未来都不知道在哪里，连沟通的语言和工具都缺乏时，那么他就无法真正了解对方，也不清楚对方要的是什么。他的心中产生一股强烈的、无法抗拒的欲望，可是一遇到这个无法解开的谜团，欲望马上就瓦解了。对他来说，所爱的对象显得模糊、陌生、无法亲近。有几位作家，如巴尔特和拉康（Lacan），就把这种特殊的爱情描写得好像是爱情普遍的模样。

第十章

放弃

受压抑的恋情

在恋爱中，总有两股力量在运作：把我们往前推的力量和把我们向后拉的力量。这两股力量的运作，一部分是潜意识的，一部分是有意识的。假如我们对某人有好感，而且接受他的晚餐邀约，就表示我们准备做进一步的探索。假如我们决定忠于自己所爱的人，那么就不会接受这场邀约。即使我们感受到非常强烈的情欲吸引力，我们仍然有机会退出。但除了有意识的抗拒之外，还有潜意识的抗拒。一见钟情、灵光乍现，还有暂停的一刻，我们都会卸下心防，停止抗拒。

恋爱的历程有可能止于探索（esplorazione）的阶段，也可能继续发展，成为迷恋（infatuazione）。变爱的历程甚至可以继续延伸，达到初生状态，变得不可逆转。但也有一些情况是，就在不可逆转点（punto di irreversibilità）的前一刻，反制的力量将它阻止了。于是初生状态便减弱了或消失了，而恋情也无疾而终。这个历程可参见图1。

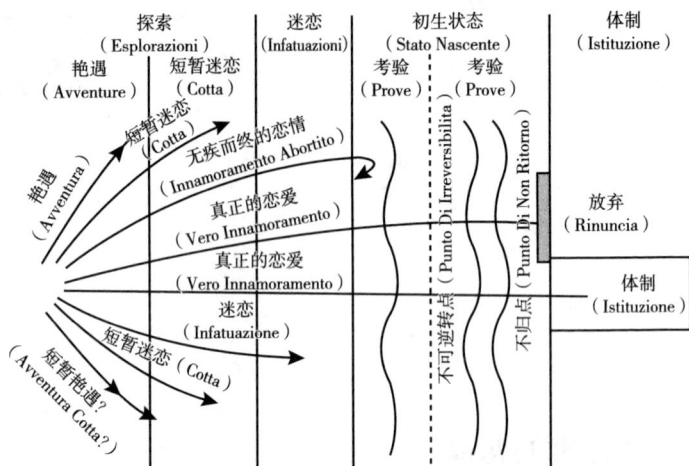

图 1

让我们来看看下面这个例子，初生状态已经启动了，但尚未达到不可逆转点。我们把例子中的女子称作"罗马女孩"（La ragazza di Roma）。这个年轻女子住在罗马，已经订婚了，即将结婚。未婚夫又帅又有钱，人又好，而且两人感情很好。她对于未来的二人生活一点儿都不担心。有一段时间，未婚夫和他的父亲一起去了国外。他们在国外遇到很大的困难，陷入了危机。过了几个月，当女孩再见到他时，觉得自己好像不认识他了，觉得眼前的这个人变得懦弱无能，总是怨天尤人，面对人生的难题没有勇气、没有魄力。她心中开始产生疑虑，他们的共同生活究竟会是何种模样？是如她梦想中那样充满活力、新奇精彩，还是既悲哀又单调呢？

这段时间，她去了威尼斯，探望自己的父母。她在那里遇到一个气质如艺术家的男人，他生性多虑又充满幻想，过着起起落落的生活。他有很多计划、很多梦想。他带她游览他的故乡威尼斯，很生动地向她诉说关于这个城市的种种。通过他，女孩认识了威尼斯，并且深深被它的美所吸引。她恋爱了，但爱上了谁？是爱上男人还是爱上城市？她也说不上来。充当导游的这个男人，宛如一扇门，让她看到了一个奇幻世界，隐约窥探到一个由奇遇、梦想和艺术所组成的人生。

这个女子非常年轻的时候，曾经深深爱上一个男子，这个男子却辜负了她，她既心碎又愤怒地放弃了这段感情。几年后，她认识了她的未婚夫。他们的爱情并非轰轰烈烈，而是温和而令人安心的。他富有、和善，而且彬彬有礼。她想要孩子，他会是个很称职的丈夫和父亲。但威尼斯让过去的回忆活络起来，伤口又被揭开了，往昔受挫的渴望又被唤起了。

就这样一段立足于奇遇与梦想的爱情展开了。展现在年轻女子眼前的是一个美妙、未曾探索、充满活力的世界，是内心深处一个被打开秘密的百宝盒，威尼斯成为唤起一种感受和体会的方式。在威尼斯邂逅恋情，无异于从散文精炼成诗歌，从亵渎升华为神圣，从日常生活的柴米油盐一跃至艺术王国、崇高境界，在那里灵魂变宽变广了，一切都显得生机勃勃、充满可能性、至上崇高。

在这里我们看到的是一份正处于开端的真正恋爱，这是一趟回到过去之旅，也是探索人生之旅。几世纪的历史、不胜枚举的象征，在她心中一一掠过。她不再是同一个人了，她成了过去的女主角之一。

这段正要萌芽的恋情过了一段时间之后又退缩、却步了。那个男人住在威尼斯，但他在这个城市里找不到工作，因此他对它的观感也很矛盾。为了工作，他去了罗马，并有意在那里定居。他常向她提起这件事，因为他相信她可以利用她的人脉助他一臂之力。此外，他很穷，或至少感觉起来很穷。他不曾送她礼物，威尼斯慕拉诺岛那许许多多精致巧妙的手工艺品也不曾送她一个，连一束花也没有。两人一起去餐厅用餐或一起喝咖啡时，他从未买单。没错，他确实不太有钱，但女孩认为，换作她的话，起码会想办法借点钱。而且，男人总是睡到很晚才起床，从来没有明确的计划，只有模糊的梦想。只要一讲到工作，他就挑三拣四、意兴阑珊的，很容易半途而废。

爱情若想长久，必须仰赖积极事物的滋润。到目前为止，这个男人一直都是一扇门，让她看到了一个崭新未知的世界、一段辉煌的历史、一种更精彩的人生，这个人生充满了传奇的色彩。当双方的国籍、语言或宗教信仰相异时，爱情就如同一股特殊的力量，又宛如一扇门，带领我们看到另一种风俗民情，前提是被爱的人对这份爱充满信心，他本身要很主动、积极，而且兴致勃勃。可是，女孩渐渐发现实际上这个男人越来越不关心威尼斯。他想去罗马，想在某家电视台或某个政府部门找份工作，他希望她能帮他。于是他开始说威尼斯的坏话，他说连聪明或有才干的人都无法在这里闯出一片天地。直到有一天，连她也被传染了，也觉得这个城市好像很糟糕、很失败，觉得这个城市好像无药可救了。

于是，她开始以不同的眼光看他。她无法再忍受他的自怨自艾、他的小气和他总是想靠她找工作的心态。在她眼中，威尼斯的屋墙斑驳、水质恶臭，而那个男人则像个想找容身之处的可怜虫。假如他真能带她走进他的世界，让她在他的世界里重生的话，她真的会爱上他。可是他却带她走回头路，想让她回到她当初逃离的那个地方。她很清楚，若是在罗马定居，那么那个英俊、富有而慷慨的未婚夫绝对是更好的人选。她想要小孩，并希望能给他们一个不虞匮乏的生活。她怎么会爱上一个不成材的男人？她是哪根筋不对劲了？其实是从前在威尼斯的那一段没有结果的恋情再度浮现了。从前那个未能达成的梦想，如今又回来纠缠她。那是个幻梦，对她有害无益。她早已摆脱它了，如今不该再被它的幻影蒙蔽。不论是过去的恋情还是现在的这段恋情，都不能带给她什么，它们只不过是空虚的假象罢了。

由于女人对未来的计划还包含了一个家和孩子，所以面对新恋情时，她们会比男人更挑剔、更审慎。我们发现女人常以做白日梦的方式来满足自己对爱情的渴求，例如，阅读言情小说、看爱情片、看电视连续剧、对某男明星心存幻想等[1]。所以，她们心中总是有一套理想型的标准，直到有一天她们深深坠入爱河，就会把追求者和这套标准做比较。她们的要求比较严苛，也比较切合实际。正是通过这份实际感，"罗马女孩"才得以悬崖勒马，看清假象。

这个例子让我们看到，深情即使看似不可抗拒，也需要许多内在和外在的条件才能够生根和继续成长。它需要演变成一份可以接受、值得追求的计划，它需要延展成未来。不然，它就只停留在探索的阶段，或一如本例无疾而终。

放　弃

当爱情的历程超越了不可逆转点时，会发生什么事呢？个体已经成为即将成形之情侣的一半了，他不再拥有一个独立的

---

[1]　Francesco Alberoni, *Il volo nuziale*, Garzanti, Milano, 1992.

身份，而是和对方共享一个身份。对方就像自己一样真实，就像自己一样重要。所以，放弃自己的爱情就等于失去了自己实际上最重要的东西。在这个阶段，分手的代价就是给自己招来一场大灾难，就是掏空一切意义和一切价值，就是心死（pietrificazione）。

生活中的遭遇，因为一份感情而衍生的种种难题，都可能造成一个痛苦、充满罪恶感、对未来绝望的情境，以至于当事人决定要放弃这段爱情，决定要"挥剑斩情丝"。我们已经在"巴里男人"的例子看过这种情形。他深信自己的爱没有得到响应，因此宁可自己先提出分手，也不要终日为嫉妒而受煎熬。这种放弃的目的在于避免痛苦，我们称它为"利己式"（Egoistica）。

有些人放弃爱情是因为不想让自己所爱的人受苦，如果他们已婚的话，所爱的人有可能是妻子、丈夫或子女。身处两份同样浓烈的爱情之间时，他们摆脱道德两难的方式就是选择旧生活，而放弃新生活。这种时候，我们就称之为"利他式"（Altruistica）的放弃。

无论如何，放弃都是一种抉择，而且是选择旧的而放弃新的，选择体制而放弃初生状态。这么做的时候，当事人其实做了一件严重影响自己士气的事情。因为实际上，初生状态接触到了永恒，通过它的光芒先前的爱情对象都产生了价值。假如未能如愿接触所爱的人，那么这些爱情、这些渴望就会消失或减弱。

在利己式放弃的情形下，会出现一种孤独的感觉，一种完全的空虚感。但在利他式放弃的情况下，后果更惨重，因为一完成放弃的举动后，就连当事人为其牺牲自己、牺牲自己的爱情的那些人，当事人也变得无法爱他们。于是，他不知道自己为什么要这么做，他觉得自己好像铸下不可弥补的大错，好像连人生的意义为何都不知道了。一切都变得空虚、了无价值，他如同幽魂一般。为了有所行动，他只能"依样画葫芦"，模仿别人的举动，一再重复自己从前就会的事情，纯粹凭借往昔的习惯。他不再有真正的感受，他像演员一样让画面一幕幕上演，他觉得自己像个机器人、像个傀儡，这就是心死，而内心深处唯一真实的情感，就是对于逝去的现实的怀念。

利己式放弃　恋爱中的人倘若对于这份爱情的质量有疑虑，便必须选择了无希望地继续爱对方或强迫自己不再爱他。尽管知道自己仍爱着他，却必须与他分手，面对"失去所爱对象"的痛苦，即精神自杀（suicido psichico）。首先他会试着挣扎、试着征服、试着诱惑，用尽自己的魅力和说服力。可是一旦他发现对方并不爱他，就可能使出分手这一招。他用仅存的余力，"砍断"自己伸向所爱之人的双手，"挖去"自己处处寻觅爱人的双眼。

为了更深入思考利己式放弃，且让我们参考著名的精神科医师卡鲁索（Caruso）的著作《恋人的分手》（*La separazione degli amanti*）[①]。在这本书中，作者告诉我们，他只探讨恋人彼此之间的放弃。事实上，仔细研究他所举的案例后，就会发现分手的决定总是恋人其中一方单独做出来的。就拿 IBN 博士的例子开始探讨吧，我们且称他为"卡鲁索 IBN"。他是个已婚无子女的男人，爱上一个女人，我们称她为"MAI"。基于不明的理由和疑虑，他决定与情人分手。这个女人试着尊重他的意见，并体谅他的抉择，可是她依然深深爱着他。她写了许

[①]　Igor A. Caruso, *La separazione degli amanti*, Einaudi, Torino, 1988.

多柔肠寸断的信给他："你是我的唯一，你是我的初恋，你是我的宇宙，你是我的幸福，你是我的生命。我爱你胜过太阳和光芒。没有你，太阳也变得冰冷，光芒也变得暗淡。你就是主宰这个世界的大神。""你是我的幸福时光，我美丽的天地。"[1]分手似乎使这个年轻女子在生理上和精神上都受到摧残。两个恋人后来又设法见了两次面，但"卡鲁索 IBN"仍举棋不定、心烦意乱，每一次都决定分手。最后他终于与妻子离婚。可是他不但没有回过头去追求"MAI"、奔向她的怀中，反而只冷冷地在电话中告诉她这件事，然后再也没有消息。一段时间之后，年轻女子自杀了，没有留下任何遗书。所以这完全不是达成共识的分手。"卡鲁索 IBN"是个精神病态的人，让爱他的女人受尽折磨后又抛弃她。她一心一意想得到他的爱，可是她知道她失败了，于是选择走上绝路。所以这自然不是双方都同意的分手，而是单方面的、利己式的分手。

卡鲁索所举的另一个案例是关于"RIK 女士"（La signora RIK）[2]的，她放弃了她的爱情，因为她没有了解自己感情的深刻。"RIK 女士"正准备嫁给一个有头有脸的大人物，年纪比她大，两人认识很久了，她把他理想化了。这场婚姻一方面是双方家庭安排的，另一方面是因为她把大人物当成偶像，把他过度理想化了。再过不久就要举行结婚典礼了，她却认识了一个令她魂不守舍的年轻男子，她只把这当成一时迷恋。她没有发现这才是真正的爱情，对未婚夫其实并非真爱，就这样她放弃了年轻男子而步入礼堂。才完婚，她就发现自己内心非常痛

---

[1]　Igor A. Caruso, *La separazione degli amanti*, Einaudi, Torino, 1988, p. 81.

[2]　Ibidem, p. 41.

苦，发现自己犯了一个很严重的错误。这不禁让我们想起小说
《窗外有蓝天》（*A Room with a View*）的情节。在意大利佛罗伦
萨，一个年轻的英国女子爱上了一个同龄的男子，但她已经和
上流社会一个极端乏味的男人订婚了。回到英国后，她和在佛
罗伦萨遇到的那个男孩又见面了，她想尽办法否认自己对他的
爱甚至希望赶快举行结婚仪式。幸好后来她发现自己并不爱未
婚夫，因而没有犯下"RIK 女士"所犯的错。

利他式放弃 这里我们再度使用卡鲁索所举的一个案例，
是关于化学博士CD的，我们把他称作"卡鲁索CD"[1]。他是个
三十六岁的男子，已婚，有两个小孩，爱上了自己一个十八岁
的学生。这段恋情很快就被曝光了，妻子的反应像疯了一样，
他圈子里的人都对他大加挞伐。经过了三个月的苦恼、纠葛之
后，他认定他们的爱是不会有结果的，他说服女孩离去。但她
才离开，他就痛苦得不能自已。他不断写信给她，她也回复他
说她仍爱他。他请她另寻对象，展开新的人生，但他又嫉妒不
已，心如刀割。书信往来持续了两年，显然"卡鲁索 CD"爱
得很深，但他的这份爱，严重与他的人生原本赖以为基础的
爱和义务相抵触，如他的妻子、小孩、同事、社会地位等。况
且，那个女孩年纪很小。摆在我们眼前的是个典型的道德两难
例子。他必须选择，是走上新恋情的康庄大道，还是守着旧
爱。倘若选择旧爱，放弃新欢，他就掉进我们所谓的心死状
态。从他以下所写的内容就可见一斑："我丧失了一种浩瀚而快
乐的东西，但我的理智完全无法解释它。仿佛我窥探到另一个

---

① Igor A. Caruso, *La separazione degli amanti*, Einaudi, Torino, 1988, pp. 36-37.

世界，可是付出了庞大的代价。我不太清楚在这个世界里发生了什么事，应该是纯正的幸福吧……永远不需要烦恼什么是被允许的，什么是被禁止的。"[1] 这种经验我们很熟悉，因为这就是典型的初生状态，能超越一切善恶。但"卡鲁索 CD"的初生状态有两种形态，因为他的旧世界和旧爱依然存在。恋爱中的人希望在不伤害任何人的情况下实现自己的爱情，在"新世界"里，应该是皆大欢喜的。可是新恋情却撕伤了旧世界，并造成痛苦。"卡鲁索 CD"对于自己的妻小产生罪恶感，对于所爱的女孩也感到内疚。因为别人和他自己都认为，她太年轻了，他这样是拖累了她，她有权追求自己的人生。这不仅是在女孩与妻子之间做抉择，在女孩与他的孩子之间做抉择。这也是在平淡但无人痛苦的旧生活和他快乐但大家都痛苦的新生活之间做抉择，这是在别人和他自己都认为正常的生活和疯狂、冒险之间做抉择。基于这个理由，抉择就成了两难，因为非得二选一不可。这就好比掳走一位母亲的两个孩子，让她决定该杀哪一个一样。

大多时候，恋爱中的人会选择新欢，而与其他所爱的对象分离，但会尽量把伤害降到最低。相反的，"卡鲁索 CD"则选择旧爱而放弃新欢。他舍弃正要诞生的新世界，选择既有的旧世界。他摧毁了理想的、可能的，以维系已经存在的。这种历程启动了心死状态，结果往往是失败的。在体验了真正的恋爱之后，先前的婚姻关系很难再现活力。放弃新恋情的人其实仍在爱着而不自知，仿佛这份恋情被埋入了墓穴。

不过，假如从实际的角度来看，我们也能得到一个结论：已婚的人若想维持自己的婚姻，最好尽量远离诱惑，并在恋情

---

[1] Igor A. Caruso, *La separazione degli amanti*, Einaudi, Torino, 1988, p. 92.

的一开始、在探索阶段就阻断恋爱的历程，否则到达不可逆转点就为时已晚了。

挫折与创造

我们恋爱了，可是对方并不爱我们，会怎么样呢？心死吗？不是的。心死是士气上的悲剧，是一种抉择，我们为了这个抉择摧毁了最具价值的东西，并因此内疚。但如果是所爱之人离开我们或不想再理我们，而我们已经想尽办法挽留他，那么这就不再属于"放弃"的范畴，而完完全全进入了"失去"的领域。就如弗洛伊德在《丧亲之痛与抑郁》(*Lutto e melanconia*)[1] 中所研究的案例，鲍尔比（Bowlby）又仔细分析了一遍[2]。不过差别在于，有一个因素是这二位作者不可能探讨到的，亦即在我们的案例中，有一个正在进行的初生状态。在初生状态下，当事人开始有所转变，不寻常的力量在他身上起了作用。

"失去"引起非常大的痛苦，但它不会中断许久之前就已展开的转变历程，所以这种经验并非仅仅是丧亲之痛而已。这是一个正在运行的有规律的历程的崩溃，是整个动力系统的瓦解。逐渐成形的有序掺入了混乱，但是其有规律的力量依然在运作。

让我们回到"学生"的例子。当"学生"发现女孩不爱他时，他感到非常痛苦，觉得这个世界的运作规则既不公正又荒唐。他说上帝"在喝醉时创造了世界"，他有过寻短见的念头。他爬到高山上，想象自己横越一片无边无际的大冰河，直至筋

---

[1] Sigmund Freud, *Lutto e melanconia, Opere*, Vol. VIII, p.102.

[2] John Bowlby, *La separazione dalla madre*, Boringhieri, Torino, 1975; *Costruzione e rottura dei legami affettivi*, Raffaello Cortina Milano, 1982.

疲力尽、冻死为止。他终究没有自杀。他回到家里，投入学术研究，然后如我们已经知道的，他开始转变。他向一位朋友学习，做了许多新尝试，学得非常快，于是没多久就彻底蜕变了。更新恋爱初生状态的这种动力——即使它无法实践其计划，无法形成情侣——没有消失，因为它找到了另一个渠道、另一个目标。这个历程没有办法让当事人走出情伤，唯有新恋情才能，但它可以让当事人更有创意、更有进步和更加成熟。

我们有了这些概念后，就能够探讨初生恋爱受挫后，紧接而来的创造活动。我们第一个想到的就是歌德。歌德爱上了夏绿蒂·布芙（Charlotte Buff）。当这个女孩另嫁他人时，他大失所望。歌德经历了一段很绝望的日子，并想过自杀。然而，他非但没有自杀，还写了小说《少年维特的烦恼》，这本书中一个年轻人爱上了一个名叫夏绿蒂的女孩，和歌德的情况一模一样。书中的夏绿蒂嫁给别人时，年轻人就自杀了。心理学者认为歌德通过想象的自杀避免了真正的自杀，并认为这本书借由虚幻的方式满足了一个欲望，借由人物的投射而获得解脱。完全正确。但令我们感兴趣的是另一件事，就是在经历了痛苦的幻灭后，歌德竟然获得了非凡的创造和改造能力。《少年维特的烦恼》是一部旷世巨作，给那个时期的欧洲人带来不可抹灭的深远影响。它代表一个新时代的开始，不仅是歌德生命中的新时代，也是整个文学领域的里程碑。所以我们可以说，因对夏绿蒂的爱恋而产生的创造力量并没有因为恋爱对象的消失而枯竭，反而在歌德变换主题与架构的作品中延续了它的光彩。

但初生状态的可塑性所允许的创造历程，并不能让想象代替真实行为，如同歌德的例子那样。依照我们的理论，初生状态也可能依循另一条完全不同的创造之路，让我们来看一个著名的例子。这是 1883 年，德国大哲学家尼采三十八岁，他爱上了露·莎乐美。莎乐美没有结婚的打算，她想和两位朋友——雷和尼采建立一个心灵上的小共同体。但雷和尼采都爱她，都希望能独占她，而且两人都想娶她。莎乐美玩弄了他们很久。后来，尼采以为自己获得了莎乐美的芳心，他过了一段充满喜悦和希望的日子。他很快乐，热爱人生，并希望有个孩子。但莎乐美持保留态度，她让他等待甚至和雷搬去柏林。经过无数次设法挽回却不见效果的行动之后，尼采知道自己永远失去她了。他夜晚噩梦连连，为失眠所苦，猛吞安眠药。他感到很寂寞，好像被放逐了，对自己失去了信心。他以前的著作、他的哲学全都瓦解了，变得毫无意义。就在这个时候，就在他一生中最哀伤、最悲痛的时候，于 1883 年 2 月的某几天 [1]，他一气呵成写成了这部不同凡响、不可思议，注定要影响整个西方历史的巨著，即《查拉图斯特拉如是说》(*Also sprach Zarathustra*)。它并未叙述一段未果的爱情，也不是以自杀为主题的无病呻吟，而是真真正正地创造了一套新的哲学、一个新的信仰体系。它宣布另一个人类的到来，具有另一种思想、另一种道德观，即超人。初生状态的创造力量偏离了原本的目标，造就的不是一对情侣，而是一个世界，一片新的天地。

　　通过以上情节，我们可以得到一个实用的结论，即若想走出失恋的伤痛，有效的治疗方法就是让原本已经展开的改变过程继续发展，还有凭着探索新渠道来加快改变的速度。最重要的是，让自己投入一份需要付出心力和创意的伟大任务。唯

---

[1]　H. F. Peters, *Mia sorella, mia sposa. La vita di Lou Andreas-Salomé*, Mondadori, Milano, 1979, p. 203.

有如此，因初生状态所释放的力量才能够投入新的计划，而痛苦、愤怒和报复的心态就会转变为积极、正面的力量。

憎恨的功用

为什么容易由爱生恨呢？为什么爱情常常以激烈的方式在愤怒的口角中结束呢？为什么离婚过程充满了攻击、怨恨和报复呢？一般来说，在一份让人受到挫折、令人感到失望的感情瓦解时和从被抛弃的伤痛走出的过程中，憎恨的功用究竟为何呢？

恋爱时，原先隶属于不同社群的两个个体切断与原本群体的关系以形成一个新的共同体。从此刻开始，他们的目标就是彼此融合，形成一个坚固的单位，建立一个拥有独立身份的、有生命的新机制，就像一个教派、一个党派、一个国家。他们以共同体的形式一起建立他们共同的家，一起选择他们的朋友，一起携手面对人生。他们构建了一种同时属于两人的东西，属于他们的"我们"，这是一种无形的东西，而且双方都认为这个东西是自己所专属的。

挫折、背叛、嫉妒、放弃或抛弃都会打破这种团体性。它们既撕裂了整个共同体，也撕裂了组成它的两个小个体。两人都被截去了一部分人生，他们很想回头，却没有办法。两个人都不得不在一个与先前不同的群体下建立一个新的自我。这一次，就不再是初生状态了。初生状态的过程是在摧毁原共同体的同时创造了一个新的共同体。但现在，为了把位子让给新的共同体，当事人必须先主动地摧毁既有的共同体。而之前爱情所创造的一切，只能由另一种同样浓烈的感情来摧毁，那就是憎恨。憎恨就像解放，憎恨就像颠覆，憎恨会分隔、破坏和消灭。憎恨摧毁恋爱的共同体，创造另一种形态的生活。这就是憎恨的功用，即摧毁初生状态所创造的。

但共同体不仅存在于现在，它还根植于过去，并延伸至未来。基于这个理由，破坏的过程必须扎根于过去并投向未来。所以产生了第二次的赋予历史意义，彼此都回顾自己的生活，以便把不健全的感情的残余价值消灭，把快乐的回忆剔除，把不快乐的回忆挖出来，以证明自己的抉择是正确的。就像在战争时期，双方都会忘记彼此为何在此相聚，只记得彼此的争执、自己所受到的不公不义，以便激起更高昂的斗志。

报复 表达憎恨的其中一种方法就是报复，它就像初生状态的赋予历史意义一样，也能够把过去和未来编织在一起，但它所采取的方法恰恰相反。在初生状态时，我们之所以提及过去，是因为它能为我们提供正面的范例以解决未来的难题，并赋予我们力量。所有宗教运动在神圣的起始时期都仰仗它。譬如，对伊斯兰教来说是穆罕默德带领子民的时期，对基督教来说则是耶稣还在凡间的时期。每每回顾这段神圣而光辉的年代，信徒就能汲取力量以打造更美好的未来。然而在报复时，我们对于过去只看到负面的、可恶的东西，而且利用未来以摆脱发生在自己身上的事情，把旧账算清。报复意味着我们把当下应该做而没有做的破坏行为延迟至未来再做。报复意味着我们到未来才展开一个当下没有来得及展开的行为。报复让过去"阴魂不散"，让它成为一种摧毁的怨念。报复带来很大的快乐，因为它让我们以为我们可以伤害别人，想伤害几次就伤害几次。怨恨无法重建过去，它把这项任务托付给未来的报复。它无法像爱情的初生状态那样摧毁过去，反而让过去更巩固、更耐久。

扳回一局 必须把扳回一局和报复做个区分。在扳回一局的时候，我们把过去无法解决之问题的解决之道寄望于未来。为此，我们利用的非但不是破坏，反而是建设。在《大亨小传》中，主角积累了很大一笔财富，因为他年轻时贫穷落魄，无法迎娶自己所爱的女人，如今他想重新赢得她的芳心。他在她家邻处，购置了一栋别墅，并别开生面地设宴款待宾客。有一天，她在好奇心的驱使下来到他家，于是两人再续前缘。在《咆哮山庄》（*Wuthering Heights*）里，男主角希斯克利夫（Heathcliff）是被收养的弃儿，他被当成家中的亲生儿子一样抚养长大希斯克利夫和凯瑟琳（Catherine）是青梅竹马，两人一起幻想他们的秘密世界，并且互相爱恋。但她向往富裕华丽的生活，喜欢舞会。有一天，她以不屑的口吻说，她永远也不会嫁给马夫。他暗中听到了，伤心欲绝。他远走他乡，直到几年后变得非常富有了才回来。他买下凯瑟琳家的山庄，他心中充满报复之意，但更渴望赢回女孩对他的爱。引领着他的是回忆，是童年和少年时期那些两小无猜的愉快回忆。他只有一桩负面回忆，而只要两人言归于好，这负面回忆就可以消失。这也真的实现了，因为凯瑟琳在临死之前，向他坦承自己一直深爱着他。

盟友 和爱一样，恨也是一种群体行为。恨让我们与之前所爱的人分离，并驱使我们联合所有能帮忙我们的人一起伤害我们的敌人。恨比爱更需要寻求盟友，寻求和自己站在同一阵线的个体和体制，能够支持它的抗争并将其合理化。恨能让盟友团结，并在他们之间形成一种慷慨激昂的爱，只要共同的敌人一息尚存，这份爱就会存在。敌人消失了，这份爱也会消失。

情侣分手时，双方都会寻求朋友的支持。他们要求朋友和如今反目成仇的这个人断绝关系，他们喜欢听别人说他的坏话，他们寻求助力以进行报复和压迫的行为。一段恋曲告终时，就会看到昔友今敌的背叛情形，就像战争时期一样。有些人从前是朋友、盟友，现在却变成了敌人，有些人则化敌为友。整段历史被重新诠释、重新书写以符合新局势的需求。

遗忘 欲从失恋中走出来、欲消除报复之意，另一种机制就登场了，就是遗忘。憎恨想摧毁一切，但它必须学着遗忘、学着压抑、忘记，以免唤起报复的痛苦和欲望。

心理分析理论让我们惯于将遗忘想成一种压抑、一种病态的现象。事实上，它具有重要而珍贵的功用，虽然只是片刻，但它能让我们抹去生命中的某部分，让我们重获自由，并建立新的人际关系、做新的计划。当然，我们有一部分能量被囚禁在潜意识当中，但另一部分还是能够发挥作用。通过遗忘，我们仿佛可以把人格一分为二。我们把旧的那部分忘掉，同时开始建立新的部分。为达此目的，我们要利用先前所放弃的渴望、梦想和冲劲。我们让未曾有机会发挥的能力开花结果。失恋不见得一定要发展为严重的忧郁，当事人可以利用它开发新资源、寻找新契机，展开新的人生。

遗忘永远无法让心灵深处的伤口愈合，永远会觉得自己失去了某种极重要的东西。让这种伤口愈合的唯一办法就是回到过去，和过去做个了结。这种事情是连最深层的心理分析也无法达到的，唯有一次新的初生状态才有办法，也就等于再谈一次恋爱，或皈依某宗教，或投入某政治立场。唯有如此，赋予历史意义的历程才会穿越时间的障碍释放痛苦和憎恨，让它们消失。

第十一章
征服与再征服

诱　引

如果我们想实现梦想、计划，就必须说服别人，让他们和我们站在一边。如果从"诱引"一词的广义定义来看，一如意大利语的"sé-ducere"，即"condurre con sé"，有自行主导之意，那么应该说，我们无时无刻不在进行诱引的行为。[①]

这个词也有一层比较狭隘的意义，即我们为了让自己在情欲层面上更有魅力、更吸引人所做的一些活动和策划。动物到了求偶的季节，会披上一层抢眼的皮毛、释放特殊的气味，展现各自的求偶仪式。对于人类来说，这些活动是文化性的、自发性的，所以会因社会而异，也会因不同的时代、不同的人而异。我们没有亮眼绚丽的皮毛，却有时髦的衣着、有汽车。我们不分泌费洛蒙，却懂得洒古龙水和喷香水，还会化妆。至于所谓的"求爱"，人类更是天赋异禀地创造了各种各样的追求方式。

---

① Aldo Carotenuto, *Riti e miti della seduzione*, Bompiani, Milano, 1994.

所有真正恋爱的人都热切渴望征服所爱的人，他们绞尽脑汁求助于过去的经验，努力让对方也爱上他。于是乎连最笨拙的男孩、最害羞的女孩都开始投入战局。与生俱来的机制、基因的印痕通通启动了。女人变得更美丽，双眸变得更闪闪动人、更温柔。她变得更温婉、更有耐心、更爱微笑了。男人变得勇气十足，而且毫无倦意。在托尔纳托雷（Giuseppe Tornatore）的电影《新天堂乐园》（*Nuovo cinema Paradiso*）中，男主角十四岁时爱上了一个女孩，长达数月的时间里，他每一夜都守在她家窗前。

然而，恋爱也会让人变得害羞，让人生出敬畏之心。我们深深爱着所爱之人，连轻拂一下他的手都不敢。如果对方对我们说"不"，我们便当场僵在原地，无法越过这份拒绝，无法把这声"不"变成"好"。年少的男孩往往不知该怎么应对，这就是为什么当他们对某位女同学倾心时表现得如此笨拙，以致把她吓跑了，导致她投向其他比较优秀、比较能言善道的男孩怀中。到了一定的时候，就连最不擅长谈恋爱的男孩也会发现，倘若他想获得心上人的芳心，他势必要鼓起勇气，找到适当的言辞，邀请她一起出去玩、送花给她或带她到餐厅吃饭。如果可以骑机车或开汽车来接她，以免让她不得不冒雨乘公交车或走路，那一定能替他加分。换句话说，单纯、无私、诚恳、天真的爱情，并不足以引起心上人的兴趣，还必须花心思诱引他。

恋爱与诱引的关系是互相矛盾的。一方面他希望心上人接纳自己现在这个模样，不需要他做任何改变；另一方面，他又随时准备用各种办法获得心上人的青睐，他不惜使用爱情灵药、催眠、欺瞒甚至威胁。但同时，他又不希望对方之所以回答他"我爱你"只因为被催眠了或惧怕了，而是希望对方是真的爱他。真正的爱情是追求自由的。

所以所有恋爱中的人，为了让自己在心上人眼中更有魅力，随时准备虚张声势、夸大自己的能力。这种心计却又违背了那份诚恳、想要袒露自己的心和全盘托出自己弱点与缺点的心意。这种双重意图竟产生了绝佳的效果。每一个恋爱中的人都试图将自己最好的一面展现出来，而且会尽全力调整自己，让自己符合这个完美的形象。简而言之，他努力做自己想做的那个人，结果产生了一股非凡的冲劲，想让自己变得更好。

但这还不够。恋爱中的人知道心上人有梦想、有渴望、有企图和理想，但自己和它们不尽符合。他细心聆听她对他说的话，仔细记下她所喜欢的或不喜欢的。通过种种因素，他试图了解她心目中的理想形象为何，并设法让自己与那个理想形象吻合。一方面，他要实现自己的理想；另一方面，他又想成为心上人所梦想的、渴望的那个人，想符合她的理想形象。这促使他不断思考他的理想、形象、真正的本性。由于两人都在进行这种过程，双方都通过不断的尝试和错误，寻找自己与对方之深层需求的奇迹般的交会点，寻找自己和对方之梦想的平衡点，直到拥有共同的渴望和梦想。

对于女人，自主与诱引之间的冲突（conflitto fra spontaneità e seduzione）更鲜明了。她们很早就了解了诱引的重要性，从孩提的时候就了解了。她们发现只要一个眼神、一个微笑、一个小动作就可以达到比耍赖哭闹好上一千倍的效果。而且她们发现最聪明、最雄壮的男人最禁不起庸俗轻佻女人的甜言蜜语、挑逗和撒娇耍赖。她们知道男人很容易被纯粹的情欲诱惑，他们一看到女性的乳房就会目不转睛。

总之，她们发现，如果想征服男人的心，那么美貌、魅力、吸引目光的能力都是缺一不可的。但当她们恋爱时，她们希望做自己，希望自己能诚恳、单纯。就连真正恋爱的女孩也会笨拙地使用诱引的技巧，她有办法把自己弄得漂亮、端庄、温柔。但她的心还是忍不住怦怦跳个不停，她简直想哭、想逃跑。一位女性朋友挑逗地展现美腿，而心上人竟然像中了邪似地盯着看时，又或者是他竟然转过头去，猛瞧穿着暴露的妓女，她便错愕不已。于是她意会过来，用尽一切办法让自己变成辣妹。她简直像开始打仗一样，但同时她希望可以不这么做。因为，如果是依循她的意思的话，她其实希望耐心地等待他睁开双眼发现自己的美，并且好好爱她、只爱她一人。

在女性的心灵深处，有一种挥之不去的恐惧，生怕自己诚恳、单纯的真心无法换来真情，因为男人只对人为设计过的、女人精心安排的东西有反应。女性的这种两难，在文学和神话中，有两个经典的角色作代表，即"睡美人"和"女巫"。前者美丽又纯洁，等待梦中情人的到来；后者则老练、大胆，用魔法征服男人的心。恋爱中的女人常常把自己当成"睡美人"。她希望可以闭着眼睛，静静等待白马王子到来，在她唇上一吻，然后与他远走高飞。她希望可以不须使用任何心计，却往往惊恐地面临危险的情敌的威胁，她什么也不能做，甚至连警告心上人都没办法。她知道即使跟他说："你得对这个女人当心一点儿，她不怀好意。"这样也是没有用的，男人不会相信她，她只能扮演醋坛子的角色，更糟的是，只能做一个嫉妒他人美貌的女人。女人终其一生都要苦恼于这个难题：该选哪一条路？要天真无邪、诚恳、真挚，还是耍心机？

言情小说有大半的篇幅都在探讨这个问题。女主角真心实意地想付出自己的爱，却遇到一个不见得是真情真意，但不择手段诱引男主角的大胆情敌。可想而知，男主角落入她的圈套，被她玩弄于股掌。故事就这样在一连串的尔虞我诈和误会中展开，女主角不止一次想放弃，因为男主角被耍得团团转，无法理解她的苦心。但她还是坚持下来，直到最后，真正的爱情、诚挚宽厚的情感终于胜利了。[①]

如果配合自己的理智并控制自己的情感，那么诱引的效果就更好了。因为这么一来，我们就懂得怎样不把对方的拒绝放在心上，懂得选择适当的时机，使用大方得宜的举动和言词。有一个古老传说，后来被拍成由詹姆斯·史都华（James Stewart）和金·诺瓦克（Kim Novak）主演的电影《夺情记》（*Bell Book and Candle*），讲到女巫不能谈恋爱，不然她会失去一切法力。

这是真的，大情圣总是隐藏自己的感情。关于诱引过程中隐藏自己情感的重要性，最耐人寻味的一部著作当属《危险关系》（*Les Liaisons dangereuses*）了[②]。主角是两个"游戏人间"的人，即梅尔特伊（Merteuil）侯爵夫人和瓦尔蒙（Valmont）子爵。他们终日玩弄他人的感情、让别人爱上自己以对别人予取予求或害别人身败名裂。他们深谙勾引的心理战术，阿谀奉承啦、甜言蜜语啦，样样都来，还摆出楚楚可怜的模样，用柔情展开攻势，宣称自己的爱天地可鉴、日月为证，还会故意不告而别，假装远走，或假装自杀，而且自杀时摆出一副崇高神圣的姿态。一旦目的达成了，他们就利用自己的权力为非作歹，例如，报复某人，或者只是为了赢得一场赌约，和别人一起嘲笑那个栽了跟头的笨蛋。

---

①　Francesco Alberoni, *L'erotismo*, Garzanti, Milano, 1986, pp. 212-213.

②　Pierre-A. F. Choderlos de Laclos, *Le relazioni pericolose*, Garzanti, Milano, 1979.

为了成功，诱引者不能动真情，必须时时伪装自己。在一封给瓦尔蒙子爵的信中，梅尔特伊侯爵夫人写道："我的首要之务即博得冰山美人之名声。为此，我总是作态接受我所不喜欢之男子的追求。我利用他们让自己显得守身如玉，我也放心与所爱的情人幽会。但我故作矜持，从不允许他进入这个圈子。于是圈内人的目光，永远放在不幸的情人身上。"① 为了防止幸运的情人给她带来伤害，她总有办法抓到他们的把柄，以威胁他们、和他们谈条件。"我只要稍感不悦，便故作平静甚至强颜欢笑。我偏执于此道，乃至在强求喜悦的过程中，不惜自寻痛楚。我同样费心地甚至更费力地，压抑意料之外的喜悦征兆。所以我的容貌才会展现如此力量，偶尔令您惊讶。"②

于是我们不禁纳闷，假如冷酷这么重要，那么为什么诚挚的恋爱又能获得对方的响应呢？我们只要仔细研究诱引者的手段，就能找到答案，诱引者假装恋爱了并假装具备社会当下最为赞赏的所有优点。恋爱的初生状态确实拥有不寻常的感染力。但丁的名言："爱情迫使被爱的人也必须响应这份爱"，说得太对了，恋爱本质上就有一种吸引力，吸引着它的对象。

所以诱引者假装自己恋爱了，但他不透露任何征兆来警告对方、引起对方的戒心。实际上，恋爱是一种危险的付出，每个人都心存抗拒。诱引者巧妙地绕开所有的抗拒，他一再说他什么也不要、什么也不求，随时都可以消失无踪。还记得电影《致命的吸引力》（*Attrazione fatale*）中的女诱惑者在电影的开头是怎么说的吧？

---

① Pierre-A. F. Choderlos de Laclos, *Le relazioni pericolose*, Garzanti, Milano, 1979. p. 171.

② Ibidem, p. 167.

真正恋爱的人，通常感情丰富、有很多要求、有些强势，但又犹豫而害羞。他坚持、恳求，然后又呢喃、畏惧、哭泣。恋爱绝对不是一个玩笑或一场游戏，如果有什么是恋人不懂的，那势必是幽默了。恋爱中的人把一切当真，他赌下自己的性命，也希望恋人把性命赌下。尚未做好这层心理准备的人、没有被完全吸引的人就会退缩和抵抗。有时候他会逃走，以免被迫固守不合理的期望。这种事情不会发生在诱引者身上，因为他懂得及时煞车，他懂得等待、稳住，他从不激起不安和恐惧。正因如此，犹豫或觉得自己需要抗拒的人，反而不会轻易爱上自己真正喜欢的人，而容易爱上诱引者。

当我们遇到爱我们的人，但我们不想和他分享自己的感情时，反而比较希望和一个对我们无所要求的人在一起。这个人能逗我们开心，变成我们的好朋友甚至成为我们的性伴侣。我们心想，如果对方真的爱我们，他就会等我们，就会通过考验。没错，真正的爱情是执着的，它不轻言放弃。但在初始时，还停留在探索阶段的时候，爱情也是很脆弱的，尤其是因为一些人缺乏自信或容易吃醋。

真正的爱情必须永远对抗虚情假意的诱引。在被不断提出的"你爱我吗"问题里，也隐藏着"你是认真的，还是开玩笑? 你是诚恳的，还是耍我而已"的问题。要找到答案并不容易，因此，在爱情中，我们心生抗拒、提出考验、耐心等待、试着解读对方的一举一动[1]。爱情不只是付出，它也是机制、行动; 它试图征服心仪的对象，试图克服困难，对他人的攻击予

---

[1] Vedi Roland Barthes, *Frammenti di un discorso amoroso*, Einaudi, Torino, 1978.

以反击，对抗竞争的情敌；它更是找出对方真正的意图，是解读、挖掘可能的谎言；最后，它是作用在我们身上的蜕变、促使我们上进、向善，以及通过考验。所有的爱情小说、爱情电影都在描述这场内在与外在的冒险、这场探索、这场与自己和与世界的对抗。

渐进的恋爱

有一种恋爱，双方要经过长期交往、深入了解、分享了一段共同的人生后才会成形。最常见的情形是，其中一人已萌生爱意，另一人则仍犹豫不决，很少看到长期相处之后同时爱上彼此的例子。

在这种恋情里，一方试图唤起另一方的爱意，尽管对方心存抗拒、不做响应。到后来，终于成功了。比较单纯的情形是，对方其实也有好感，只不过仍对爱情有所抗拒而已。就像"谨慎男人"一样，他凡事都想百分之百确定，他很怕敞开自己的心胸，因为他逐渐爱上的女子是人人都想追求的大美人。然而她也深深爱上了他，她明白他的问题所在，所以知道要微笑而放心地等待他的恐惧慢慢退去。

比较复杂的情况是，追求者想追求一个还没做好心理准备、还没打算谈恋爱的人，"寻找夫婿的女孩"就是个好例子。经历了对男歌手艾尔·巴诺的迷恋后，她转而喜欢上当地一个对她不理不睬的俊美小明星。于是，她打探他的行程，拉拢他的朋友，想办法每个晚上都见到他，不论是在街上、在商店里或在舞厅里。她每次都精心打扮，去做头发、仔细化妆、穿戴最优雅迷人的服饰。和他跳舞的时候，她把自己所会的奉承讨好的话通通搬出来，而且不断极具诱惑力地挑逗他。到了他家，在他床上，她甘愿当他的奴隶、他的艺妓，满足他所有的渴望、所有的怪癖。她经常送他礼物。她帮他打扫房子、整理衣服、帮他跑腿办事，还帮他煮饭，她每天都不忘送花给他。他刁蛮难搞，她微笑以对。她的心中从此只有他一人，她告诉他，从前她爱慕的人不计其数，但她不曾对任何人动心。

　　渐渐的，她融入他的生活。不过她总是告诉他，她不想带给他任何困扰，她对他无所企求，只要他一声令下，她随时都可以走人。她是他的情人、女佣兼秘书。她甚至为他记下他和别的女人的约会时间，而且从不吃醋。

　　关于唤醒爱意，我们不能只看现在，还要看当事人的过去和未来。本例的这个年轻人来自一个保守、传统的乡下家庭，而且他非常在意这个家。在他家乡的观念里，好妻子就该一手包办所有家务，以丈夫为尊、以丈夫为天。"寻找夫婿的女孩"的逆来顺受、唯命是从的态度完全符合了贤妻良母的形象。她也去了解他的家庭，尤其是他的母亲。他给她看了一些母亲的照片，她马上就陶醉了。她说她相信他的母亲一定是一位了不起的女人，希望有机会认识他的母亲，但不敢提出这样的请求。就这样到最后，他真的带她回去见家人，她则使出浑身解数，说尽好话，而且充分展现自己乖巧听话又贤惠能干的好媳妇特质。被征服的母亲，开始向儿子说她的好话。而他则首次以全新的眼光看待她，认真考虑娶她的可能性。他之前从来没想过这档事，对他来说，她只是个呼之即来挥之即去的情人罢了。如今他忽然"看到"这个女孩过人的兰心蕙质，既然连他母亲都这么说了，哪还错得了呢？就这样，他恋爱了。

　　渐进恋爱的另一个例子是法律系毕业生的丈夫的例子。他是意大利北部的一位大律师，是个冷血、精打细算的律师。而她则是来自南部的年轻女子，她才拿到毕业证书，来到米兰，就认识了这位大律师，并深深被他吸引。他就是她的理想、她的大师、她的偶像，要是他也接受的话，这份崇拜的恋爱大可发展成真正的恋爱。可是他生性拘谨保守，而且刚刚失恋，他正在寻找伴侣、寻找安慰。于是女孩展开了一连串有计划、锲而不舍、义无反顾的诱引行动。他凄苦地向她倾诉关于另一女人的往事，她则耐心聆听。他心情好转了，她也不动声色。他冷落她，不带她出席公开场合，不把她介绍给朋友，而就算带她出来，也不跟她交谈。他做爱匆匆了事，然后好几个星期都没有消息。她总是冷静以对。她总是把自己打扮得漂漂亮亮的，总是那么美丽动人，随时都准备满足他的任何要求、任何渴望。他告诉她他一辈子都不打算结婚，她则笑着说现在和他这样的生活也很好。她在工作上助他一臂之力，帮他解决棘手的难题。渐渐的，她赢得了这个难相处、封闭、固守自己习性的男人的信任。

　　就这样过了两年。现在他们过着夫妻般的生活，但他依然避谈婚事。直到有一天，她忽然发现自己怀孕了。于是他起了变化，开始以全新的眼光看她。他不仅向她求婚，还希望越快结婚越好。因为他很在意肚子里的孩子，付出的情人、忠实的伴侣尚不足以满足他的计划，还需要母性光辉的照耀。她又为他生了两个孩子，于是他恋爱了。他的恋爱计划、他理想的爱情共同体不是女人，而是家庭，因此一直到他的女人成为一群孩子的母亲、成为他的家庭的核心后，他才爱上她。现在他既幸福又安心。他全心在事业上冲刺，从不放假。他赚很多钱，而且全数交给老婆，好让她"好好照顾这个家"。他很快乐。

再征服

初生状态奇特的特质让我们得以解释一个显然很矛盾的现象，即再次征服一个正在爱上第三人的人是有可能的。当两人都还处在探索的阶段时，一切都很简单，理由在于这个历程仍是可逆转的。如果有人说他不断爱上别人或他同时爱上两三个人，那是因为他还在探索。如果其中一段探索不顺遂，遇到了障碍或挫折，当事人便展开另一段探索，他也可能同时展开好几段探索。

不胜枚举的戏剧、小说和电影都在描述这些追求，所讲述的感情关系都是不稳定而可逆转的。男男女女彼此中意、抛弃、换人试试看，又回头找旧爱。即使当事人已婚，同样的故事还是会上演。只要配偶和第三者发生一次误会或背叛，被背叛的丈夫或妻子就有望恢复他们在配偶心中的地位，但这一切都还称不上恋爱。越过了不可逆转点之后才是真正的恋爱，木已成舟，不能再改变心意了。

在一本很有意思的书里，玛丽亚·文图里教导一个妻子应该运用什么样的策略才能让快要爱上第三者的丈夫回心转意。她的建议和《危险关系》里梅尔特伊侯爵夫人的建议很相似，即控制自己的情绪，懂得掩饰自己，懂得依情境需求随时摆出冷漠或热情的态度。第一条策略就是断然不理会丈夫的新感情，并改变自己的行为举止。一方面要像一个热恋中的年轻、稚嫩、天真的女孩；另一方面要给人以新鲜感，要难以捉摸、不可预料。第二条策略在于令男人经常感到天人交战的罪恶感和道德两难。玛丽亚·文图里说："妻子应该让丈夫觉得她很高贵、自主、顺服、和善，而且慷慨。如果老婆很糟糕、强悍、爱抱怨，而且不友善的话，丈夫会觉得背叛她在道德上几乎是说得过去的一种自我保护。但如果他伤害的是一个自尊、自信、善解人意而且拥有丰富资源的伴侣，那么他会产生深深的罪恶感。"[1] 这时候，他的情妇开始怂恿他下定决心离开他的妻子。这样的做法渐渐导致反效果，情妇变得强悍、总是重复一样的事情，她不再是那个新的、不同的、自由的一方。如今反而是他的太太让他感到轻松，让他觉得未来的人生可以更简单。如果初生状态正要开始，如果整个过程还停留在探索的阶段，这种策略一般来说都会成功。

但玛丽亚·文图里没有提及，而且很多作者也没有提及的是接下来发生的事情。妻子终于挽回了丈夫的心，她赢了。但现在的她，就像一个苦练了太久的运动员，为了得到奖杯而不曾懈怠。如今她想放松，好好休息一下。她完成了一大创举，现在要求回报。她认为自己因为外遇受了委屈和伤痛，有权要求丈夫向她道歉。她为了塑造一个新的形象，不得不费了很多心力演戏，但现在她累了。她想变回原来的自己，不想再欺骗了。

但她不能这么做，因为丈夫期待看到的是后来的那个她。他期待得到更多喜悦、更多自由、更多新鲜感，而且他不想承受任何批判和非难。他只想要那个后来呈现在他眼前的女人，他以为自己所发现的妻子的那个新形象和新优点是真实的，他甚至自责自己有眼无珠，以前竟然迟钝到没能察觉。

妻子赢了，但如果她想保住丈夫的爱，就必须维系这个之前为了挽回丈夫所建立的新形象。她不能像演员一样，戏码结束

---

[1]　Maria Venturi, *L'amore si impara*, Rizzoli, Milano, 1988, p. 323.

了，就回到现实生活中原来的自己。她必须随时随地继续扮演自己的角色，把这个角色变成自己的第二本性甚至变成自己的真正本性，先前的性格必须退位。她是否有办法保存一个为了特定目标而建立的形象呢？奖杯已经到手了，她这样的努力还能持续多久呢？为了觉得这样的付出是值得的，她所爱的男人必须真的杰出超群，像一个神，让她甘愿以自己过去的形象作为祭品。

然而，一般来说，女人不愿这么牺牲。她停止伪装，严厉指责丈夫，要求他道歉，而且要他设法弥补她。于是他们之间的关系再度恶化。

要是丈夫真的爱上别的女人呢？万一他越过了不可逆转点呢？若想让他回头，她就必须利用他的罪恶感，让他陷入两难的境地，直到他放弃他的爱情。这种情况下，他虽然回家了，却已心死，被掏空了，如同行尸走肉。妻子为了挽回他而费尽九牛二虎之力后，身边却是一个无神、失去光芒、毫无活力的男人。她若想伤害这个男人，为自己从前所受的屈辱而报复他，其实是轻而易举的。由于他无动于衷，她很容易做回原来的自己。起先，她感到松了一口气，但她渐渐发现他如槁木死灰，完全无法重新培养爱情。而且她的脑海中马上就有了另一个挥之不去的想法：一旦他从伤痛中走出来，一旦他恢复了精神，他又会往外跑，有可能再一次背叛她或又爱上别人。

我们方才都是从女性的角度来描述这段历程的。如果换作是妻子恋爱了，丈夫试图换回她的心，情形也是一样的。唯一的差别在于罪恶感的本质。通常，当女人离开一个自己不再爱的男人时，她不会产生罪恶感。假如她进退两难，多半只是因为对孩子割舍不下。

第十二章
情侣的形成

融合与个体化

恋人因一股力量互相吸引，这股力量促使他们融合在一起，创造了一个新的实体，即情侣。然而，彼此仍是独立的个体，有自己的父母、自己的兄弟姐妹、自己爱慕的对象、自己的信仰、自己的梦想和抱负。就算是最伟大的爱情，趋向融合与趋向个体的两股力量之间也总是存在挣扎与冲突。前者想形成团体，后者想成全个体。就是因为如此，恋爱中的人才会显得极端利他又极端自私。每个人都想追求自己的幸福，也想剥夺对方的幸福。可是为了实现自我，他必须渴望对方，必须接受对方、爱对方，借由对方来塑造自己。

恋人所感受到的非凡喜悦，能够让双方都被施加很大的推力。在拉与推、进与退的游戏中，通过对自身的不断探索，他们也筑起对世界共同的观点，形成对共同生活的计划。约20世纪60年代中期博格（Berger）和凯纳（Kellner）① 已经

---

① Peter Berger, M. Kellner, "Marriage and the Construction of Reality," in *Diogenes*, 46, 1964.

提出主张，当恋人结婚，他们就开始重新架构自己的人际关系。这两位作者没有弄懂的是——因为他们没有初生状态和过程的概念——推动这个历程的不是婚姻或体制，而是恋爱的创造性。对于逐渐成形的情侣，两位作者所套用的是社会（società）的基模，社会的目的在于达成某个目标。就连两个生意伙伴如果决定合作，也必须重新架构彼此的社交关系。如果有两个人决定住在同一个屋檐下，也是同样的道理。

恋爱的独特之处，在于恋爱不只是重新架构，也不只是调整彼此的人际关系。被爱的人既不是生意伙伴，也不是同学，而是一个独特的对象、一个无可比拟的绝对中心，也是一扇门，带领我们进入一个新的国度，一个唯一值得我们生活在其中的国度。他既是魅力领袖也是信徒，既是先知也是前往圣土的旅伴。恋爱就是从零开始出发，而且所有的一切，包括人生、家庭、信仰，通通重新来过，赋予生命全新的意义。情侣的形成是一种再融合、一种再生，一个新的个体和一个新的群体一起诞生了。新的"我们"和新的"我自己"与"你自己"并非经由理性协调形成，而是经由直觉和体悟发展而成的。

逐渐形成的情侣是一团蠢蠢欲动的能量、情感、希望、疑虑、梦想、热情和恐惧。在这个炽热的大熔炉中，趋向融合和趋向个体化的两股力量互相冲击，从中浮现一个架构越来越完善、越来越稳定的新群体，但情侣之间稳定的关系是如何形成的？如何从流动不定、兴奋、充满变数的状态发展为互信、可靠的爱情关系？如何从恋爱发展为爱情？

考　验

从恋爱发展到爱情会经历一连串的考验，我们向自己提出的考验，我们向对方提出的考验，还有外在系统向我们提出的考验。这其中的某些考验很关键，倘若成功通过了，那么恋爱就进入了安全的习惯性的生活范畴，也就是我们所说的爱情。如若不然，取而代之的是另一种东西，即放弃、心死或失恋。

如果恋爱成为爱情，那么考验就显得轻松简单，简直像游戏一样。如果我们通过考验，就会把正经历的甜蜜爱情投射到过去；如果没有通过的话，我们对过去所投射的就是失恋的痛苦。

真实性的考验（Prove di veridà） 所有考验中，最重要的就是我们向自己提出的考验，即真实性的考验。我们恋爱的时候，起初总是想抗拒爱情，我们不想就这么乖乖地把自己交到对方手上，我们害怕得不到相应的回报。由于在我们眼中，对方的爱犹如我们不应得的"恩赐"，所以很怕万一自己极度渴望它、不能没有它时，却不能得到它。我们也可能因为对父母或对丈夫、妻子与子女心存内疚而天人交战，也可能害怕心仪的对象表里不一。

恋爱在一开始并非恒定的状态，而是一波波的炫目光芒和展望。所爱的对象出现在我们眼前、吸引着我们，然后又似乎消失无踪。有时候我们自忖："也许这不过是一时的迷恋罢了。"在爱情的初生阶段，我们的心思不定，我们既追寻所爱的人，又希望自己可以不需要他。当我们身在福中时，心中不由得恐惧起来。我们心想："我所能得到的最多也就是这样了，现在我想回到从前，只留下回忆就好。我已得到自己所渴望的一切，这样就足够了。"要不就是我们某天早上醒来，忽然觉得没有恋爱的感觉了。"一切都结束了，"我们心里想，"这一切只是一场梦。"然后，爱人的身影忽然浮现在我们的脑海中，我们发现自己难以自拔地爱着他，唯恐他再也不理我们，我们胆战心惊地冲去打电话给他。

若想知道自己到底是不是恋爱了，只有一个办法，即远离，试着将所爱之人从我们生活中剔除，然后看看会怎样。如果我们生活中不能没有他，如果我们感到真正的绝望，那就表示我们真的恋爱了，我们成功通过了真实性的考验。若想弄清真相，远离必须是确确实实的，而且内心驱使我们回去的力量也必须是确确实实的。但所爱之人可能会认为我们的远离是因为感情变淡了，他有可能寻求他人的安慰，或心生怨恨和报复之意。

很多人可能以为恋爱是以凯旋、胜利的姿态显现的，但其实不然，它借由跨越障碍、克服艰辛、解决困难的道路来展现自己。在恋爱的初始阶段，恋人在决定投入这段感情之前也可能选择退缩。例如，回头找从前的情人，或尝试另一段恋情。如果考验的时间很短暂，如果对方有心等待，那么这个历程就会继续下去。真正的爱情会从未知数、嫉妒和三角习题中逐渐开辟出自己的道路。

当爱情遇到难题、坎坷时，当事人会为了所爱之人而奋斗，所有的肤浅迷恋、所有不真实的感情便被扫到一旁。障碍能去芜存菁，筛选出最强烈的感情。一段困难重重的爱情就是一段成功冲破考验的爱情，而我们主动对自己的爱情提出的考验就是能够协助判别真伪的考验。

真实性的考验总是危险的。如果我们接受考验而远离恋人，而且对方也一样的话，两人之间可能产生严重的误解。为了避免冒此风险，至少有一方的爱必须是坚定的，而且他知道该怎么做和怎么说才能让对方了解其感情是否真实。"谨慎男人"刚从一段失败的婚姻中走出，他很怕重蹈覆辙。所以，投入新感情之前，他让爱他的这个年轻女子经历严酷的考验。很长一段时间，他消失无踪、音讯全无。女子真挚地爱着他，便按兵不动，耐心等候。他每一次回来，她都依然美丽、面带笑容地迎接他，仿佛他昨晚才离开一般。她知道他心中有疑虑，所以总是设法让他安心，协助他解决工作和家庭方面的问题，并关心他的健康。渐渐的，她的家成了可以为他分愁解忧的避风港。有一天，"谨慎男人"生了重病，生命垂危。于是她请他别再离开了，他同意了，从此不再逃离。

相互性的考验（Prove di reciprocità）　现在我们来到第二层的考验，即相互性的考验。我们爱某人时，自然也希望对方能爱我们。所以我们不断剥数着一片片的小菊花花瓣问自己："他爱我，他不爱我。"对方的所作所为、一举一动、一颦一笑，都令我们回味再三。恋爱中的人总是在研究、分析、诠释。"他这样的反应，就表示……他没有这么做，就意味着……"最细微的小事都可拿来分析，譬如早到或迟到、他看或不看别人，真相永远不明朗。也许他迟到了，上气不接下气地赶来，但这又如何？表示他忘了我吗，或像疯子一样狂奔，那么迟到能作为他爱我的佐证吗？恋爱中的人被恐惧所萦绕，成了私家侦探。即使当考验变得负面时，只要对方的一段解释、一个眼神或一个抚摸，就能让他忘掉心中的忧虑、让他安心。

有一些相互性的考验是很难通过的。"谨慎男人"不断逃避，心中充满疑虑和内疚。他让自己的感情接受考验，但最主要的是他让所爱的女人承受严苛的考验。这名年轻女子所经历的相互性考验是很艰难的。为了熬过来，她需要平心静气、耐心、勇气和忠诚。由于她成功撑过来了，两人终于有情人成眷属。但换作别的女人，光是他回来时她不在，或她和别的男人单独约会，就可能让这段感情荡然无存。

万一她也需要安全感怎么办？万一当他提出真实性的考验时，她也希望提出相互性的考验呢？亦即假如她对他说："如果你真的爱我，就不该离开。如果你离开，就永远别想再看到我！"这样会如何？他大概不会离开，但他会觉得自己被威胁了或被勒索了。他会留下来，但心中也留下一分疑虑、一分怨恨，且随着时间流逝不断滋生。

有一些相互性考验是特别危险的，就是借由嫉妒来考验对方的考验。在"巴里男人"的例子里，当女人告诉他还有别人在追求她，而且她拒绝和他交欢后，这段恋情便宣告结束了。她向他撒了个谎，想逼他做出决定，但他没有明白她背后的意图。他以为她真的移情别恋了，于是他决定放弃她，独自离去，其实他心如刀割。不过，有些时候嫉妒能产生作用，但总是存在一定程度的危险，因为不安、创痛、伤疤的回忆在未来可能对这段感情造成负面影响。

对计划的考验　恋人都希望尽可能实现自己所希冀的未来，所以会做一份计划（progetto），但有可能两人的计划并无交集。恋人都希望自己的计划能获得认同。"你爱我吗"的问题也代表着："你愿意加入我的计划吗？"而当对方问出"你爱我吗"的时候，也等于在问："你愿意加入我的计划吗？"每当有一方回答"爱呀，我爱你"时，意思其实是："我改变我的计划，只为与你相会，我接受你的要求，我放弃自己原本所追求的，我愿和你一起做你想做的事。"同时，对方会问："你打算怎么改变，你如何与我相会？"

"你爱我吗"的言外之意是："你是否愿意接纳我的全部和一切的梦想，并一起携手实现它们？"彼此的计划也包含对方在内：这也是对方的人生计划，这是双方共同希望的生活的一份提案。

天人交战

恋爱让两个不同的个体趋于融合，但他们还是会保留各自的自由和自己不可混淆的独特性。我们希望自己在被爱的同时，依然是独特的、不凡的，而且是无可取代的。在爱情中，我们不应画地自限，而是要拓展自己；我们不应放弃自己的本质，而是要实践它；我们不应压抑自己的潜力，而是要为它们提供挥洒的空间。我们所爱的对象之所以吸引我们，是因为他是绝对特别而无可比拟的。他应该如此保持下去，那样的自由自在、无拘无束。我们被他既有的模样所吸引，被他自发展现的一切所吸引。所以我们已经准备好接受他的观点和改变自己。

为了让恋爱成立，这种差异是必要的。不过，在这同时恋爱也在于跨越差异，在于融合恋人，把他们变成一个独一无二的联合单位而拥有共同的志向。两人都发展出一个概念，关于自己、关于对方、关于双方的共同命运。而且各自向对方施加一份压力，让他的行为举止能如自己所期望的那样，让他符合自己心目中的理想。我们确实从所爱的人身上看到过去所有我们曾经喜欢和欣赏的人的身影，看到过去的回忆、情色幻想，哪怕只是一瞬的念头。我们所爱的人是所有理想形象、所有电影主角、文学主角、所有女人和所有男人、所有明星的大集合。犹如间歇的闪光似的，我们仿佛从他身上都看到他们的影子。

在恋爱中，我们发现一种矛盾，亦即尽管彼此都认为自己所爱的人是完美无缺的，却也深信通过自己的帮助，他将变得更加完美，他将迈向更高峰。这就是为什么我们向他施加压力，驱策他改变。但他有可能朝不同的方向发展、抗拒我们，并提出其他可取的路径。所以爱情也是一种角力，但角力归角力，还是在爱情的大伞下。这就是天人交战（La lotta con l'angelo）。①

此处有一个天人交战的好例子，我们把她称作"想要孩子的女人"（La donna che voleva un figlio）。这名女子很年轻，外向、反动、好奇，而且个性叛逆。她很有胆量，为了得到自己所要的，为了自己所支持的人，与人拼命也在所不惜。到目前为止，她只和同龄男生有过几段短暂的性关系，但未谈过深刻的恋爱。她还没有找到她所寻找的人——一个成熟、聪明、可以携手共闯世界、实现她的梦想的男人，一个可以一起去探险的真命天子、白马王子。有一天，她认识了一个大人物，年纪比她大，在她的圈子里大有名气。直至当时，这个男人的人生中都只有工作，他不曾享受青春年少。他没有谈恋爱就结婚了，一肩扛下自己南方大家族的重担。当他遇到这名年轻女子时，他变得再也无法忍受这样沉重的生活，两人都想有所改变。初次共进晚餐后，他们坠入了爱情，立刻投入了对方

① 请参考 Francesco Alberoni, *Innamoramento e amore*, Garzanti, Milano, 1979。

怀中。

她告诉他她什么都不怕，她愿意跟随他到天涯海角。她对他什么都不求，对未来也没有计划。他们的感情可短如一星期，也可长如一辈子。男人被她的活力和决心所折服，她拿自己一生做赌注的态度令他深受震撼。长久以来他都梦想着摆脱压迫自己的职责义务，把别人对他数不尽的各种要求全部抛诸脑后。他不曾放手一搏，而女子所言吸引了他、打动了他。他没有意识到她这种豪放的个性是因为她还年轻，因为她没有职责义务和承诺。在他眼中，她成了自由、幸福的人生的象征。

不过，尽管沉浸在热恋的幸福之中，女人随即萌生另一个渴望：孩子。"你甚至可以离去，"她说，"重要的是你留下一个孩子给我。我可以独自抚养他长大，他会跟着我，不会给你惹任何麻烦。"男人已经有了孩子，早已被家庭的义务压得喘不过气来，因此感到很苦恼。他想要的是热情如火的情人，而非再组建一个家庭。他想找一个年轻女人，可以来去自如，摆脱一直以来碍手碍脚的生活，他并不需要一个守在摇篮旁的母亲。他知道一旦有了孩子，自己是不可能置之于不顾的。他很清楚拥有一个家庭是什么意思，他深知这种责任为何。他爱这个女人，但他的人生计划和她所提出的计划颇有差距，男人乞求女人不要再提这件事了。这就是天人交战：恋人的两份计划的冲突。

接下来的日子里，男人既要照顾新恋情，又要尽自己的家庭职责。他把这件事告诉妻子，一起努力挽回他们的婚姻，他们一起接受家庭心理治疗。他与年轻女子分手了，再不联络。他很痛苦，但下定决心斩断情丝。可是年轻女子也很坚持。她紧追在后，搬到离他家不远的地方，在那里找了一份工作。她再度向他担保：她对他什么也不求，她对未来没有计划，于是他们旧情复燃。但她不做避孕措施，不久就怀孕了。她终究还是渴望有个孩子，这又是天人交战。

在他的强烈要求下，年轻女子再次让步，她去堕胎，并保证不再犯，说这次只是意外。同时，她用尽各种诱引手段和说词，说服他离开妻子和孩子，和她一起生活。男人挣扎了许久，也进行了另一次的心理治疗。又是一次天人交战，这回她赢了。他离开妻子，妻子也答应离婚。他们一起生活，她成为一个极佳的伴侣，体贴入微且深情款款。她终于幸福了。

不归点

有一些事情是鱼与熊掌不可兼得的。某些事情要是被推翻了，就等于推翻了恋爱一开始赖以为基础的一些价值观，这些就是不归点（I punti di non ritorno）。假如所爱的人强迫我们越过这些不归点，而我们也接受了，就等于我们放弃了自己的本质。我们已经谈过一些例子，都是和不归点有关的，譬如交响乐大作曲家马勒的爱情。当时大众和乐评都不了解他的音乐，但他依然不懈地奋斗，他坚信自己的作品在未来将得到世人的肯定。有一天他发现连他所爱的女人埃玛都和别人持一样的观点。于是他写了一封文情并茂而且非常悲伤的信给她，请求她不要再那样评论他，她那么做会令他顿失一切奋斗的力量。对他而言，这就是一个不归点。

让我们再来看看"想要孩子的女人"的例子。刚才讲到她很幸福，终于能和自己所爱的男人相守。可是过了几年，她又想要孩子了，因为这一直都是她人生计划的一部分，她从一开始就是抱着这个念头投入爱情的，她极度渴望成为一个母亲。万一她年纪太大了，万一她无法再生育怎么办？她试着压抑这个念头，因为她知道丈夫不想要小孩。既然不能有小孩，她转而饲养狗和猫，不断调整家里的家具摆设。宠物的"窝"，她是打理又打理。这又是一次冲突，既沉默又沉痛，天人交战继续着。

对她来说，孩子就是一个"不归点"。但对于这个坚决不要孩子的丈夫而言，一样也是不归点。直到有一天，她病倒了。于是男人无力再抗拒，心中也充满罪恶感，没有勇气再"非理性地"反对他眼中的女性天职。女人怀孕了，但也忐忑不安，她隐藏自己日益变大的腹部。小女儿诞生后，她也想尽办法不让女儿的存在成为负担。所有的辛苦，她都一肩担下，凡事都表现得能够独当一面。然而，尽管丈夫在道德层面接受了她，不得不深深佩服她，他们之间的感情却起了变化。她不再是那个能和他一起对抗全世界的伙伴、那个能和他一起体验疯狂冒险的女人，她成了一个照顾女儿的母亲。他也深爱着小女儿，但随着他的父爱与日俱增，他的情欲开始越来越淡。一次新的心理治疗向他们解释了这种情形有多么荒谬，分析结果指出，男人把自己和母亲的无性关系投射到妻子身上，但这项结果并不能改变现实。性欲没有复苏的迹象，爱的炬火已经熄灭。他与前妻和子女重修旧好，他希望他们能和这小女儿一起变成一家人。如果他不得不当父亲，那么不如当所有孩子的父亲；如果他必须履行自己的义务，那么不如彻彻底底地履行自己的所有义务。

这个例子让我们看到一段轰轰烈烈的爱情的始末，以及两个当事人由不同的过去、不同的梦想所衍生出来的不同人生计划间的冲突。两份计划是互不相容的，对于各自而言，实现对方的计划都等于自己必须越过某个不归点。尽管他们彼此相爱，两人的关系的模式却早已注定。

相互性的协定和体制

当对方要求我们放弃某些对我们而言至为重要的东西时——某个因这段新情感而变得重要的东西，要是没有它，这段情感也将失去意义——我们就遇到了不归点。《圣经》提供了一个很棒的例子。亚伯拉罕最大的渴望就是和撒拉拥有一个孩子，上帝奇迹般地让他如愿以偿。但有一天上帝给了他一个考验：上帝要求他把这个最心爱的儿子作为祭品献祭。真是左右为难呀，这两种抉择之间，根本没有一项能选。

当摆在眼前的是不归点时，彼此都在要求对方无条件投降，要求对方舍弃人生的、爱情的、一切的意义，面临考验的人绝望地对抗。如果提出考验的人坚持己见的话，他们的感情可能面临重大危机。

在这种情况下，唯有找到别的解决之道，爱情才有可能延续。因为提出考验的人也会承受一样的考验。在《圣经》的描述中，上帝让亚伯拉罕承受考验，但同时亚伯拉罕也让上帝承受考验。就是嘛，万一亚伯拉罕真的杀了自己的儿子，上帝该怎么办？他就不再是一位慈爱的上帝，而是个残酷嗜血的上帝了。就像过去那些要求以活人为祭品，而被他取而代之的神明一般。摩西应上帝的要求穿越红海时，也是在接受他的考验。摩西顺从了他的意思，反过来变成上帝面临考验了，因为他不能叫他们"走进水里"，然后让海水淹死他的子民，这样的上帝就是骗子，就是恶魔。

以下就是解决之道，即可以提出不归点，但不应强求。那是一张签了名但永不兑现的支票。亚伯拉罕已经准备杀害儿子了，但上帝阻止了他。上帝让一个天使和一只小羊出现，阻止了他这个举动。天使向亚伯拉罕提议以小羊代替儿子当祭品。亚伯拉罕已经准备把自己最珍贵的东西奉献给上帝，但对上帝而言，这份心意已足够。上帝和亚伯拉罕都通过了这场考验，双方都展现了爱。双方都做了重大的放弃，他们看到了，也认清了对方不可跨越的极限。相互之爱成立的先决条件是把对方的不归点视如自己真正的极限，并真的把它当成自己真正的极限。

协议（patto）表示我们认清自己的意图之极限，以及对方不可剥夺之权利。它通过郑重的承诺，确认我们的结合，同时通过郑重的承诺，宣示我们尊重彼此间的差异。有了协议，彼此就知道对方不会向他要求他所不能要求的。从绝望中找到的这份信念，便构成了互信互赖的基点，即相互性的体制（L'istituzione di reciprocità）。我们知道自己爱着，而且无法不爱；我们知道自己有个极限，而且无法克服，所以我们接受这一点，但我们是全心全意、心悦诚服、毫无保留地接受这一点的。协定是一种拥抱、一种诺言。

爱情围绕着体制、围绕着协定而诞生。该历程不只出现一次，而是许多次，每一次的冲突都以协议收尾。新产生的信念成为日常生活重新调整的基准。

就是拜恋爱的这些非凡特质所赐，情侣才能够冲破重重考验，一起创造出共同的世界观，发展出一套使感情历久弥新的相处之道。前者顺应的是大潮流的意识形态，后者则取决于他们的宪法、他们的章程 [①]。初生状态奔放的创造力，具体呈现为一组结构，转变成原则、规矩、协定、规范和郑重的承诺。这些协议能够长久持续，因为它们是在深情最浓郁的时候形成的，那也是最有利于结合和发挥创造力的时刻。

婚　姻

　　夫妻间爱情的发展，必须是双方都有充足的意愿。关于这份爱情，我们必须渴望它、迎接它、协助它、积极让它持续、让它稳定，它才会巩固。当我们恋爱时，我们希望时时都能和爱人在一起。但不论是多么深刻的恋爱，我们内心总会有一股力量偏偏在唱反调。即使真实性的考验和相互性的考验的结果已经让我们深信自己爱对方，而且对方也爱我们，但到了这个时候，我们依然有可能抗拒着自己的爱情。

　　理应有个抉择的时刻，从这一刻起，我们排除其他任何选择。只是我们做出抉择还不够，对方也必须下定决心。关于爱情的长短、关于人生，恋人可能各有不同的计划。其中一人想象着天长地久的感情，想着结婚。另一人或许还不想就这么彻底地定下来，他也深深爱着对方，但他希望随着一天天过去，自己能选择该做的事。他开始天人交战，如果情况乐观的话，结局就是达成共同的决议，即继续的协议（Il patto di continuità）。达成继续的协议是恋爱中很关键的一刻。此刻起，恋人建构出共同的计划，决定继续相爱，抛开所有的疑虑和

---

①　恋爱中的协议相当于群体运动中的制宪章程。制宪的规范，即使是群体的高位者也不可侵犯，即使他再有权有势也不行，即使是高位者也必须遵从。

犹豫。

但我们不免要问，仅仅由两个人在他们安静的家里所达成的协议又代表了什么呢？情人们互相立誓："我爱你，我永远爱你，我永远不会离开你。"然而，人的心是会转变的，有时候只要一次争执就足以由爱转恨，而且没有任何证人、任何法律、任何法庭能够强制其遵守当初的承诺。有没有可能存在这种纯粹主观的协议，我们不需要向任何人报备，却又能让我们感到同等的约束呢？

是有的，就道德的层面而言是有的。关于该道德规范，康德是这么说的："你若希望让某准则普遍化，就要先以身作则。"道德的法官就是当事人本身，法庭不是外在，而是内在，在个体的精神中和心中。所以恋人间的协议是一种道德行为（Atto morale）。情侣关系的基础即使是爱情、深情，倘若没有化为道德感（Moralita），也是无法持久的。然而，道德感不只是主观的行动而已。"你若希望让某准则普遍化，就要先以身作则"，这条准则意味着我们心中念着其他所有人，而且当着他们的面展现自己的承诺。恋人总是很骄傲地在大庭广众前出双入对，他们认为自己的爱情堪称典范。他们随时可以在众人面前许下承诺，最后就是在国家或在神明面前的承诺，即婚姻（Il matrimono）。

有些情侣即使没有成婚也仍然稳定，他们也不需要法律的约束甚至对法律不以为然。在歌德的《选择性亲近》（Le affinità elettive）中，伯爵和男爵夫人就是一对如胶似漆的情侣。他们不躲躲藏藏，而且一同出游，但不希望被外在的婚姻法律所束缚。然而婚姻很重要，即使在一个婚姻很容易被离婚所瓦解的社会里，婚姻依然是重要的。它代表着双方有意愿继续维持这段关系，将这段感情长久延续下去。双方愿意做一些选择、采取一些行动、培养一些感情来加深这段爱情，并设法避免一切可能削弱爱情的因子。

　　有了婚姻，恋人等于主动引进了一个第三方、一个外在的力量，即政府，并让与他们某些共同的意愿。这些共同的意愿对于情侣来说，有一部分不再只存在于他们的内心里，也存在于他们之外，没有人能擅自更改。婚姻是所有具有自主本质之活动的原型和表征，也是情侣具体化（oggetivazioni）的表征。

第十三章

体制：精神上的和物质上的具体化

体　制

体制化代表着选择、决定、确认、稳定化。体制的用意在于不须勉强对方违背自己的意愿，让已经做出的选择变得稳定。体制让意愿落实、变得更具体，意愿转化成精神上的和物质上的具体化。

什么是爱情精神上的具体化呢？我们已经知道几个了。真实性的考验让我们确信我们真的爱这个人，相互性的考验让我们深信与对方是两相情愿的。情侣一同订定的继续的协议让他们的感情更持久，也避免了外在陷阱的诱惑。

融合和建立新身份的历程并非和谐、渐进而连续的，一如所有重要的历程一样，也必须经历试误学习。它会遭逢危机，也会遇到瓶颈。此外，也有忽然实现大突破的时候，越大的危机也是越大的转机。那是一些有建设性的行为，是由双方一同省思而且都接受的解决办法。

还有物质上的具体化。情侣是一个有生命的实体，能在世上有所行动。它可以制造和购买东西，并完成一些行动。两人都在工作，不论是在家里或在外面。他们共同建立家园，家中的家具都是依他们的品位和需求设置的。他们生儿育女，把子女抚养成人，送子女上学。他们参加政治活动，而且参与一些组织或宗教团体的活动。他们一同出游，一起度假。他们与朋友、同事和邻居建立稳定的关系。他们改变自己居所的物质环境和社交结构。也就是说，他们开辟出自己的社会利基。在这种建设性的活动里，两人的关系仍是动态的，他们的意见时而一致，时而相左，既要表达个人的身份，也要表达群体的身份。两相对照之下，他们将自己的意图和行动具体化。他们辟出一条路，在他们共存的世界里留下足迹。

生活规则

最简单的精神上的具体化就是情侣之间协议的生活规则。一般而言，当两人深深相爱时，不会有任何一方想将强硬的规则强行加诸另一方身上。两人都随时准备改变自己、调整自己、探索新的生活方式。然而，共同生活在一起，会随着时间流逝，随着尝试与犯错，渐渐衍生出一套规则。有些是随着长久的相互适应即习惯而形成的，并未经过讨论协商。最先起床的人把泡好的咖啡送到床前，端给还睁不开眼睛的人。各自选择自己在电视前最喜欢的位子，然后一坐就是好多年。如果其中一人不喝酒，而另一人只是偶尔小酌的话，餐桌上往往再也见不到酒瓶，只有客人来家里吃饭时才会再出现。

另外，有一些规则、一些行为是一方教而另一方学的。往往是女人负责教导，教导男人关于二人生活的种种。对于两人的共同生活，女人比男人更有概念。她很清楚他该怎么做，以及她希望他怎么改变。就这样，一点一滴的，她通过建议、得当的举动，使用极高竿的手腕，让他变成她想要的模样。就像安娜（Anna）与莫里（Maurizio）一样，他们不久前才认识，很快就坠入情网。他总是在晚上找她，由于他喜欢跑着去，而且时间不多，所以每回到她家时，他总是穿着工作服，满身大汗而且气喘吁吁。才一到，他就把她拥入怀中，抱起来，从玄关就开始脱她的衣服，两人最后缠绵的地方有可能是地毯、床上、沙发，任何地方。她很喜欢和他做爱，唯独有一点：她希望他能先沐浴，把自己洗一洗。但如何能在他热情如火的时候，对他说："亲爱的，你好臭喔，拜托先去洗个澡，喷点香水。"于是安娜只字未提，但心中打定主意婚后一定要想办法改变他的习惯。她会施展自己女性的一切手腕，让他了解怎么做才是最得宜的，而这将是不折不扣的再教育。安娜一点儿都不想当他的妈妈，她希望当他的情人、他的伴侣。她的想法和所有年轻的女人一样，但她必须接受现实。她爱他，不想放弃他，所以只能当一当他的妈妈。

有时候这种高竿的教育手腕无法奏效。于是接下来就只好进入危机和清楚地做出决定（Crisi e una decisione cosciente）。结婚后，男人在家里依然习惯把自己的东西乱丢，因为之前总是他的妈妈温柔地在背后帮他收拾。她试着耐心教导他，她帮他收拾，让东西都整整齐齐的。她带他去看柜子放在哪里，告诉他她把他的鞋子都收在哪里。但他的老毛病还是没改甚至变本加厉。两个人之间越来越紧张，直到女人受不了了："我不是你老妈，也不是你的佣人。"从此刻起，他必须接受这一点，清楚地了解自己不可以再这样了。

至于性事就更微妙棘手了。女人希望在休息的时候、时间充裕的时候做爱，而且她需要被抚摸和疼爱，这样她就放得开了。缠绵之后，她喜欢待在昏暗中，在爱人的怀里谈心，但男人的心理恰恰相反。他喜欢让她感到出其不意，想剥光她的衣服，激烈地一再重复性爱行为，即使她说不要、说她很累了也不管。因为他深信她喜欢这样的游戏，而且和他一样兴奋。他深信她之所以拒绝只不过是故作矜持罢了，这就是为什么他继续这么做。她试着通过暗示、通过婉转的示意让他了解她的欲求，但不见效果。就这样，到了某个时候，问题就爆发成危机。唯有清楚的解释和彼此协议，才能让情侣那个因欲求不满而引发的误会适可而止，并找出双方都能接受的解决办法。唯有达成协议才能让融合的历程继续下去，而不让一方的自由干预另一方的自由。①

　　情侣之间有时候也会出现和政治或宗教运动类似的情形。起先，在魅力领袖身边总是环绕一群口径一致的忠实信徒。但这种一致的口径往往随着时间的流逝变成一种独裁、一股压迫的力量。于是，必须把发声的权力还给基层，以民主的方式让异议和冲突表达出来。唯有如此才能对重要基本的价值观产生共识。

　　情侣的生活中此类情形相当常见。因为人总是会变的，总会产生新的欲望、新的需求。新的共同生活不断有新问题冒出来，所以建立生活规则的历程和国家制定法律的历程颇有相似之处，不断订定新规范和重新诠释旧规范。情侣间的平衡不是静态的，而是动态的。

---

①　关于争执诉讼的意义，参见 Murray S. Davis, "Il litigio: meccanismo integrativo di in pericolo", in *Rassegna Italiana di sociologia*, anno XIII, 2, aprile-giugno, 1972, pp. 327-339。

习惯、教导、危机和协议是恋人一同生活时建立生活规则的必经历程。这些规则源于爱情，并不是一种损失、一种让步、一种自我抹灭，而是尝试探索和变得更丰富、充实，是延长融合历程的一种方法。

在我们方才所描述的这个历程中，规则是在恋爱的过程中以及共同的生活中逐步形成的。不过有些时候，规则是事前就定好的，也就是所谓的婚前协议（Contratto Matrimoniale）。协议中巨细靡遗地列举了双方的权利与义务。譬如，关于财产的一切所有权和使用权，教育子女时所应依循的宗教信仰，乃至于更亲密的细节：夫妻是同床睡还是分床睡、是否能在客厅抽烟、家里能不能养宠物或者能够邀请什么样的朋友来家里做客。进行婚前协议的人通常是非常清楚自己的要求而且毫不打算向对方退让半步的人。这类协议最常见于借由联姻来巩固政治关系的贵族家族，或者是隶属于不同宗教团体，希望以此减少冲突的家族。在我们现在这个年代，签署婚前协议多半是因为该婚姻牵涉庞大的经济利益，或夫妻双方互不相爱，或不太信任对方。

礼　物

爱情里最简单的个别的物质上的具体化（oggetivazioni materiali individuali）就是礼物。所有恋爱中的男人都希望送礼物给自己心爱的女人，女人对男人也是一样。恋爱中，付出就是自己所付出的东西，是把自己托付给爱人的一种象征。因此，这种付出是充满感情的，我们会观察对方是怎么接受的以及我们是否得到善意的响应。如果对方很喜欢，还感谢我们、送我们一个香吻，那么我们就觉得很幸福，因为这表示对方很爱我们，我们得到了他的爱。万一相反的，对方只随便看了一眼就把它搁在一边，那就好像我们自己被搁在一边一样。所以真正的热恋中的人，总会说这个礼物好棒呀，即使它不见得符合他的品位。而且他们这么做一点儿都不勉强，因为这个礼物象征着爱人，而在他们的眼中，爱人永远是美好的。如果我们收到一个古怪或庸俗的礼物，我们会试着从中找出有象征意义的一面。

恋人在一开始所送的礼物可能都不合对方的口味，因为他们不了解对方的口味，但恋人送的礼物在双方的眼中都是能让对方变得更美好、更值得追求的东西。他是依自己的梦想、自己的情欲幻想来做选择的。男人有可能因此送了一件极度招摇的皮草大衣给所爱的女人，但太过招摇以致她永远不会穿出来。她只会为他一人试穿，最后它成了他们做爱用的地毯。他送这个礼物是想实现小时候的梦想：这件华丽的皮草，象征着他年少时，萦绕着他的夜晚的电影明星的魅力与美丽。恋爱中的女人同样的夸张古怪，特别是年轻的女人。当她们爱上成熟男人时，她们会把年轻男人穿的衣服当作礼物送给他，害他显得愚蠢可笑。但对她们而言，他这样很帅。

以我们的角度让爱人更美好的这种需求会慢慢降低。我们会逐渐了解他的喜好并尊重他。就这样，随着时间流逝，相爱的人最后会有一样的喜好，也建立起共同的审美观。

礼物属于非比寻常的范畴[1]。它必须脱离日常生活，是一种暂停、一种庆祝。它必须以特别的方式包装，如缠上缎带、打

---

[1]　Marcel Mauss, *Saggio sul dono*, Einaudi, Torino, 1960.

上蝴蝶结等。它必须显现自身与平凡世事的不同之处，并且营造等待的气氛。"是什么东西呢？"收礼者喃喃自问。他一面解开蝴蝶结，一面把东西从包装纸里拿出来，好奇心也越来越强。礼物有很大一部分的乐趣正来自这种揣测。而馈赠者则想着："他会不会喜欢呢？"并满心期待地想看对方惊喜的表情。所以送礼的时候，总会贬低自己所送的东西"小东西啦，没什么，意思意思而已"，以免对方失望。

在所有的感情中，送礼物给对方时，总不是以情侣的角度送的，而是从个体的角度送的，针对的是他的独特性。恋人送的礼物是把对方当成情欲对象，从情欲的观点来看待他。丈夫如果在太太生日时送她家用品，譬如锅、茶杯组或桌巾，就表示他不把太太当作情人看待，这就好像他送她一支扫把一样。

有些礼物表面上看起来是给个人的，但实际上象征着情侣和结合，戒指就是一例。恋爱中的男人如果送项链给女人，他可能称它为"雅致的小东西"，但其实是象征着他自己，他希望它能永远挂在她胸前。女人如果送手表或皮夹也是一样的道理，因为这些都是他随身携带的贴身物品。如果送的是戒指，那象征意味就很明显了。他是在向她提议许下承诺，他说："你是否愿意与我共度余生？"对方如果接受，就会说："愿意，我愿意。"

有时候这种象征会引起恐惧和逃走的冲动，此一情形尤其容易发生在有过不愉快经历的人身上。我有一个朋友，一辈子只戴过一枚结婚戒指。可是离婚后，他摘下了它，仿佛卸下一块大石头。"我自由啰！"他一面告诉我，一面伸出手给我看。几年后，他遇到一个很中意的女子，而且爱上了她。某晚她送了他一个礼物，是一只很漂亮的古老戒指，是她在古董店里买的。他端赏它，然后微笑地套到自己手指上。可是隔天他去上班时，一位同事笑着问他这是否是订婚戒指，他当场好像坠入深渊。他勉强喃喃出一个含糊的解释，说这戒指原本是一位过世的叔叔所拥有，随即把它藏到口袋里。但"订婚"这个词在他心里挥之不去，因为它不断让他想起过去那段不愉快的婚姻。直到后来，等他对这段感情很笃定后，他才接受了它，并骄傲地戴着它。

从游牧到定居

恋爱的时候，一开始周围的环境并不太重要。只有心上人是重要的：他的脸庞、他的眼眸、他的身体、他的抚摸，其余的一切都是次要的。恋人们一有适当的时间和场合，就会想办法相见，可以在火车站、在戏院或在餐厅。他们可以在街角相拥，周围的场景不论多么荒凉寒酸都可以因为爱人在场而让我们对它改观。多年后，在他们的回忆中，那里仍是个美好的地方。

然后，恋人各自会追求大自然的美，而且对此很敏锐。这种美能和他们内心的美感产生共鸣，可以是一片一望无际的平原、一个悬崖峭壁、月光下的田野、海洋上的落日。爱情不仅会让我们变得诗情画意，还会让我们的审美观变得敏锐，加强我们的洞察力。恋人可以看到以后再也看不到的东西、以后再也找不到的色彩，而且这些感受是不可抹灭的。即使这段爱情到最后闹翻了也一样，再怎么压抑也不能改变对世界的这种改观。

不过，一阵子之后，恋人不会再留恋那些之后可能作为他们爱情圣殿的场所。因为他们的活力是如此充沛，以至于他们确信自己一定可以再找到无数这样的场所。他们毫不依恋地抛开一切美丽的事物，因为他们深信别的地方一定还有更美好的事物在等待他们。天地之间就是他们的国土，任何的沟壑、洞穴都可以是他们的家园。恋爱中的人就像文明初期的人类一样，他们是游牧者、采集者。

后来，他们觉得需要一个更适宜的环境，一个只属于他们的环境。对男人来说，这种需求呈现的方式就是渴望回到初次邂逅的那些地方，这些地方将被赋予越来越多的意义，都和他们的爱情有关。对女人而言，则是渴望一个专属于两人的家、一个美好的东西、一个爱巢。大概是因为在人类的社会里，总是女人把爱情视为两人共同的生活，是女人从儿时起就想象自己长大后的家的模样。家，就是她的身体的具体化，是她温暖迎人的身体。

一起做一些事情、一起打造和让事情具体化，就是让自己的爱情更持久。即使在之前，爱情都想更持久，但那时的持久是在心中的持久。那么转换为家意味着什么呢？这就像是从游牧转为定居建城①。城市不像营寨那样能随时迁移。随着城市的诞生，人类不再被动地适应环境，不再那么受气候变化的影响。他们引导水流、开凿运河、灌溉土地，设法取得交易和航

---

① 我们所谈到的三阶段，和詹巴蒂斯塔·维科于十八世纪初首度在《新科学》(La scienza nuova, Rizzoli, Milano, 1988) 中所论述的相同。也可参见 Rosa Giannetta Alberoni, Gli esploratori del tempo, Rizzoli, Milano, 1994。按维科的观点，社会总是不断循环着三个阶段：神圣阶段、英雄阶段和人性阶段。第一阶段对应的是需求，第二阶段对应的是便利性，第三阶段对应的是奢华。

海所需要的物资。他们以不可逆转的方式改造这个世界，让它符合自身的需求。这代表着他们不再是遇到问题才解决问题，而是事先预见问题，他们准备好一系列的解决办法以备不时之需。

为了从游牧阶段过渡到定居阶段，情侣们需要共同生活一段日子，仔细研究一切必要的措施，这包括了态度的调整。恋爱中的人凡事只求随兴，定居阶段的情侣不仅要打造一艘舰船，还要开路辟道，预先规划去哪些港口补充物资。因此两人都需要培养出具体、实际的方向感，他们也需要培养自己的反应力、记忆力和计算力。

在这第二个阶段，情侣追求对他们有用、令他们喜爱的东西，他们设法取得能够让他们生活更便利、更舒适、更安稳的东西。他们也会改变他们所居住的社会环境，和一些邻居与一些人士培养感情，选择交友以及做生意的对象。

文明的第三阶段就是建设庞大华丽的都市，有宫殿、庙宇、公共浴池和豪华设施。从情侣的角度来看，与这个阶段相呼应的就是再度发现美。一开始一切都很美，因为一切都因爱情而改观。在第一阶段一切都是赏心悦目的，而第二阶段则是主动出击且取向是实用的，该阶段主要追求的是功能性和舒适性。在第三阶段，对美和欣赏的需求再度浮现。情侣拥有自己的审美观，并主动打造自己身边的美。美在第一阶段是意外的礼物，在现在则是一场追寻、一种心灵上的具体化。

有些人如果不懂得求新求变、重新诞生，接下来就可能进入衰败的阶段。他们无法再看到身边的美，因为让事物改观、让凡事变得神奇的爱情之火熄灭了。他们无法再创造出美感，也不追求美感了。他们墨守成规，对新奇事物戒心重重。他们对家中不做任何改变、任何更新。而且对于这种停滞的状态，他们还自有一套说辞，每一样东西都应该保持原样，因为都载满了愉快的回忆。因此他们可以住在斑驳剥落的老墙壁之间，壁纸发黄，沙发凹陷，他们却没有发现。唯有一次新生、一次苏醒才能给他们当头棒喝，赋予他们重新体验人生的力量。

女人和家

对一个恋爱中的女人而言，打造和布置一个家就是爱意的表现。往往是女人来打理各种家具和无数物品，以供在将来的生活中使用。她们精挑细选，希望丈夫会喜欢这个家，希望他能感到很自在，希望他在他们生活中的每一刻都觉得很愉快。她能预见两人要坐在哪里一起看电视。她想象着如何以花边桌巾布置迎接客人的客厅，到时候丈夫要坐在哪里，自己要坐在哪里。还有卧房，有图案犹如春天草地般的床单，珍贵的床罩，温暖的被窝，很冷的时候就盖羽绒被。孩子尚未出世，但她已经开始想象他们的房间，要用色彩活泼的壁纸，还要铺柔软的地毯，免得孩子弄伤自己。然后是浴室，她要留一些空间给自己，用来化妆、打扮，让自己更美，还有留给他的空间，放他的刮胡刀、刮胡水等。有些地方将是她常使用的，譬如厨房，必须要方便、宽敞，需要的用具应有尽有，她也想到料理用的食材。最后，如果丈夫是知识分子，她就会设法帮他准备一间书房；如果丈夫爱好运动，就在衣柜或置物柜里腾出空间放他的体育用品。

女人在布置家里的同时，也表现出她的世界观、她理想的私人生活以及她想要建立的社会关系类型。但最主要的是，她延伸自己的身体。每一样物品都是她自身的一部分，她的皮肤一路延展到壁纸和窗帘。基于这个原因，通常是女人在打理家里、维护家里，她把家当成自己的身体一样。所以万一家中乱七八糟，她绝对不肯让陌生人进来，就像她自己也不会穿着脱鞋或披头散发就见客一样。而且，一如她会为自己、为丈夫喷香水，她很讨厌家中窗帘、沙发或厨房沾上臭味，她会特别留意不要出现异味，也格外留意污物。她很提防异味和脏乱，仿佛它们是万恶之源。如果清洁人员打扫时敷衍了事、移动摆设、损毁地毯或弄坏某个具特别象征意义的东西的话，女人就会大大不悦。对方漫不经心、粗枝大叶的作为，让她觉得像侵犯到自己而难以释怀。如果有客人弄脏了地毯，她也很难释怀。只要是有损于她住处风貌的东西，她都觉得像是对她自己的伤害。如果有小偷闯进她家，她会把它视为强暴、亵渎。家中遭窃后，很多女人都不愿意再住在这些房子里，不然就会进行彻底消毒或变换装潢。[①]

对于女人来说，管理家也是一种情欲的表现。因为她表达爱意的方式，不仅是改变发型、画眼影、穿着熨烫平整的洋装，还包括把床换上新床单、摆设鲜花、在家中喷芳香剂等，再不然就是准备丈夫喜爱的佳肴。

有时候，男人未能体会女人为了让家里显得祥和温馨所用的苦心。他不了解这是一种时时在更新的艺术创作，是她呕心沥血的结晶。如果他回到家时心中想着别的事情，随意把脏衣服乱丢，她就会把这种行为视为对她的漠不关心，仿佛抹杀了她的创作，她感到既郁闷又不受尊重。

---

① 参见 Luisa Leonini, *L'identità smarrita*, Il Mulino, Bologna, 1988。

如果男人爱上一个已经有房宅的女人，他会直接搬进她家，完全不会为此伤脑筋。他也不想在她家留下他的痕迹，因为他不觉得有这种必要。他自然而然就融入了，宛如她将他拥入怀里、床里、身体里。但如果换作女人搬进男人的住处，她就觉得很有必要留下自己的痕迹。如果她不能依照自己的意思改造它，不能把它变得如量身定做的一般，她就会很不自在，压抑自己，把自己缩得很小很小，如此一来，两人就不能和谐相处。就连最浓的感情也注定有终止的一天。玛丽娜（Marina）和亚贝多（Alberto）的情形就是如此。他们相遇时，两人都已是成人，都有一段需要遗忘的过去。他是鳏夫，她则离过婚。他们开始交往，感觉很不错。她爱上他，她相信终于找到了心目中的理想男人。他很疼她，对她百般呵护，送她好多好多礼物。直到有一天，他邀请她去他的豪宅做客。她接受邀请，可是才踏进屋里，她就感到心灰意冷，他家中处处都是亡妻的身影。亡妻的照片、物品、所有家具，全都在诉说着他的亡妻。玛丽娜很委婉地问他是否能换掉家中的摆设，他回答说过一阵子就换掉，并说服她把之前和前夫一同居住的房子卖掉。他不要她再回到那里，也不许她再提起前夫。玛丽娜渐渐了解了他要消灭她的过去，并让她融入他的过去。他的这个家是他亡妻的家，永远不会是她的家。它是他亡妻的身体、坟冢，他强迫她进来，变成这个女人。显然他并不爱她，而且永远也不会爱她。她唯一能做的就是逃离。

不协调

夫妻之间的冲突与歧见在家中实质的呈现方式就是不协

调和不和谐。只要检视住所的情形，就能了解两人性格是否相合。我在此以两个知识分子为例，他们深爱彼此，可是两人的差异很大。男方很重视规律和理性，女方则随性豪爽、爱出风头。他们的家里，一个房间很干净整齐，隔壁的房间则肮脏混乱；一个房间只摆了必要、实用的东西，另一个则像古董商的仓库。尽管他们相爱，他们的人生观却无法找到交集。事实上，后来他们真的分手了。我再举另一个恰恰相反的例子，有一对总是持不同意见的设计师夫妻，女方很谨慎低调，男方则大胆、勇于尝试。但他们家里有一种特别协调的艺术气息，而且极度细腻。尽管两人也有冲突，但性格是互补的，彼此互相纠正，而且依然住在一起。

从住处能看出两人之中是谁占上风，是谁把自己的喜好强行施加在对方身上。我们会看到家中只有一个风格，毫无例外，摆在眼前的东西都是佐证。但如果仔细观察细节，譬如妻子的浴室或丈夫的工作室，就会发现另一种风格的迹象，与主要风格相异，某种既突兀又悲哀的东西。譬如，在一个很前卫的以几何图形为主的房子里，竟然有塑料假花和神像，或者在一堆旧物里，角落竟藏了一台最新款的计算机。

观察住处也能看出男人是否另结新欢。因为他会表现得像客人一样。他总是不在家，回来也很晚。他对什么都不感兴趣，而且总是大方地对妻子说："好呀，亲爱的，就这么办吧，你最棒了！"他在家的时候，总是尽量减少自己所占的空间。吃饭时，他只坐椅子前面的一点点。在床上，他尽量往边缘靠。衣柜里呢，就把衣服衬衫叠起来，挤在角落。他不再把自己的东西到处乱丢，随意留下自己的痕迹，他甚至把自己的照片都收起来。渐渐的，家中只剩妻子和儿女的身影，而他好像不曾来过这里似的。

　　如果丈夫是因为工作之故而长期不在家的话，情形又不同了。深情的妻子会到处摆放象征他的东西，他的相片、他的纪念品、体育用品、烟斗等。别人一眼就能看出她在等他回来，所有东西都已备妥，只等着他回来用。

　　如果是女人有情夫，她不会放任家里不管，反而更费心地美化它。她会排挤丈夫，一看到丈夫就不顺眼，她让他觉得自己像个外人，他笨重的身躯和讨厌的杂物侵犯了这个空间，就像小偷侵犯了她的隐私一样。她设法让他没好日子过。她一大早就起床，吵得他耳朵都快聋了。如果他晚归，就会发现卧室的门被上锁了。她忘了帮他准备餐点或留凉的饭菜给他，或是吃饭的时候，他还没吃完，她就把菜收走，而且态度很不耐烦。她忘了去洗衣店领回他的衣物，或熨衣服时把衣服烧焦。而且她嫌他臭，她怪他把恶心的臭鞋子乱丢。渐渐的，房子变得只属于她一人。她在家里留下自己的痕迹，仿佛两人已经分手。

第十四章

共同生活的类型

同一个屋檐下

有些人一辈子都住在一起。他们住在同一间房子里，睡在同一张床上，每天早上同一时间起床，阅读同样的报纸，去同样的地方工作，连中午和晚上都是肩并肩一起吃饭，晚上也是同一时间睡觉。他们有着相同的朋友。如果其中一人必须远行，另一人就会陪着一起去。他们很习惯一起讨论经历过的事情和评论他们所遇见的人的行为举止。他们一起买衣服，他给她建议，她也给他建议。他们一同选择要住在哪里、怎么装潢、去哪里度假。他们对彼此都很忠实，而且毫不勉强，因为他们彼此相爱，在性事上也互相吸引。

这种亲密感不只是因为爱情的融合状态而产生的。它之所以形成，也是因为两人日渐亲近，他们慢慢了解到，当他们在一起时，发挥了自己的能量、自己的智力和活力，事情都变得更顺利。一人疲惫无力时，另一人就扶他一把；一人愤怒而失去耐心时，另一人就保持平心静气。双方都很信任对方的判断能力。他看过对方在面临考验时的表现，因而知道可以信赖对方。如果他无法亲自参加某个场合，他就请对方代替他去，因为他知道对方会处理得很好。他们也可以把自己不同的观点拿出来辩驳并取得共识。由于是一男一女，所以他们的感受是互补的。彼此能看到对方的盲点，一起讨论问题时，就能发挥一加一大于二的效益。他们相处的时间越久，就越能忍受对方的小毛病，并把较严重的缺点加以改进。他们学会轻松看待事物、避免敏感的议题、诚心道歉和弥补过错。

最重要的是，他们的生活就是一般情侣想象中的生活。总是形影不离，总是手牵着手。然而两人依然是独立、自主、不可混淆的个体。一如默里·戴维斯（Murray Davis）所观察到的，正是因为两人有这么多的共同点，才得以更精确地区辨各自独有的特色。他说，人类可以分身成无数的人物，而且依然觉得每一个都是他自己。借由心理上的这种提喻（Sineddoche），人可以完全付出自己，同时仍忠于自己，只保留自己的特别元素。①

因此，某些心理分析师把这些情形喻为共生结合（Unione Simbiotica），其实是错误的。尽管情侣很紧密地结合了，但彼此依然是相异而自由的。情侣在饮食上都保留了一些自己独特的喜好。尽管彼此学着与所爱之人的生理时钟调和，但仍有自己的生理步调。情侣各自有最喜爱的电影和作家，有各自的哲学、政治和宗教观点。情侣自然也很能接纳对方的想法，他们了解对方的理由，而和对方讨论时，会既有耐心又很尊重。总括来说，情侣通过自己的眼睛看这个世界，同时又能透过对方

---

① 　Murray S. Davis, *Intimate Relations*, Macmillian, The Free Press, New York, 1972, pp. 170-171.

的眼睛看世界。他们的感情不是建立在持续而不中止的共识上，而是建立在持续而不间断的对话和交锋上。这其中既有无数的同意，也有无数的异议。就是这样的对谈，让两人的人生都更加丰富。

分隔两地

导演薛尼·波拉克（Sidney Pollack）在他的电影《远离非洲》（*Out of Africa*）里描述了丹麦女作家凯伦·布里森（Karen Blixen）的一生。凯伦深深爱上了她的表哥汉斯·布里森·费内克（Hans von Blixen-Finecke），但这份感情没有得到回应，她为了抓住少女情怀的尾声，退而求其次嫁给他的孪生弟弟布洛尔（Bror）。到了非洲，这场婚姻很不幸福。布洛尔常不在家且不务正业，他沉溺于女色，不论白人还是黑人，一概不拒，他染上了梅毒。有一天，凯伦遇见了一个英国贵族丹尼·芬区·哈顿（Denys Finch Hatton），并深深爱上他，但他们并未如夫妻般住在一起，共建家园。房子是凯伦的，她把它整理得漂亮温馨，只为迎接他。丹尼猎捕狮子和大象，和别人做生意，并常远游数日或数月。他每次回来，就会回到这个平静祥和的避风港，凯伦感到很幸福。"只要丹尼来了，即使死也不足惧……我很幸福，全然地幸福，幸福得认为，为了经历这一周，即使之前曾经痛苦、曾经病重也都是值得的……我的心永生永世都跟随着丹尼，我深爱他脚下的这块土地。"[1] 凯伦希望丹尼

---

[1]　Da lettere di Karen Blixen tratte da Pietro Citati, *Ritratti di donne*, Rizzoli, Milano, 1992, p. 248.

能守在她身边，每当丹尼失去踪影，她便痛苦不已。但她接受他爱她的这种方式，她安慰自己说丹尼是个浪子，性格像风一样飘忽不定。他们一直相恋，直到丹尼身亡为止。他们不断相见，但不曾朝朝暮暮住在一起。

埃丽卡·容也曾和情人分居两地。她的小说《女人悲歌》（*Any Woman's Blues*）中名叫皮埃（Piero）的男主角便是这样和情人分居两地。小说的架构特征和埃丽卡·容的私人经验总是相同的，女主角坠入爱河，而且经历了非常与众不同的性爱。之后，她就结婚了。她的丈夫不久就有了外遇。她受不了了，几番激烈的争执后，她离开了丈夫。接着是一段交往复杂的时期，她体验了各式各样的男欢女爱，和各种男人在一起。她希望找到一段纯肉体的关系，不须投入任何情感，亦即她所谓的"没有拉链的性爱"（A scopata senza cerniera.）。但她终究未能如愿，感到心灰意冷。这时候，她又爱上某个男人，回到一对一制，嫁给他，和他一起生活。然后那种循环又开始了。

不过和皮埃却不一样，她没有和他结婚。他已经是有妇之夫，她也不要求他离婚。他们甚至不住在一起，他们当"欧洲式"的情人。他走了之后，又一而再再而三地回来。"可是每当他走了之后，"她写道，"我完全不知道他是否会再回来。这是没完没了的。假如他今天忽然出现了，那么我又会跟随他走进森林、走向珊瑚礁、走进喧嚣纷乱。"[1] "我能否与森林之神同住？只能是暂时的。这是他愿意继续见我的条件。我接受了，也走了自己该走的路。"[2]

---

[1]　Erica Jong, *Paura dei cinquanta*, Bompiani, Milano, 1994, p. 162.

[2]　Ibidem, p. 163.

　　埃丽卡·容渴望稳定的关系，但经历了这些她归咎于男人的挫败之后，她放弃了，她将就着，这种情形和凯伦·布里森很相似。埃丽卡·容在她的《怕老》(Fear of Fifty) 一书中提出了一个理论，依循的是我们曾喻之为金屋藏娇的模式："激情若想保持原来的风貌，就不能沾染上生活琐事。因为生活琐事往往凌驾于激情之上，变得喧宾夺主。生活琐事是最难缠的杂草。" [1]

与子女同住

　　子女的诞生与出现，会因与原始计划的不同而对情侣的生活有不同的影响。在过去，如果没有孩子，往往婚姻乃至于爱情便失去其意义。因为男人和女人都想要孩子，两人都认为孩子是他们感情的结晶和一种最重要的落实。尽管亚伯拉罕爱撒拉，却因为她无法生育而深感苦恼，他后来同意和雅嘉 (Agar) 生一个孩子。在现在这个年代，这种欲求降低了不少。在欧洲，为了有孩子而谈恋爱的男人实在不多。我想到一个例子，意大利南部有一名艺术家，我们就称他为"雕刻家" (Lo scultore)。对他而言，孩子是不可或缺的。他曾经深深而疯狂地爱上一个很漂亮的女子，在他心中，她就是最完美的妻子。只不过这个女孩从小家境贫苦，她独力将四个弟妹抚养长大。因此，她对于不生小孩非常坚决。当雕刻家了解了她的心意已决、难以更改之后，开始与她渐行渐远，慢慢的这段感情无疾而终。

---

　　[1]　Erica Jong, *Paura dei cinquanta*, Bompiani, Milano, 1994, p. 163.

相反的，如果男人一开始就把孩子排除在感情计划之外，那么孩子很可能扼杀他的性欲。这常以叛逆式爱情的形式出现，如"都灵男人"或迪诺·布扎第书中的安东尼奥。因为这些男人追求的是与情人的肉体欢愉，疯狂、大胆、百无禁忌、肆无忌惮。如果有了孩子，他就必须克制自己、隐藏自己、安排时间表和噤不作声。他不能再狂欢，不能再无牵无挂地在家里和妻子彻底解放、纵身于情欲，不能再把家里当成极乐天堂。对于很多男人而言，与孩子同住，以及孩子的教育、功课表、生活规范、好奇的眼神，都会渐渐削减性欲，使他离纵情和狂野越来越远。到最后，这一切破坏了男人眼中情欲之所以为情欲的要素。

对女人来说，这种隔离、区分的需求降低了很多，因为她觉得自己的天性就是生儿育女。她的温柔、感知和情欲彼此是不可分割的。而且她觉得不同的计划相互并不冲突，可以相辅相成。对许多女人而言，怀孕就是对丈夫的一种爱的表现。她期待丈夫喜欢她将为人母的新的美丽模样，如若不然，她就会很难过。对很多女人来说，孩子诞生代表了这份爱情圆满了。某些女人直到当了妈妈之后才彻底觉得自己恋爱了[①]。一切都朝持续和增强的方向发展。为了向丈夫表达她最高的爱意，妻子觉得把小婴儿带到床上放在两人之间抚摸、拥抱是一件很自然的事。然后她期望早晨醒来，丈夫会很浪漫地送她一束花。她连想都没想过，丈夫想要的是另一种性爱关系、完全以他为主角的性爱关系。男人接触到新生儿柔软的身躯时也很感动，

---

① 派翠夏·海史密斯（Patricia Highsmith）的书中有一篇有趣的故事《故事》（La fattrice），参见 *Piccole storie di misoginia*, La Tartaruga, Milano 1984, pp. 39-49。在这个故事中，有个女人表达自己女人味的方式就是不断生小孩，直到丈夫发疯为止。

但这种感动和他对女性胴体的渴望、对她的体香、对她的腹部和臀部性感摆动的欲求一点儿关系、一点儿相似处都没有。母子温馨的画面，在他心中激起的是另一种爱，一种牵涉义务和责任的爱。因为男性从远古时代起，就扮演猎人与战士的角色，他必须捍卫自己的领土，包括保卫自己柔弱的妻小。

　　这种爱与母爱很相似，只不过它不具备感官的、触觉的、感性的性质，重点是它一点儿情色的成分都没有。这是一种无微不至的爱，是无时无刻的呵护与无形的关注。这种爱表现在行动之中，而非只表现在抚摸而已。这种爱表现在对抗外来的危险，最贴切的比喻就是夜里在营外守夜的哨兵。所以这种爱不会因为相隔距离遥远而生变，它不需要近距离的身体接触。这种爱会随着时间的流逝、随着子女的诞生、随着共同的阅历而增长。共同的回忆和并肩作战的经验令它更加巩固。它由知识上和心灵上的亲密感以及持续不断的对话交织而成。这就是为什么妻子会如人们常说的成为丈夫的另"一半"。

　　然而，这份如此真实、如此深刻的爱，竟可以一点儿情欲的成分都没有。这种情形下，男人有可能深爱着身边这位不可或缺的伴侣，却对她一点儿性欲都没有，搞不好还觉得反感。于是他可以跟全世界的女人做爱，却偏偏不爱跟这个女人做爱，要不就是他刻意强迫自己，只为履行义务。当他在外面或出差、旅游时，无法不偷看别的女人。即使相较之下，他认为自己的老婆是最好的甚至是最漂亮的，他还是忍不住渴望别的胴体、别的接触，这其中并不涉及尊敬、感激和关怀。他依然欣赏她卓越的见识和睿智、她的细腻和品味。他也珍惜她的建议，最重要的是，他一点儿都不想伤害她。这种漠然的态度，连他自己都感到痛苦，也觉得很内疚。

这一切情感自然都属于爱情的范畴。这个男人可以说自己爱这个女人，但在情欲上她有如陌生人，无法满足他的性需求。这种需求令他倍感煎熬，完全不亚于饥饿或干渴。

这种煎熬在女人身上较为少见，对女人来说，性欲和爱情是不可分割的。如果女人对于和丈夫行房感到兴致缺缺，通常是因为她不爱他了，也不想再看到他。如果相反的，女人仍爱丈夫的话，就会继续期待他的浪漫的举止，期待他的爱抚、他的亲吻、他的关爱，这些在她眼中即是性爱。可是在男人心目中，性爱可不是这样的。浪漫的举动不是性爱，而花束、体贴或抚摸也未构成情欲。对男人而言，性欲是一个独立的东西，既美妙又折磨人，总是让人渴望又无法捉摸，宛如幻影般稍纵即逝。

男人最大的悲哀莫过于爱上某人却渴望另一人，并觉得这是自己的"过错"，是一种无可原谅的罪过、一种原罪，他的弥补之道就是加强自己的责任、自己的照顾和义务。但无济于事，因为妻子要的并不是这些。妻子要的是他把两种偏偏不肯结合的东西结合在一起。这种煎熬之所以产生，是因为男性自古便对自己有所要求[1]。这种自律和性压抑，一直被男性视为值得赞许的。以前是如此，现在仍是如此：女人的性欲和道德感是口径一致的，男人却不然。

情　人

情侣形成的方式有许多种，其中一种是选择不结束之前的恋情，不与前任情人分手，不与配偶离婚，并将新恋情地下

---

[1]　Michel Foucault, *L'uso dei piaceri* Feltrinelli, Milano, 1984.

化。有千百种理由使人这么做。有可能是因为当事人对自己的婚姻还算满意，不想伤害妻子或丈夫，想避免和孩子有关的麻烦，想省下可观的赡养费，有可能是因为舍不得放弃豪宅和富裕生活，有可能是因为根本就是他还不确定自己是否真的爱这个新欢，或不确定对方是否爱自己。也有可能是因为他只是逢场作戏，想换换口味而已。他不是要将旧恋情取代掉，而是想加一点儿新东西进来罢了。

竞争性和新鲜感会刺激性欲[1]。往往经过了数年的婚姻生活之后，性爱的吸引力渐渐减退，可是接触到新的不同的人时，又重新复苏，所以才会发生艳遇和性爱迷恋。就是因为这样才会形成新的关系，不但不会导致分手或离婚，还会为日常生活注入遗失已久的甜美。当事人在丈夫或妻子身上渐渐感受不到的这种欲火焚身的渴望、这种难耐的等待、这种彻底的解放和忘我、这种意乱情迷的欢愉，在情人身上却感受到了。因此他觉得仿佛找到了自己应得的而配偶却无法再给他的东西。

如果不涉及恋爱，那么情人的关系只牵涉彼此生活的一部分而已。他们不会完全共享自己的生活、自己的过去。他们不期待心灵上的结合，也不打算培养相同的喜好和相同的原则。他们不相互诉说生活中大大小小的细节，不讨论自己对身边其他人的看法，不阅读相同的书籍，不倾诉自己心中的秘密。他们不须打造共同的人生、共同的世界。他们之间有亲密感但没有融合，他们的亲密感主要来自肉体和性。他们不会改变他们所处的实质环境和社交环境。他们幽会的地方可以是其中一人

---

[1] 这种现象在全世界的动物身上都很常见，参见 Lynn Margulis Dorion Sagan, *La danza misteriosa*, Mondadori, Milano, 1992。

的家或旅馆，地点并不重要，重要的是这段关系，而非这段关系的具体化。

他们的亲密感也受时间的限制。他们在某些日子的某些时段相见，他们只想互相都得到欢愉，满足彼此的性欲。情人在约会之前就已开始享受约会的感觉，悉心打扮准备赴约。女人穿戴优雅的服饰，去发廊弄头发、化妆。男人则刮胡子、喷香水，带一束花或一份礼物。他们的每次约会都是一场相互诱惑的仪式，接着就是情欲的爆发，衣服随意丢在房间各处，裸露的胴体缠绵环绕。一如热恋初期一样，一切都是惊喜，都是新奇。在隐秘的公寓或偏僻的旅馆里秘密幽会，都属于外遇欢愉的一部分。一个周末的欢愉、一场匿名之旅、一趟宛如蜜月的旅行都因为是不为人知、因为是窃取而来的喜悦而显得更加刺激。

夫妻的共同生活中包括了指责、算旧账和小报复。有些人在心理上借由外遇来惩罚配偶的过失或缺点。有时候，这是他用来搪塞自己良心的借口。还有些时候，他就是以背叛配偶为乐。当家中夫妻的关系变得紧张时，情人就会嘲笑被蒙在鼓里的丈夫或妻子。他们不在乎这个世界了，他们追求自己的快乐，一脚踢开婚姻和家庭的责任，追求自己的自由，不理会社会规范。他们不是像恋爱那样颠覆过往，而是将正式的关系或体制去神圣化（sconsacrazione）。有些人特别喜欢让情人躺在配偶的床上或是情人自己要求的，为了亵渎这张床、为了象征性地羞辱和贬低配偶，取代他和嘲弄他。

一些时候，在情人之间的关系里，我们看到了所谓的金屋藏娇式的恋情。这种恋爱关系与世隔绝，保持了它的原始风貌，一切的义务、倦怠都排除在外，而所有的好、所有的快乐都留在里面，唯一能存在的只有欢乐。这种爱追求的不是家庭，不是平凡的生活，而是以神秘祭仪为基轴的神圣狂欢，由起先的秘密所隐藏着。这种爱追求的不是公开庆祝的结婚典礼，不是好客的家，而是一个神秘的小团体，成员之间的维系是靠承诺的情谊和必要的掩饰，是一份秘密的、地下化、审慎掩藏的爱。这份爱是履行了婚姻义务和做完了职场工作后的奖赏，于是能纵情于心灵与肉体的狂欢、极乐。

外遇关系有可能长期持续，甚至长达数年。有时候它减弱乃至消失，有时候它日益茁壮。情人间的亲密感越发浓厚，彼此的信任也加深了，彼此之间形成货真价实的友谊。幽会的地点成了一个真正的家，于是除了原先的家之外，又出现了第二个家，即第二个妻子或第二个丈夫的家。外遇甚至有可能出现子女。于是就此形成两个家庭，彼此都不知对方的存在，他们说不定还住在同一个城市里。

第十五章

忠实与不忠

忠实与专一

在爱情中，忠实代表专一（esclusivita）：只爱一个人，只和他发生性关系。就像绝对的一神论宗教一样："除了我之外，再没有别的神。"但在多神论宗教，信徒便可以忠于多位神明。忠于一位朋友意味着恒久地保持我们的爱、我们的忠诚和随时准备伸出援手，这不代表我们不能交别的朋友。[①]

在我们的传统里，忠实有两种起源。其中一个来自"完全拥有"的概念。在以父权为主的时代，女人是属于男人的，如果如她害他戴绿帽子，她必须被处以极刑。另一个来源是对祖国、对族人、对信念或对领袖的效忠。政治运动或宗教运动所

---

① 在某些文化里，爱情的忠贞并不见得一定要排他。譬如，在科特迪瓦多夫多妻制的赛努佛·纳法塔（Senoufo Nafata）族里，婚姻是不存在的。男人到了晚上会去找"女朋友"。这种情况下，忠贞的意义等同于友谊。只要还会回来，只要不忘怀，只要还会帮忙，就算是忠贞。参见 Andras Zempleni, *L'amie et l'étranger*, in Cécile Wajsbrot, *La fidélité*, Ed., Autrement, Paris, 1990, p. 57。

要求的这种忠实和爱情所要求的并无两样。儿女私情和对魅力领袖的爱其本质是相同的。

当我们对某人忠实时，等于在告诉他，他比其他人都重要，他是我们唯一的爱、唯一的欲求。当恋爱中的人彻夜守在心上人的家门前时，等于在告诉对方，对方就是世上他唯一真正在乎的人，他一分一秒都不能没有对方。

但如果对方不知道我们对他忠实呢？对某人忠实，他却不知情，这意味着什么呢？这种时候，忠实就变成一种和我们自己的关系，是我们内心的一种举动。我们把心中所有其他的身影、其他的欲求通通驱离，只把空间留给他一人，让他成为唯一的主角、唯一的上宾。我们敞开心灵，剔除所有可能干扰或损害我们的爱情且使我们远离爱人的东西。我们清除所有可能的吸引、可能的诱惑，在我们的爱情周围架起一道保护栏。

彻夜守候在心上人家门前的人，能够这样持续多久？而他放弃之后，是否就表示他的爱意也消失了呢？不是的，我们必须工作、吃喝、睡觉、维系人际关系、生产和创造。我们可以在做所有这些事情的同时，依然忠实且专一。但到什么程度？我有一个从事科学研究的朋友，他的太太跟我说，他的外遇对象就是研究。她问他："你究竟爱谁比较多？是我还是你的白老鼠？"她会这么想也是情有可原的，因为他非常投入于他的研究。他既没有艳遇也没有外遇，但他总是深夜才回家，而且常常连周末都窝在实验室里。

忠实总是需要付出精力，需要全心全意对待自己所爱的人。要付出自己的精神、自己的时间、自己的注意力以及思绪。即使对象是朋友——他并不要求我们对他专一——忠实仍需要一定程度的记忆、注意和细心。虔诚的信徒会拿供品祭拜神明，向他祈祷，感谢他的庇佑。

还有与异性的关系。何时才算是忠实的开端？和另一人的关系，从何时起才能被视为是绝对的两人世界呢？在我们的社会里，跳舞时搂着另一个男人并不算不忠，见面或道别时亲吻脸颊也不算是。和一位异性同事因工作之故而出差，不能算是不忠。可是如果每天晚上都去他家促膝长谈，即使没有发生性关系，也是不忠。男女之间的友谊和智识交流到什么程度才算逾越忠实的界线呢？如果夫妻本身的生活很精彩、丰富，而且彼此间的对话深刻又流畅的话，和第三人的智识情谊并不会构成任何问题。但如果夫妻间的对话很乏味，那么只要一场活泼的交谈就足以引发妒意。有一个女人的身上就发生了这样的事情，我把她称作"女作家"（La scrittrice）。婚后几年，有了两个孩子之后，她开始写作。她邀请别的艺术创作者来家中畅谈自己创作的情形，她深信丈夫也会喜欢这样的聚会，因为他一定能和大家打成一片。结果身为生意人的他，反应却很不好，因为他觉得自己无法融入其中。他们的婚姻每况愈下，最后两人离婚了。

最后还有纯粹的性关系。自古以来，男人的婚外性关系，对象是女佣也好，妓女也罢，都不被视为不忠，可是主角换作妻子就另当别论了。今天，两性是平等的。然而，还是有些人认为不带情感的逢场作戏没什么大不了，而有些人认为只要接吻就构成了背叛。

不忠也可以从另一个角度看，亦即我们给他人造成的痛苦。不忠的人本身不会痛苦，会痛苦的人是被背叛的人，尤其当他本身很忠实的时候。但唯有当他得知我们不忠时，他才会痛苦。如果他不知道呢？如果我们掩饰得够好，让他深信我们只爱他一人，并一辈子将他蒙在鼓里呢？道德上，什么才是比较重要的？是说出真相，还是不让他痛苦？

　　不忠可以是一种报复的手段。有些人感到自己被冷落或被不公对待时，会选择对另一半不忠。"都灵男人"每次和老婆吵架，就会找一个妓女，"指挥官"则是找那些和他有性爱情谊的红粉知己。还有人之所以不忠，是为了以其人之道还治其人之身。我用不忠来惩罚你，因为你也对我不忠，我报复你的方式，就是也对你不忠。而为了让这报复更加残酷，为了对你造成致命伤，我要当着你的面对你不忠。

骚动的性欲

　　两人坠入爱河时，他们选中了对方，觉得对方胜过其他任何人，并许下承诺对彼此忠实。但这股力量总是受另一股逆向力量的牵制，即追求其他新的、不同的、更有意思的人的渴望。将两人结合在一起的感情的最大敌人就是探索新奇的心态（tendenza esplorativa），不论男女，任何人皆有之。

　　对爱情的追寻上，我们以恋爱、专一、一对一制作开始，但我们也可能以探索新奇的心态作开始，并把恋爱和爱情视为我们与生俱来的探索新奇心态的短暂中断。所有雄性动物，尤其是雄性哺乳类动物，能制造并散播上亿的精子，其性行为的基础是尽可能地与雌性交配。雌性则恰好相反，雌性想挑选一个基因条件最佳的雄性，以确保孕育出最强壮、最优良的后代。

　　即使是最忠实的丈夫、最忠贞的妻子，都有可能被挑起情欲。这种情欲展现的方式正是违反常规、背叛、艳遇和出轨。

在平常的情况下，我们可能对某人一点儿都不会有兴趣，此时却忽然对他动心了。一种迫切的渴望，汲汲于接触一个陌生的或被禁止的肉体，打破禁忌，享受诱惑他和被他诱惑的愉悦，享受男欢女爱、欲仙欲死。

究竟是什么原因驱使已有儿女和家庭责任的已婚男性冒险去寻求艳遇，最后甚至惹祸上身？究竟是什么原因驱使已婚女性冒着被冠上通奸罪名和被处以极刑的危险，也在所不惜呢？而今天又是什么原因驱使那么多人即使在如艾滋病等致命疾病的阴影下，仍一意孤行呢？我们认为这种行为的背后，一定自有其道理，也许是对婚姻的很大不满，也许是一段轰轰烈烈的爱情。但实则不然，往往既没有爱情，也没有绝望。动机其实很肤浅，只是很任性、没来由地想享乐而已，只是喜新厌旧，想尝尝新鲜，纯粹是原始而非理性的冲动。就是这股不明的力量令弗洛伊德深深着迷，他主张人类各种活动的基础都是性。因为他觉得这股力量最难驾驭、最难引导、最难掌控。

"性欲"一词意味着一种需求，如同饥渴或困意一样，是一种亟待舒缓的压力，一旦纾解之后就会消失。可是在人类身上，性欲还融合了想象力，加入了爱恨、情绪、希望、激情、喜悦、忧愁、厌恶、梦想和计划。性欲变成了情色之后，就化为一股蠢蠢欲动的力量，既任性又不知节制，喜欢走险路，因为它的想象力是源源不绝的。我们都渴望更多彩多姿的生活，希望走访更多国家，认识更多人。我们不仅希望更长寿，还希望能活好多辈子。我们的特征就在于总有不安的追寻，总倾向于超越自己。情色就是源自这种既神圣又邪恶的倾向，它从性欲中蹦出，让我们看到美妙的、超凡的、不可思议的崭新启示。乔治·巴达伊（Georges Bataille）就很明白这一点 [1]，他认为情色就等于违反常规、打破禁忌。所以他相信不可能将情色加以规范和体制化。

尽管恋爱不因性别、年龄或国籍而有差别，但"探索新奇的倾向"因性别而有相当大的差异。男性较在意"量"，而女性较在意"质"。男性深深着迷于女性的胴体，只需要一件让乳房若隐若现的上衣，或是一件在女性弯下腰时，让臀部呼之欲出的迷你裙，或是一件在女性走路时开衩不时打开的裙子，就足以吸引男性的注意力。简而言之，男性最热衷的是追求鱼水之欢、纯粹的肉体上的欢愉。好莱坞某些男演员，即使已经有成群的女影迷了，仍会找妓女。

尽管女性也欣赏男性躯体的曲线，却不会如此轻易就满足。为了堪称情色，为了点燃她的欲火，这个躯体、这个性器的主人必须向她求爱，必须能够温柔地对待她。女人会因为男人渴望她而感到兴奋。真正的情圣有办法让每个女人都觉得自己是唯一的、与众不同的。他对她的渴望也挑动了她。女性心目中的情色总是一种浪漫幻想，性关系只占一部分而已。事实上，要弄清楚一件事，就是在开放式两性关系中女人的潜力绝对不亚于男人。她也需要常常换新口味，她也想和各种不同的男人做爱。那么她为什么没有这么做呢？因为她找不到适当的男人，因为在这方面她比男性更挑剔。她只喜欢精力充沛而且对她充满热情和渴望的男人，所以她也设法挑逗男人。她让自己成为瞩目的焦点，她翩翩起舞，情欲之舞、七纱舞、肚皮舞，在舞厅里令人热血沸腾的舞，通通是女性的舞。有时候，

---

[1]　Georges Bataille, *L'erotismo*, Sugar, Milano, 1967.

施展的魅力奏效了甚至比性行为本身更让女性快乐，这是男人所无法理解的一件事。

然而，不论男女，正是这种飘忽不定的、摧毁性的、混乱无序的探索新奇的心态，到某种程度的时候成为一股力量驱使两人结合。混乱之中，竟意外地出现秩序。恋爱所爆发的崭新情欲，造就了情侣的融合与专一性。原本的恋爱状态，原本的情话绵绵，就此告一段落，产生了一个稳定的架构、一个恒久的实体、一对忠实的情侣。由于比起女人，男人向来较在意"量"，所以对男人而言，这种现象更加令他惊奇、震撼。

在现在，很多人在一生中多多少少有过一段交往复杂的日子，同时和许多人发生性关系。而且向来存在一些政治或宗教运动，期望实现成员间的自由交往爱恋。因此，他们反对情侣一对一式的关系，而且对恋爱持质疑的态度。像这类主张两性关系开放的团体，可举出中世纪晚期自由精神的兄弟（Fratello），以及法兰克教派（Franchisti）——源自撒巴太这个救世主降临运动的一个犹太秘密教派。20 世纪，在美国则出现了那修霸（Nashoba）和奥奈达（Oneida）等团体，另一个主张两性关系开放的团体兴盛的时期出现在六七十年代的年轻人推行的运动。但将"开放式两性关系"发挥到淋漓尽致的当推同性恋的圈子了，曾经有一段时期，没有爱情的性关系是进入这个圈子的先决条件。类似的情形还包括萌芽于 20 世纪 70 年代和 80 年代初期的单身（Singles）族群。[1]

如今，"友谊性爱网"（Reti di amicizia erotica）相当常见。

---

[1]　参见 Gay Talese, *La donna d'altri*, trad ital. Mondadori, Milano, 1980; E Francesco Alberoni, *L'erotismo*, Garzanti, Milano, 1986, p. 107 e segg.

每个个体定期或偶尔和一群异性朋友发生性关系，而这群朋友又各有各的网络。就这样形成一个很广泛的网络，许多朋友都同一个人发生过性关系，有时知情，有时则不知情。这类"友谊性爱网"较常见于年轻人中，尤其是单身者，有时也见于已婚人士。在这种友谊网络里，如果有两个人恋爱了，他们就不再和其他人发生性关系。可是只要两人的感情稍不顺遂，就可能重拾旧习惯。如果一对情侣想保持忠实，就必须放弃"友谊性爱网"，而只与非性爱的网络交往。

性爱在违反和打破成规的过程中也在探索其他可能的关系、感情或爱情。每一次的情色邂逅，哪怕只是一个眼神、一次悸动、一句恭维的话、一次手或肩或和对方身体轻轻的拂过，都可能从现在起发展出截然不同的结局。仿佛那是一颗种子，可能长出一份爱情、一段关系，因此或许也是一段不同的人生。

所以，情人眼里才会一粒沙子都容不下，无法忍受所爱之人多看别人一眼、和别人打情骂俏或和别人发生性关系。因为这种关系绝对不是也不可能是纯粹的肉体关系，即使是偶尔找妓女也一样。总会有心灵上的交流，总有可能因为发生性关系、因为肉体上极致的亲密接触、因为融合，而连带产生了情愫。因为性行为即使发生在两个陌生人之间，也会打破一切社会规范的约束。男人和女人一直活在社会规范的约束下，他们必须注意自己的衣着、言行举止、人与人的距离，可是到了某个时候，他们挣脱这一切束缚。他们脱掉衣物的同时，也褪去了一切的规范。于是他们可以互相亲吻，可以用各种方式进入对方，可以恣意扭曲身体、大吼大叫、口出秽言、吸吮和混杂彼此的体液，做尽一切在社会规范下不仅被禁止甚至被视为下流的行为。在这种亲密的气氛下，原本憋在心里的秘密就有机会一吐为快了。即使是最简单的献殷勤、最普通的调情，都会建立一种亲密感、一段关系、一些共同的回忆。

大多数忠于对方的情侣，他们骚动的性欲出现在想象的层面。即使是深深相爱的人，也可能觉得受到第三者的吸引，并幻想和此人发生关系。这种情况下，幻想取代了实际行动，当事人得以继续对爱人忠实。许多男人若饥若渴地看色情杂志或情色电影，许多女人则通过电影或电视连续剧体验情色。她们也常在性爱过程中不忠。有些女人想象自己正和心目中的偶像甚至和旧情人在一起，有些女人则想象自己正被强暴。男人多会幻想曾经经历的性爱细节。所有这些幻想多半在接近高潮时结束，它们就像预备式的探索，然后所有的回忆、梦想和幻想又汇集到爱人身上，和他融为一体，所有的能量、过去曾有的幻想全部倾倒在他身上。这就是为什么连最忠实的情侣，都会在想象的层面上背叛对方。他们维系忠实的一对一关系的方式，就是彼此审慎地隐瞒自己的幻想世界。

对于不相爱的人，情形又不同了。这种情况下，性幻想不但不会汇集到对方身上，反而越飘越远。为了达到高潮，两人必须幻想自己和别人在一起，这种情况迟早导致阳痿或性冷感。

忠实的协定

在人类身上，可以看到两种倾向。第一种倾向的特征是性爱对象不固定，总是追求新鲜的和多元的关系。第二种倾向的特征是恋爱，进而成为专一且持久的恋情，但恋爱的初生状态必须发展成计划、体制，而有各种可能的计划，各种可能的体制。两个相爱的人可能决定不生活在一起，他们可能决定不睡在一起。他们甚至可能决定让对方完全自由，可以恣意和任何人发生性关系或谈恋爱。这种情况比较少见，因为一般而言，恋爱时，我们总希望独占对方。不过，还是有可能发生。

法国女作家乔治·桑于 1833 年遇见阿尔弗雷特·德·缪塞（Alfred de Musset），当时她三十岁，他二十二。他们爱上彼此，携手共赴意大利。但他们都自视为自由之身，不受忠实协议的约束。到了热那亚，乔治·桑病倒了，缪塞就丢下她一人，去港口边找妓女寻欢作乐。同样的事情又发生在佛罗伦萨和威尼斯，尤其是在威尼斯，她总是独守在房间里，而缪塞大半时间都和女演员与女舞者在一起。在这时出场的是意大利医生帕盖罗（Pagello），他悉心医治她，并乘虚而入，与她展开一段感情。角色对调了，缪塞病倒了，而康复的乔治·桑成为帕盖罗的情妇。缪塞必须回法国一趟。乔治·桑和帕盖罗便一同去阿尔卑斯山旅行，过了很长一段时间才去巴黎和缪塞会合。到了巴黎，乔治·桑和缪塞又开始藕断丝连。这时候，她才和帕盖罗分手。

乔治·桑和缪塞是真心相恋吗？应该算是吧。但确定的是，他们都不曾努力要对另一方忠实，不曾设法让这段关系稍微有一点儿"一对一"的架势。乔治·桑刚生病，缪塞无聊之余就出去找别的女人，而她为了不甘示弱，也和自己的诊治医师双宿双飞。他们的感情因此急转直下。

若希望恋情成为一份专一且忠实的爱，那么双方都必须尽点心力。相较于恋爱的初生状态，爱情是一种体制，亦即一种经由选择、刻意要求的东西。它是一份协定的产物，如果没有明确达成忠实的协议（patto di fedeltà），那么接在初生状态之后的，也可能是其他类型的关系。

情侣的忠实程度深受文化的影响。如果社会将忠实而持久的关系视为榜样，情侣就会对彼此忠实。但如果社会不认同它，如果社会风气的主流是一对多制、多对多制、开放式的双人关系或单身生活的话，那么情侣间的关系就可能出现裂缝。外在的社会支持对情侣是很重要的。恋爱是一种可塑性很高的状态，如果不是由社会引导它形成情侣、建立家园、组织家庭，恋爱本身并不会这么做。两个恋人互相追寻，但不知道在一起要做什么。哀绿绮思不想嫁给阿伯拉，因为她认为婚姻和爱情一点儿关系都没有甚至是爱情的坟墓。这种想法持续了很久，一直到浪漫时期才趋缓。另一种受到文化影响的想法是把婚姻视为传宗接代的工具，这会令情欲尽失。

近年来，有一种思想特别反对情侣关系和互相的忠实。这种思想于 20 世纪 60 年代随着性爱革命和女性主义的兴起而迅速蔓延开来。这个年代类似的个案不胜枚举，这里只列举其中一个例子。有两对年轻情侣，他们深深爱着彼此。我们把他们称作"布鲁诺（Bruno）和布鲁娜（Bruna）"、"卡罗（Carlo）和卡拉（Carla）"。随着女性主义的兴起，布鲁娜开始和一群自主意识高涨的女性主义者频繁来往，她们告诉她，肉体上的忠实是反动的。她把卡拉也拉进来，然后两人都开始在自己家里和别的男人发生性关系，她们的丈夫必须在门外等候她们完事。渐渐的，这些肉体关系越来越频繁。夜里，家中的地上躺满了交欢的肉体。几个月后，卡拉开始恶心、呕吐，并罹患厌食症。丈夫变得沉默寡言，他换了工作，并到外地工作，两年后爱上另一个女人。卡拉变得不成人形。

不过布鲁诺熬了过来，他在门外待到天明，以免打扰妻子和轮到的男人完成她的性爱义务。一个孩子因此来到人间，他将这个孩子视如己出。后来布鲁诺和布鲁娜分手了，但两人都没有再爱上别人。两人继续当朋友，只是当得有点儿悲伤。布鲁诺过世的时候，布鲁娜为他哭泣了许久，因为他是她唯一的真爱。

恋爱中自发的专一和忠实倾向，如果它是双方都渴望的、刻意追求的，并以不归点的姿态纳入协议，那么它才会变成实质的忠实，这是很重要的一点。忠实的协议的达成，是当融合的历程展开了，而情感和允诺就像滚烫的岩浆、熔化的金属一样，流入模子中，被彻底定型。这就好像民主国家建国历程中那最澎湃激昂的解放时刻，也就是这个动人的时刻永远深深地烙印在人们的心中。

忠实的承诺就像和情侣有关的其他所有承诺一样，都应随时间更新，再确认此承诺所得到的产物就是体制。如果实际情形确实如此，如果协议长期都受到遵从，那么感情的层次就有所提升。渐渐的，两个恋人不再想背叛对方，他们不再让自己接近无谓的诱惑，并学着在对方的身上看到美、感受到愉悦。容我们做个比喻吧，有些人喜欢旅行，不断寻找没见过的景致，如果他们必须一直待在同一个地方，就会感到无聊乏味。可是也有一些人"爱上"某一个景致甚至是自家的院子，他们永远都能从中发现不同的乐趣。他们懂得欣赏不同季节的不同色彩变化，懂得体会花苞初开的喜悦，而我们不能因此就说他们的审美观不如观赏巴西伊瓜苏大瀑布或欣赏阿尔卑斯山峰的观光客。

复数的爱

在某些地方，不忠即使造成痛苦，也不构成离婚的理由。

欧洲的贵族和富豪圈子就常发生这种事情，因为牵涉贵族头衔和庞大的财产。这不是开放式的婚姻，夫妻彼此不能开诚布公。只要对方继续履行自己对家族的义务，并懂得保住面子，彼此就会睁一只眼闭一只眼。"公主"（La principessa）的例子就属于这种情形。她出生在乡下人家，但天资聪颖，非常漂亮，拥有令人无法抗拒的活力。十六岁时，她在一场选美竞赛中脱颖而出，踏入模特一行。一次走秀中，她认识了一个富可敌国的贵族，他深深爱上她。他是名符其实的白马王子，她深受他吸引，也喜欢上他。他带她去见他的父亲，他的父亲是个见解独到的老企业家，被她不凡的气质所深深打动，他不顾兄弟和其他家人的反对，一口就答应了这门婚事。她从此展开全新的人生，生活中充满宴会、旅行、游艇，交往的尽是大人物、艺术家和王公贵族。她成为一个非常称职的女主人，在十年之内，生了好几个孩子，家族以她为傲。

她成为国内上流社会的一位重要人物，许多人欣赏她、恭维她。有一天，她发现丈夫和她的一个姐妹有外遇。如果她很冲动的话，一定会马上跟丈夫扭打成一团，并要求跟他离婚，但她按兵不动。她知道在她的圈子里，才不会为了这么一点儿小事就离婚，不会因为这样就连累整个家族、孩子、名声和企业。然而有什么东西变质了，她常常独自旅行，把越来越多的时间花在交际应酬上。就这样，她认识了一个大画家，这个画家是当代最受瞩目的人之一。他比她年长二十岁，而且已婚，他觉得自己逐渐年迈。偶尔，女性仰慕者会对他投怀送抱。然而，他与谁都不亲近。他远离俗事，潜心于画作之中。但她带给他一种无法抗拒的生命活力，于是他爱上了她。

她也很想谈场恋爱，不过，她抗拒这段感情。她仍想当个好妻子、好母亲，她想当之无愧地保有自己争取的这个地位。但这份感情让艺术家彻底脱胎换骨，他把旧的政治立场和意识形态丢到一旁，整个人完全贯注在他所爱的这个女人的美上，他的艺术创作全都以她为中心。有长达二十年的时间，他的画里只有她，他画出了旷世巨作。这份爱、这种仰慕、这股创造力全都让公主感动震撼。她变成他的秘密情人，艺术家的妻子被蒙在鼓里。"公主"的丈夫不知情，也不想知情。而这两个人她都爱，只是爱的方式不同罢了。她以逆来顺受的温柔爱前者，而以梦幻、神秘的活力爱后者。

她恋爱了吗？是的，尽管爱得有些拘谨。与其说她爱别人，不如说是她让别人爱。"公主"与画家从不打算一起生活，他们的爱全都发生在隐秘的工作室里。她出门后，来工作室这里蜻蜓点水般待几个钟头，随即又离开，回去过她原本的生活。对他而言，这种令人心醉神迷的幽会已足够。他继续埋首于创作，以她为灵感。当她不在身边时，他就让她重现。可是她对这样的现状不满足，她想带他一起进入她的上流社会的交际圈，让彼此的生活融合，或许生个孩子。

许多不满就这样默默在心中累积。就在此时，她认识了一个大情圣，是全国最帅的人，她爱上了他。这一次，是一份轰轰烈烈的情欲关系，但这段关系也没有演变成共同生活。她继续找画家且依然深爱着他。他很嫉妒。然而，他从不踏出门半步，因此如果她想幽会且想瞒住他是一件轻而易举的事。就算他知情了，大概也不会怎么样，只会继续爱她而已。因为他有婚约在身，又不想离婚，他不想让糟糠之妻承受这么大的痛苦。他全心投入自己的艺术创作，通过艺术不断让她重现。他的爱是金屋藏娇的那一类型，只在乎当下所发生的事，外界完全被排除在外。即使知道自己所爱的人与第三者有瓜葛，这类爱情也不会枯萎。因为他用他的创作拥有她，把她从世俗的手中夺过来，使她永恒不息，并借由这种方式独占她。

这种情形持续了十几年，直到大画家过世为止。于是，"公主"顿时发现她失去了一生中最重要的人。因为她的青春年华、她的风采，全都在他的画作里，因为他的不朽，使她也得以不朽。不久，别的恋情都褪色了。现在，她真的爱他了。她离开丈夫，与情人分手，独自度过余生。

开放式婚姻

这里我不讲抽象的论述，而要从一个具体的案例讲起，那就是乔瓦娜（Giovanna）和多拿多（Donato）的案例。男方是美国人，女方是意大利人。他们于20世纪60年代晚期在美国认识，当时年轻人之间正盛行着集体生活，一对一的关系和嫉妒被视为毒蛇猛兽。结婚的时候两人达成协议：各自可以和任何人谈恋爱和发生性关系，只要遵守三项条件即可。第一，要一五一十、毫不保留地把自己所有的感情经验讲给配偶听；第二，继续和他发生肉体关系并维系彼此的友谊；第三，要互相帮助、照顾子女，不得要求分居或离婚。简单来说，就是在肉体上很宽松但在家庭责任上很严格的婚姻关系。

这种模式持续了二十年。男女双方各自和其他很多人发生肉体关系。女人谈了好几次恋爱，但马上就会告诉情人她永远不会和他一起生活，而且也不可能对他忠实。起先，他接受这种条件，随后又设法说服她放弃她的承诺。最后，他也开始对她不忠乃至离她而去。

由于彼此承诺要向对方述说自己的想法、情感和计划，也要听配偶述说他的感情经验，两人一直都无法发展别的爱情计划。而且离群独居式的爱情，亦即远离世俗的金屋藏娇式爱情也无法落实。所以乔瓦娜的恋爱总是只停留在探索的阶段，不曾对她的婚姻造成威胁。

不过，他们这种开放式的婚姻，倒是给身边的朋友造成了很大的困扰，因为他们试图推广他们的婚姻模式，会追求朋友的丈夫或妻子，仿佛这是再自然不过的事了。接着，如果对方也接受与他发生性关系，那么他马上就会把所有大小细节一一告诉自己的配偶，其后果不难想象。

恋爱周期

有些人喜欢不固定的性爱，而是追求开放式的两性关系；有些人则偏好稳定持久的关系。在我们的一生当中，多少有一些以前者居多的时期和一些以后者居多的时期。有些阶段是不固定的性爱或感情，有寻找，也有复杂交往；有些阶段则是专一、稳定且忠实的感情。①

由于个体与个体之间的差异很大，此模式有很大的落差。有些人生性倾向复杂交往，有些人则以一对一制为主。有些人的复杂交往时期和一对一制时期是很分明的，有些人的则难以清楚地划分。因此我们对一系列不同的情况进行了归纳、分类。

1. **完全开放式的两性关系** 完全开放式的两性关系常见

---

① 爱情周期一般的形态如下图所示：

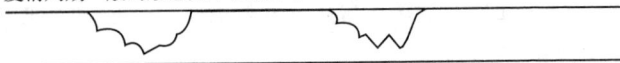

于很年轻就结婚，并遵循开放式婚姻的夫妻，乔瓦娜和多拿多的故事就是一例。有时候，两性关系开放的时期中会穿插短暂的专一时期，就像《花花公子》（*Playboy*）杂志的创办人赫夫纳（Hugo Hefner）。赫夫纳很年轻就结婚了，因此这是他起初一段短暂的专一时期，接着是一段很长的两性关系开放的时期，他创办了《花花公子》杂志，并在美国芝加哥设了一个不折不扣的"后宫"，每个月选出他最喜欢的佳丽，并在杂志上刊登她的裸照。他有过两次比较深入的关系，先是与洛杉矶的芭比·班顿（Barbie Benton）的关系，再来是与芝加哥的凯伦·克利丝汀（Karen Christy）的关系。这是两次短暂的一对一时期。然而后来两个女人的争风吃醋，让他又迅速回到以往两性关系开放的生活。①

典型的完全开放的两性关系也常见于某些少年得志的明星。譬如，猫王（Elvis Presley）成名之后一直都过着彻底开放的生活，即使与佩希拉（Priscilla）结婚之后依然如此。他生命中最后的阶段是在一连串的寻欢作乐和毒品中度过的，直到他过世为止。②

2. 接连不断的爱情　激情或情欲经验就像链子的环扣一样绵延不绝。乔治·桑的一生就是个好例子。她与卡齐米尔·杜德旺（Casimir Dudevant）的婚姻毫无情感基础，她成功迫使他接受了一段算是开放式的婚姻，她的首个婚外

---

① Gay Talese, *La donna d'altri*, Mondadori, Milano, 1980.

② Albert Goldman, *Elvis Presley*, Mondadori, Milano, 1983. 完全开放式的两性关系的形态可以如下图所示表示：

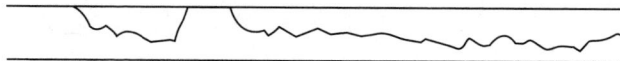

情对象便是朱勒·桑多（Jules Sandeau）。等她开始与梅里美（Prosper Meriée）交往后，这第一段感情便告终了，随后她的交往对象还有缪塞和意大利人帕盖罗。回到巴黎后，乔治·桑爱上政界的布尔日（Michel de Bourges），以及之后的勒胡（Leroux）和肖邦。这一切都发生在八年之内，亦即1830~1838年。[①]

邓南遮（Gabriele D'Annunzio）的一生则是另一个例子。经过少年时期与苏可妮（Giselda Zucconi）一段纯纯的爱之后，他爱上年轻的玛丽亚·歌莱姿（Maria Hardouin di Gallese）侯爵。她之所以吸引他，是因为她所属的社会阶层很高。邓南遮很快就厌倦了婚姻生活，并且深深爱上蕾翁妮（Barbara Leoni），这一年是1887年。至此他只写过诗。这段恋情是他的人生也是他的创作的一个转折点，他开始撰写小说，例如，《战胜死亡》（*Il Trionfo della morte*）、《喜悦》（*Il piacere*）和《纯真》（*L'innocente*）。他和蕾翁妮的恋情结束后，与格拉维娜（Maria Gravina）过了一段短暂的共同生活，两人育有两个孩子。接下来是与爱蕾诺·杜紫（Eleonora Duse）的邂逅，他为她写了几出戏剧：《死城》（*La città morta*）、《春晨之梦》（*Il sogno di un mattino di primavera*）、《微笑之女》（*La Gioconda*），和《里米尼的弗兰切斯卡》（*Francesca da Rimini*）等。不过，在生命的晚期，邓南遮不再谈恋爱了，他热衷于战争和政治，并过着两性关系完全开放的生活。[②]

3. 同时拥有多个情人 这是一种很常见的情形，一如我

---

① Joseph Barry, *George Sand*, Dall'Oglio, Milano, 1980.

② 接连不断的爱情，如下图所示：

们在"公主"的例子中所看到的。经过了一段一对一的感情后，当事人再次爱上别人，或是在不终止前一段感情的情况下，展开另一段新感情，就这样持续下去。这种时候，他拥有一段主要的关系，又和别的情人拥有一段或数段长久持续的关系。在墨西哥的富裕阶级，男人一般会另外置屋来安顿新的小老婆。但也要给妻子和之前的小老婆换更大的房子，以分清楚彼此间地位的高低，可说是一种非正式的一夫多妻制。①

4. 长久的恋情 最典型的例子是歌德，他少年时有多次单恋。其中最著名的单恋对象是夏绿蒂·布芙，她当时已与他的朋友凯斯纳（Kestner）订婚，后来嫁给了凯斯纳，这段失恋经验成为他后来写《少年维特的烦恼》的题材。他出名以后，在法兰克福认识了卡尔·奥古斯都（Carlo Augusto）王子，王子邀他去魏玛（Weimar），歌德成为王子治理这个小地区时的得力助手。他在那里认识了夏绿蒂·冯史坦（Charlotte von Stein），一位比他年长的女性，文雅多闻而且兰心蕙质。他爱上她，而且感情持续了相当久。他和她在一起后，才逐渐成熟并担任公职。但三十七岁时，他忽然不告而别，在意大利待了将近两年。等回到魏玛时，他和夏绿蒂·冯史坦的感情也宣告破裂。他爱上克利丝汀·福布丝（Christiane Vulpius），她和夏绿蒂·冯史坦正好相反，个性活泼，喜欢色彩鲜艳的衣服、抢眼的首饰，也喜欢品尝美食。他进入人生的第三个阶段，不再四处旅游，而是过着居家生活，致力于研究植物学、物理学以及自然

———————————

① 这种形态如下图所示：

科学。①

5. 追求开放式的两性关系和趋于专一　这种经验常见于出身于社会低阶层的很聪明的人。起先他们不受重视，遭受了无数的挫折、打击，最后勉强接受安慰式的感情。后来，他们出人头地了，开始过着有些醉生梦死的生活，毫无节制。他们结婚又离婚，情妇不计其数。直到心态趋于成熟时，才找到心目中的理想伴侣，接下来便是稳定的专一关系。②

6. 唯一的真爱　有些人一辈子就只有唯一的一段真爱，而且终身忠实。威尔第就是这样。他和他的栽培者的女儿结婚，但他们的婚姻毫无感情基础。后来他爱上史翠波妮，她对他深具信心，并在他的音乐生涯起步时全力协助。他们一直生活在一起，直到史翠波妮去世。这段一对一的感情唯一的插曲，是他忽然爱上女高音泰瑞莎·史多兹（Teresa Stolz），但八成也只停留在柏拉图式爱情的阶段而已。弗洛伊德的情形也相去不远。③

---

①　这种情况下，图示是这样的：

②　该类型如下图所示：

③　Ernest Jones, *Vita e opere di Freud*, Il Saggiatore, Milano, 1962.

第十六章

早发的危机

为何出现危机?

关于婚姻生活的研究显示，在各文化和各社会里，危机和离婚主要在婚姻的刚开始几年发生 [①]。为什么呢? 很多人的解释是，两人谈恋爱是浪漫气氛所致，心中尽是少女少男情怀式的幻想，因此决定结婚是一时冲动，是非理性的。对此，我们倒是持相反的意见，认为大多数时候，夫妻间早发的危机（Crisi precoce）之所以发生，是因为两人之间尚未建立稳固的感情关系。不过当然，有很多人尽管相恋但仍会出现危机，譬如，彼此的人生计划差异太大。

缺乏爱意

许多夫妻的感情不顺，只因为"决定在一起"的这两个人

[①] 参见 Helen Fisher, *Anatoia dell'amore*, Longanesi, Milano, 1992, pp. 52-55。

彼此并不是真正相爱。且让我们来看看四类这种情形。

1. **爱情探索** 恋爱总是以探索做开始，两人之间出现了一份关心、一次触电的感觉、一种强烈的悸动。各自希望在对方面前展现自己最好的一面。恋人不会要求对方做粗重的工作，反而提供帮助；不会批评他、责怪他，而是夸赞他；不会对他颐指气使，还乐于为他服务。这个阶段，两人总是情话绵绵，满脑子只有对方。我们不工作了、不节省资源了，而是尽情使用，就像度假或在节庆的时候一样，我们变得出手很大方。我们只在乎自己和对方的身体，在乎美感、情欲和爱情。

但是如果两人交往稳定，决定生活在一起，那么日常生活中的柴米油盐很快就会找上他们，于是工作、倦怠、忧虑又来了。而先前只需成天谈情说爱的两个人，现在必须面对现实生活中的问题。各自对对方有所要求，会批评他、责怪他、提醒他该做的事，个性上和习惯上的差异逐渐浮现。如今很多年轻人在家里住很长的时间，凡事都被父母照顾打理得好好的。他们不习惯面对生命中的小困难，譬如打扫、洗衣、煮饭、叠被子、工作赚钱、省吃俭用、量入为出等。如果不是真心相爱，那么诗情画意很快就会烟消云散，爱情也黯然褪色。

弗兰切斯卡·朵（Donata Francescato）在她的研究《当爱情结束时》（*Quando l'amore finisce*）中，让我们看到很多这类例子。譬如，泰瑞莎（Teresa）说："星期六、星期天见到他的时候，我真的很开心……我想说要是一整个星期或一辈子都和他在一起多好……那样一定很棒，我会变得更好。"[1] 瓦列莉雅

---

[1]　Donata Francescato, *Quando l'amore finisce*, Il Mulino, Bologna, 1992, p. 73.

（Valeria）说："我和老公结婚完全是一股冲动。我好爱和他做爱，我觉得他很帅，很有魅力，总是让我意想不到（……可是）我们都受不了这么年轻就被婚姻绑住，我们所有的朋友都是单身贵族，我们却不是。我们以前都是待在家里，被妈妈照顾得好好的……后来我觉得这根本是一场玩笑，是不对的。"①

2. 对婚姻的浪漫幻想 少女常幻想着不可思议的恋爱情节，她们中很多人幻想着和明星、偶像谈恋爱。有些人的订婚和结婚对象，其实在她们看来远远不如自己心目中的理想形象。她们没有真正爱上对方就与对方结婚，尽管她们可能不肯承认。她们好想谈一场恋爱，希望有机会爱得刻骨铭心。但爱神迟迟不眷顾她们，现实生活中的男人永远比不上理想中的男人。因此，尽管她们并非真的有那种刻骨铭心的感觉，也只好说服自己相信这就是轰轰烈烈的爱情。有些人向往雪白的婚纱、盛大的婚宴、朋友们赞叹的眼光和嫁为人妻的感觉。她们相信结婚仪式——体制——能够让爱情开花结果。这是想当然尔，婚姻并不能像变魔法般点石成金，感情没有变得更深厚，丈夫也没有变成魅力无法挡的白马王子。结果，眼下他们住在一起，除了婚前说过的话之外，没什么别的话好说，他们独处时简直度日如年。彼此发现，对方依然是那个样子，一样的习惯、一样的缺点、一样的偏见。于是接着便是失望、愤怒、指责、口角和控诉。几个月或一年之后，就着手准备离婚。②

这让我想起银行家的千金的故事。她长得漂亮、任性，而

---

① Donata Francescato, *Quando l'amore finisce*, Il Mulino, Bologna, 1992, p. 70.

② 参见 Francesco Alberoni, *Il volo nuziale*, Garzanti, Milano, 1992, p. 93。

且非常自信。她不曾爱上别人，倒是有过几次调情和一头热，以我们的定义来说就是探索。然而她觉得这样的自己不完整。从小时候开始，她就一直向往着伟大的爱情和婚姻。一场别开生面的婚礼，要有雪白的婚纱、上百位宾客。她要成为一位有房宅、有丈夫的"女士"，她想成为大人。她交往中的男友，在外表上很吸引她，两人在床上的契合度也颇佳。两人都和父母住在一起，生活完全不需要他们自己操心。他们一起共度了愉快的假期，非常浪漫，两人手牵手私订终身，大家也报以祝福。她相信婚后两人将爱得更深。

　　她很想谈恋爱，也认为自己恋爱了。但只要仔细检视她的态度，就会发现他们的感情根本没有初生状态，也丝毫不见那种自身彻底的蜕变。那种蜕变本应使她依对方的情况来改变自己，使彼此融合，一起形成一个新的共同体，借由共同的奋斗和牺牲，立足于这个世界，因为她清楚地知道自己的使命和目标。她依然是原来的她，那个习惯于安逸生活的大小姐。在她的幻想中，婚姻应该要启动、激发、揭开爱情，让爱情诞生。婚姻，亦即体制，应该奇迹般地带动初生状态。这实在是大错特错，却十分常见，尤其是在很年轻的女性之间。

　　3. 理性选择　有些时候，之所以缺乏爱意是因为当事人决定凭理性选择最适合的对象。美国婚姻专家多玛·海恩（Dalma Heyn）让我们看到了琼（June）的例子。琼想要一个孩子，因此决定结婚。于是她选了一个十全十美的丈夫，身心平衡，体贴细心。可是婚后不久，她就发现她受不了他，很快就离婚了。康妮（Connie）的案例更有意思，这名少女把性视为一种征服和一种义务。为了走在潮流前端、随心所欲，她和上百个不同的男人做爱。后来她又决定当个稳重成熟的女人，该结婚了。于是她开始寻找理想的丈夫人选，而为了不出错，为了不被感情或情欲所影响，她选了一个看起来稳重、严肃，但丝毫不会引起她任何情感和性欲的人。可想而知，结果非常糟糕。[①]

　　这类冷血、理性的抉择，多半发生在失恋之后。我们之前在讲安慰式爱情（amore consolazione）的时候曾经提到，当时举的例子是"都灵男人"。一开始，他过着放荡不羁、毫无规章的生活。但几年之后，他开始需要女人的温暖、诚挚的关怀、真心的情感。于是他开始与以前的一位女同学交往，她很温柔，人很好，对他很体贴也很细心。他并不爱她，可是他很喜欢她慷慨、真挚、开朗、忠实的这些人性化特质，她会是个理想的贤妻良母。肉体上，她并不怎么吸引他。多得是比她更美、更迷人的女人，但他晓得人生中鱼与熊掌不可兼得。他心想，彼此了解得更深之后，也会爱得更深。有这名女子作伴侣，他感到很有安全感，觉得自己被呵护、被深爱着。他娶了她，两人也有了孩子。但我们想想也知道，几年后他爱上了别的女人。我们要再提一提悲剧性的克雅拉的故事。一次失恋后，她答应嫁给一个住在米兰附近的男人，只因为这样她就能更接近逝去的旧恋情。她的丈夫过世后，她于一个冬夜离家出走，从此再也没有她的消息。

　　4. 当两人中只有一人一厢情愿　情侣的形成必须具备相互性，倘若少了相互性，那么融合的历程就只能是局部的，赋予历史意义的历程也无法展开，而两人的协议也不像真正相爱的协议那么举足轻重。民间有一句流传已久的格言："随着时间的流逝，一方的爱意能唤醒另一方的爱意。"（Col tempo, L'amore di uno risveglia quello dell'al.）在以前的农村社会里或

---

　　①　Dalma Heyn, *Il silenzio erotico delle mogli*, Frassinelli, Milano, pp. 33 e 81.

许是这样的，但今日的男女直到六十岁，性生活都还是很活跃的。他们身边充斥着各式各样的机会、各种可能的因缘际会，不好好享受爱情的人，好像就太吃亏、太拘谨了。他可能感受到温柔，有时候心生感激之意，但这些感受很难演变成爱情。

现在让我们来看看医师的妻子的例子。她从小没有父亲，母亲的管教很严格。她长得美丽动人，体态姣好，很吸引男人的目光。母亲把女儿的姿色视为值得拿来投资的珍贵本钱，所以总是劝她不要和没钱的男人交往。许多年过去了，原本的姑娘如今三十岁，风采依旧，但很怕自己开始人老珠黄。

某晚在舞厅里，她认识了一位医生，他还不到二十岁时就已经坐拥数辆豪华跑车。直到现在，他的收入还是有很大一部分都用在购置昂贵跑车上，所有人都认为他很有钱。她认识他的时候，他正处于夜夜笙歌的性爱探索阶段。每晚都泡在舞厅里，从没在凌晨三点以前回过家。他对任何女人都感兴趣，他的艳遇一段接一段。事实上，他已经准备改头换面，准备迎接一段新恋情。

她被他吸引，她不喜欢他的相貌，但他的豪华跑车、他奢华的生活态度深深吸引着她。她的母亲私下打听，得知他即将继承一笔庞大的遗产，总之，他就是很有钱。这一切都令这女孩非常兴奋，因为她觉得自己终于要实现长久以来的梦想：嫁给亿万富豪。

初次相见，医生看到这位小姐亭亭玉立、身材玲珑有致、有一头浓密的红发、有一对挺拔的胸部，马上就对她一见钟情。他邀她乘坐他的豪华跑车，路人都忍不住回头看他们。他从未见过这等美女，她简直就是巨星、女神。这位女神接受了他，和他做爱，还准备搬来和他一起住。他不曾感到如此骄傲，不曾觉得自己如此神气威风。他怀里拥着的可是绝世大美人，是大家都欣赏、大家都目不转睛地看、大家都想追求的大美人，但唯独他抱得美人归，他感到飘飘然。他觉得自己就像巴力，得到了天下第一美女海伦。他之所以渴望她，是因为所有男人一看到她都渴望得到她。这情形就好比某女孩遇见了大明星，而明星在众人之中特别挑中了她，于是她骄傲地走在他身旁，享受着其他所有女人羡慕的眼光。但他的对偶像的崇拜转变成真正的爱情，他渴望融合，渴望全心全意照顾她。他想："这个女人就是我的梦中情人，就是我一生一世的挚爱。"

但她没有爱上他。她并不喜欢他的相貌，他没有让她"小鹿乱撞"。吸引着她的是他的奢华生活、他的豪华跑车、他的富裕。她觉得这样还挺愉快的，但最重要的是，她看到将来自己、自己的家庭和未出世孩子的生活将不虞匮乏。而且假如她真的想当母亲的话，到了这个年纪也该做一做决定了。她想当母亲，她怀孕了，于是他们结婚了。

接着是幻灭。她日日夜夜和丈夫生活在一起，发现事实上他不如她想象中那么有钱。他收入不少，拥有漂亮的车，因为非常爱她，所以也送她昂贵精致的礼物，但他不是亿万富豪。尽管他出手阔绰，他仍然只是个医生，收入也是每天辛苦工作赚来的血汗钱。这个发现令她深受打击，她感到怒不可遏，她忽然对他、他的身体、他们的性关系感到无比反感。他们的孩子出世后，她很专注地、过度地把心力投注在孩子身上，从此不再多看丈夫一眼。她骂他小气、自私，而且在公开场合当众责怪他。这段婚姻快到不可挽回的地步，但医生做出了反应。他解释说他从来就没说过自己很有钱，从来就没有欺骗她的意思。他告诉她，她必须做个决定，究竟要让孩子有个父亲，还是要独自生活。他爱她，也会是个好父亲。他要求她做个决定，但决定之后就不要再后悔。如此坦白地摊牌后，她决定留下。但因为她不爱他，他们的婚姻也注定无法圆满。

伪　爱

往往情侣很快就会面临感情危机，因为两人误把伪爱当成真爱。在伪爱中，两个人都以为自己恋爱了。只要仔细检查，就会发现初生状态的构成元素并不齐全。最常见的伪爱类型为：竞争式爱情、一时迷恋的崇拜和性爱迷恋。

1. 竞争式爱情　在这种爱情里，竞争才是这种感情背后真正的本质。我们极度渴望属于他人的人、渴望抗拒我们的人。之所以产生欲望，是因为有障碍，需要费力争取。

竞争式爱情有三种形式。第一种是征服的欲望（desiderio di conquista）、诱引的欲望。例子可见于卡斯铁兰小说中的人物狄亚哥和史蒂芬，以及小说《克莱芙王妃》。竞争式爱情对情侣是不利的，因为这种爱情只要一获得对方的善意回应就会顿时消散。

第二种竞争式爱情是以印证自己比对手优越的渴望为本质，就像阿兰·德龙饰演的卡萨诺瓦或"寻找夫婿的女孩"。只要竞争对手宣告失败，这份感情马上也无疾而终。

第三种竞争式爱情的形成是由于情侣必须联合起来对抗某个对手、某个敌人。这常常见于想摆脱家庭束缚、想发挥自己的能力、想自立的年轻人，尤格·威立为我们提供了另一个例子[①]。一名有钱的犹太商人的儿子娶了一个信奉天主教的德国女

---

①　Jurg Willi, *La collusione di coppia*, Franco Angeli, Milano, 1993, p. 179.

子，父母想尽办法威胁利诱、软硬兼施，企图拆散他们，但没有用。他们偷偷结婚，而且过了多年相敬如宾的和谐生活。年轻人父母的反对、施压以及跟他们的决裂使这对小夫妻的感情更加坚固。但有一天，父母终于决定认同这段婚姻，并热忱地接纳儿子和媳妇。这一天，儿子忽然精神崩溃，与妻子的感情急转直下。

2. 一时迷恋的崇拜　我们已经花了很长的篇幅探讨青少年对于明星的一时迷恋的崇拜。对明星的爱是很脆弱的，因为对明星的情感取决于社会的指标。当群众对明星的喜爱消失时，青少年对他的崇拜也很容易跟着消退。当有机会近距离接触偶像、和偶像一起生活，当心仪的男人或女人有血有肉地出现在自己面前，所有优点和缺点都一览无遗时，这种崇拜也很容易消失。偶像那些非凡的优点，并非我们个人改观的结果，也就是说，我们并未通过初生状态，学着欣赏对方、就对方既有的模样去爱他、察觉他与众不同且独一无二的美。在一时迷恋的崇拜中，我们看到的不是对方本人，而是整个社会投射在他身上的形象。所以当我们有机会和他独处时，我们有可能大失所望。我们以为他一定是坚强、慷慨、勇敢的，结果发现他吝啬、懦弱又虚伪；我们以为他温柔又体贴，结果他粗鲁又傲慢。我们还必须知道，与偶像的关系是不平等的，他自认为是比较优越的、有特权的一方。

此外，与大人物、大明星结婚的人，到后来往往也希望拥有同样响亮的名气。他去参加宴会的时候，受够了总是被人冷落，而大家却对他的配偶趋之若鹜。通常，女性比男性容易接受这种不平等的待遇，女性比较容易接受当"某某的太太"，但男性就不同了。"女歌星的男友"（Uomo della cantante）就是这种情形。她是国内最负盛名的一位歌星，既美丽、聪明，又神秘。他则是一个杰出的建筑师。某晚她在演唱时，他认识了她，并马上对她深深着迷，完全是一见钟情。他开始热烈追求她，而她也进入了人生的另一个阶段，接受了他的追求。她愿意和他一起生活甚至愿意嫁给他。但男人开始犹豫，因为他们一起出去时，所有的目光总是集中在她身上，大小宴会上，所有来宾也只对她有兴趣，而且当她在舞台的镁光灯下演唱时，他只能站在角落，没有人会注意他。他无法适应这种情形，他无法接受当"某某的男友""某某的先生"。因此他拒绝和她一起生活，他继续过单身生活，偶尔才见她一次，仿佛两人是秘密情人一样。

3. **性爱迷恋** 我们已探讨了多种不同的性爱迷恋。在男性身上，它的特征是尽情享受肉体之欢，但不会演变成初生状态，也不打算规划共同的生活。在女性身上，它有时颇有偶像崇拜的性质，就像比才（Bizet）的歌剧《卡门》（Carmen）。卡门热情如火，她想恋爱，也想被爱。她喜欢何塞，因为他长得很英俊，因为他身穿军服，并协助她脱逃。他为了她入狱，可是等他出狱后，他想回到营队以免再度被捕。卡门的态度却显得她不爱他，她嘲笑他，诱引他当逃兵，怂恿他和她及土匪们一起做亡命之徒。她什么都没放弃，他却放弃了一切。他变成逃兵后，终日悲伤、郁郁寡欢。卡门对他厌倦了。她已经另结新欢：斗牛士艾斯卡密欧（Escamillo）。

典型的性爱迷恋是下面这个例子。有一个意大利商人，去巴西的里约参加嘉年华，疯狂迷恋上一位乡下姑娘。我们称他为"里约男人"（L'uomo di Rio）。他深信自己无可救药地爱上了她，一星期后成功说服她和他一起回意大利。他瞒着妻子，

把她安置在米兰的一间小公寓里。他每个月都给她一大笔钱，
她也定期寄钱回巴西老家。女子过着深居简出的生活，意大利
语说得很不好，并感到非常寂寞。她很想念她的母亲、弟弟和
朋友。她变得很悲伤，她失去了她在嘉年华时的风采、魅力和
性感。男人发现他的巴西小女友变得憔悴瘦弱，胸部也很小，
简直像个小孩子。现在，他竟对她产生了父女之情，并且更胜
过原本的肉体之欲。过了一两个月，女孩哭着央求他让她回巴
西，他觉得松了一口气。他送给她一笔可观的金钱，陪她去机
场。他们依然保持良好的关系。他们在巴西又见了一次面，但
起先浓烈的爱情已不复存在。

互相抵触的计划

即使情侣真心相爱，仍有可能发生危机，就算有初生状
态、融合、赋予历史意义、协议，也是一样。但初生状态让我
们更有弹性、更能互相配合，我们依然拥有独立的人格，有自
己的梦想、希望、情感和人生计划。我们已经讲过天人交战
以及它可能导致的决裂和悲剧。我们已经检视了数个不同的
案例，托尔斯泰和他的妻子苏菲的例子特别耐人寻味。婚后他
们搬进亚斯纳亚波利亚纳（Jasnaja Poljana）的房子，那是托
尔斯泰的小王国，屋内完全依照他的习惯摆设。那个地方可
说是脏乱到极点，家里的农工们就睡在走廊上，厨师是个酒
鬼。苏菲被托尔斯泰的过人才华所吸引，但她希望把他变成一
个正常的丈夫。她接手了这个家的管理，试图把它变成一个高
雅的住处。托尔斯泰却认为她的这些要求是矫揉造作。两人都
无法实现自己心中预想的人生计划，她希望人生能快乐、有品

位，他则想过农夫的俭朴生活。她希望找一个能和她的心灵交流的男人；他想找的女人则是能和他发生肉体关系，不对他的外表有所要求，能放弃社交生活，全心全意相夫教子，对知识别无渴求。然而，当初托尔斯泰之所以爱上她，正是因为她很有想法、很优秀、很优雅。现在他却想把当初吸引他的这些特质——快乐、活泼、想玩乐、想讨人喜欢——通通消灭[①]。由于他们会交换阅读彼此的日记，而日记中又写满了自己的疑虑和不满，婚后才几个月他们就已经吵架吵得不可开交。

外在因素

恋爱的时候，我们重掌个人的命运。我们抛开家庭和社会的约束，追寻自己的路。但有时候这些力量又卷土重来，逼我们变回原来的模样，于是爱情便消失了。伍兹·肯尼迪[②]的著作《爱的一年》（*Un anno d'amore*）描述了两个十八岁的美国年轻人在巴黎的生活，他们过着美国式文人的随性生活，很像从前的菲茨杰拉德、庞德（Pound）、亨利·米勒（Henry Miller）和海明威（Hemingway）等。男孩出身于富裕家庭，没有性经验。女孩莎拉（Sarah）从小在纽约的音乐秀场里长大。她曾经是一个导演的情妇，因为得过性病，失去了生育能力，但她很动人、甜美。她让他认识了女性胴体，教他体验性爱，而通过这段情欲关系，两人发展出深刻的感情。女孩开始踏入男孩的生活圈子，他们一起去艺术学校上课，两人如胶似漆。在这个混

---

①　Henri Troyat, *Tolstoj*, Rizzoli, Milano, 1969, Vol. I, p. 335.

②　Robert Woods Kennedy, *Un anno d'amore*, Rizzoli, Milano, 1973.

乱而叛逆的圈子里，这对情侣却互相忠实且紧紧相依。

　　后来男孩的母亲要求他回波士顿，他带莎拉一起回去。但那里是另一种环境：富裕、高傲、拘谨，完全是另一套价值观和游戏规则。莎拉很震撼，也很不安。她觉得自己格格不入，快窒息了。她所爱的男人，是她在巴黎认识的那个自由自在的男孩，而不是必须对家规而百依百顺的完美孝子。她知道自己永远无法融入这个环境，她永远无法实现自己理想中的爱情，于是她忽然对这个圈子生出反抗和憎恶之意。从小时候开始，她就一直觉得这个高不可攀的圈子是冰冷、充满敌意且无情的。于是她到纽约贫民区找她的母亲，并在那里找回了她从前奋斗时的那股勇敢、叛逆的力量。她决定再回到演艺界，毫无保留地善用自己的美貌和性感。他们的感情就这样结束，两人都未能克服彼此间的差异，未能跨越自己原生环境的鸿沟、脱离它的魔掌。他们未能创造一个新的生活模式，都被自己原来的环境吸了回去，只能走上分手一途。

　　刚成形的情侣和原生环境之间的这种冲突，尽管不见得总是这么强烈，但是相当常见，婚姻生活头几年不少冲突的导因是公公婆婆或岳父岳母的介入。①

削弱对方

　　有些人爱上的对象的一些特质和能力都胜过他们。然后，等他们确定对方也爱他们后，就开始一一消灭这些优点，即使

---

①　Rosa Giannetta Alberoni, Guido di Fraia, *Complicità e competizione*, Harlequin Mondadori, Milano, 1992.

当初吸引他们的正是这些优点。这里有个例子，关于一个相当有钱的已婚男人，他爱上一个女演员、女舞者，他被她自由的气息所吸引，觉得她象征着打破成规、象征着狂野的性爱，他想通过她来挣脱自己的硬壳、抛开自己的限制、摆脱自己的平庸。但她的美和她那难以抗拒的魅力又令他忐忑不安。他知道若想让她永远留在身边，他就必须永远表现得极度优秀，她才不会对他产生幻灭感。他没把握自己做得到，他对自己的能力不是那么有信心。他深知她所散发的魅力是何等惊人、何等诱人，她天生就是巨星。他很怕别人把她抢走，他甚至怀疑自己的爱。于是他把她关在家里，让她远离原来的环境，要求她放弃工作，让她生孩子，强迫她穿俗气的衣服，让她变得毫无特色。他把她变成普通的家庭主妇，毫无光彩，毫无魅力。他改造她、破坏她，最后他也变得不再爱她，不再渴望她。他草草结束了这段感情。

我们不是说过真正恋爱中的人渴望去爱且渴望增强他的爱吗？没错。可是我们也看到，在某些人身上既有有利于爱情的力量，也有不利于爱情的力量。对这种人来说，逆向的力量比较强，恐惧战胜了爱情。他爱上一个在原野上无拘无束地奔跑的绝美猛兽，但他又畏惧它，怕成为它的奴隶。他不想放弃它，他不想让自己痛苦。于是他用一种比较间接的方式扼杀自己的爱，他试着豢养它、驯服它，让它变得没有攻击性。他剪断它的翅膀，等它终于变成有成群小鸡的母鸡时，他对它也就彻底死心了。托尔斯泰和他的妻子苏菲就是这种情形。

再仔细地分析这种爱情，我们就发现它可以列入广义的竞争式爱情。这种爱情的动力来自在与他人的竞争中获得胜利、夺得某个大奖、战胜他人、凌驾于他人之上。在这种爱情里，当事人想印证自己的能力，但并没有打算付出感情。这是一种自私的爱情，这种爱不想提升对方，而是想尽办法贬低对方，把对方拉到自己的层级。这种爱情的特征是竞争和嫉妒，一个平凡的男人如果娶到一个众人追求的女星，起先他是很骄傲的，然后他就开始感到自卑，并出现了"嫉妒"之意。他企图摧毁她的美，让她变得像他一样平凡庸俗。唯有这样他才感到自在，唯有这样他才不需要费力提升自己、让自己配得上她。

这让我们想起桑德拉·米洛（Sandra Milo）的例子，她是由费里尼捧红的一位女星，并为爱情放弃了电影天后的地位。她嫁给一位医生，随他一起搬到小镇。她有了孩子，成为母亲。他娶她的时候，要求她放弃演艺生涯，要在家相夫教子，只属于他一人。简单地说，他要求这位女星变成平凡的家庭主妇。然而他是在她最红的时候爱上她的，当时的她家喻户晓、光芒四射，有如天上的星星。当这摧毁的工程结束时，他们的爱情也所剩无多了。桑德拉·米洛回到罗马，回到原来的圈子里，但没有影迷等待她。导演们也没有再争相邀她入镜，她的辉煌年代已经过去。

英格丽·褒曼（Ingrid Bergman）嫁给意大利导演罗塞利尼（Roberto Rossellini）时也遭遇过类似的情形。罗塞利尼非常有名，因为他创造了一个新的电影类型：新现实主义。英格丽·褒曼借由《战地钟声》《美人计》《北非谍影》等一系列名片成为好莱坞的大明星。两人都认为他们在一起可以创造出辉煌的成绩，但罗塞利尼走不出自己的框框。他让她演一些村姑角色，就像他新现实主义的作品一样。这些角色不适合她，结果并不理想。于是褒曼决定好好照顾家、照顾小孩，远离好莱坞，远离她的世界、她的朋友。直到有一天她受不了了，决定重回影坛，但再也不复以往的风光。

　　恋爱是建立在平等和互相欣赏的基础上。如果其中一人试图贬低对方，就等于扼杀了这份爱。恋爱的时候，不该有任何一方任由对方践踏、主宰、囚禁，因为爱情就是平等，就是自由。如果不维护自己的尊严和价值，如果不捍卫自己的人格，那么这不但是背叛了自己，更是背叛了对方，因为他正是为了这些特质而选中自己的。

超越一个不归点

　　每个人都有最在乎的东西、最基本的价值观，它们构成我们的人格，没有任何东西可以破坏它们，即使是恋爱也不行。当我们恋爱的时候，我们重新发现、重新确定它们，并重新把它们放回我们爱情计划的中心。我们之前已看到"想要孩子的女人"的例子，她恋爱之后，发现并确定了自己渴望当母亲。某些男性也同样渴望当父亲。不妨想想"雕刻家"的例子。一如我们所看到的，这个男人爱上一个非常漂亮的年轻女子，他热烈追求她。等她终于接受他后，他开始跟她谈他的结婚计划。他很有钱，在湖畔有一栋豪宅。他希望能和她一起住在那里，并和她生很多孩子。女孩的人生计划却全然不同，她想先把大学念完，然后投入电视影集的制作，她已经有数度机会参与制作了。也许有一天她也想要孩子，但目前的她一点儿都不想到湖畔别墅过隐居生活。她想留在目前居住的这个大城市，唯有在这里，她才能实现她在艺术上和事业上的梦想。"雕刻家"不愿放弃，他试图以诱惑来说服她，但年轻女子觉得自己受到逼迫，她离开了他。多年后，"雕刻家"认识了一个女人，她和他一样都希望生很多孩子。尽管他不爱她，却仍娶了她，他们生了很多孩子，"雕刻家"实现了他的梦想。他成了一家之主，而放弃了爱情。

有时候不归点会受到很久以前所做的决定的影响，就像以下这个我们称之为"女孩与导演"的例子。他是一位电视影集的导演，娶了一个很有内涵的英国女人，她有深厚的文学素养并热爱电影。他们成为一对银色夫妻，她对丈夫的工作很有兴趣，不时鼓励他、协助他。他们一起讨论拍摄计划、角色人选、配乐、场景安排等。有一天，制作单位邀请导演帮忙指导一个刚毕业、很想成为导演的年轻女孩。他答应了，他的太太也同意了，并帮助他教导这个徒弟关于导演工作的一切。但导演和这个女孩很快就习惯了独自讨论导演的事，仿佛只有他们两个一样。妻子心碎了，她默默观察他们逐渐形成的默契，并知道这里已经没有她的位子了。她离开丈夫，离开电视圈，离开他们一手打造的家，躲到一间有家具的公寓里，试图潜心于文学创作。

这期间，年轻女子搬来与导演同住。她说她爱他、想和他一起生活，所有人都认为他们相爱了，尤其是他的妻子，秉持着英国人特有的矜持，毫不打扰他们。有一天，丈夫来找妻子，不是为了向她道歉，也不是请她原谅他对她造成的伤害，而是来寻求她的忠告。他说他所爱的这个女孩愿意和他一起生活，愿意在工作上协助他，并他帮打理家里，但她不愿和他发生性关系。她想当他的知己、他的朋友、他的姐妹，但不愿当他的情人。为什么？因为许多年前，她曾经爱上一个与她同年的男孩，他们是幼儿园就认识的青梅竹马。男孩因车祸身亡时，她立誓从此保持童贞之身，终生不渝。导演不肯放弃，他找女孩的父母谈，还找来神父帮忙劝说。结果一切都是白费心思，女孩丝毫不为所动。导演的生活变成一场噩梦，他无法成眠，也无心工作，他的心里只有这段恋情。然而他没有勇气分手，一想到可能会失去她，他就快发疯了。他该怎么办呢？

他的妻子默默地听他倾诉，然后起身把门打开，告诉他："我会留在这里，静静地看，直到你的这段爱情故事结束。然后我会回到英国，永远不再回来。"导演回到家没有看到女孩的踪影，只看到一张纸条，短短写了几行字："我的位子应该在修道院。导演的生活情感太过浓烈，会使我无法遵守自己当初的誓约。我若留在尘世，只会造成痛苦。我也已经给你带来太大的痛苦了，别来找我。"

这天以后，男人不再试着找她。他的妻子回了英国，他也不曾再见到她。他放弃了爱情和工作，孤独地终日借酒浇愁。

第十七章
历久弥新的夫妻

一同成长

人生是一连串永不停息的蜕变。即使这些蜕变是一系列的小步伐，一般其呈现的方式仍是不连续的。一条持续承受着重大压力的铁缆绳，总是先经历分子结构上的变化后才会断掉。就连疾病也是出乎意料就爆发了。我们身体的机制会先尽可能地压制住病原，直到免疫力不足了，病症就出现了。人在做决定的时候，也是类似的道理。我对现在这份工作的满意度日渐下降，开始看身边，想发现别的可能性。我向朋友或专业顾问寻求建议，直到必须做出一个不可反悔的重大决定，于是我的人生起了很大的变化。群体运动、恋爱也是同理可证：累积了无数的小变化、小冲突后，探索了可能的新路线，最后爆发出来，演变成彻底的革新。

如果这些变化是连续的，或是通过无数极微小的步伐发展，而且我们一直都有意识到的话，我们就可以很容易适应，并且及早预防危机出现，但这在结构上是不可能的。情侣间的那些冲突、误会和问题，也依循相同的原理。就是因为这样，心理学家才建议夫妻要常沟通，要一起检视问题，免得紧张气氛忽然变得一发不可收拾。但由于既有的力量、人生中的曲折总是以不连续的方式作用在我们身上，所以情侣总是无可避免地要面对突如其来的变量、意料之外的问题。有些是源自先前未能满足的愿望，譬如，想要小孩、想要漂亮的房子、想去远方的国度旅行等。有些则是随着时间慢慢形成的。每当我们达成了一个目标，我们就设定另一个更高的目标，我们追寻自认应得的认同。还有一些则从外界作用于我们身上，例如，自己生病，或配偶生病，或兄弟姐妹生病，或父母生病。

所有这些状况可能分别影响两人，并对两人造成截然不同的影响。因此每一次的改变，都可能是潜在的危机，因为它促使双方重新评估各自的计划。所有这些时刻，两个人都可能达成共识，决定继续携手同行，再度找回相爱的感觉。也有可能分道扬镳，渐行渐远。人生中突然出现的曲折既有可能使情侣凝聚，也可能使他们分离。

所以爱情不是一种既存的、持久的、不衰的东西，而是经常受到挑战、震撼、考验的。它可以不断更新、重生或者减弱、衰败、消散。我们若想研究情侣的爱情何以能常常久久，就必须先探讨爱情可能遭逢的考验。爱情正是跨越障碍、危机而浴火重生。一同成长（co-evoluzione）[①] 不是个连续的过程，而是两人缓解了紧张气氛、解决了冲突和危机后达成共识的结果。

不妨来看看以下这个我们称为"两个知识分子"（Due

[①] 以我所见，这个概念是由尤格·威立（Jurg Willi）所提出的，他对此做了很长的研究，参见 *Che cosa tiene insieme le coppie*, Mondadori, Milano, 1992。

intelletuali）的例子。先生是科学家，太太是作家。这对夫妻没有子女，两人鹣鲽情深，不但感情甚笃，肉体上也很契合，遇到难题总是一同面对。他们一起旅行、一起工作，什么问题都一起讨论，而且通常下的结论也一样。在外人眼中看来，他们好像从来没有什么问题，好像总是口径一致。事实上，他们的感情之所以这么好，是因为各自不断远离去探索，然后又回来相会。

忽然有一天，先生意外地一举成名。真心爱他的太太替他感到快乐，并觉得他更有魅力了。尽管她在她的领域表现得也很杰出，别人却从此只对她丈夫有兴趣，对他的采访邀约不断，没有人再注意她的才华。往往是她解决问题、想出办法，但唯有由优秀的丈夫提出时，才会受到大家的重视。女人们羡慕她，只因为她是"某某的太太"，并在公众场合刻意对她视而不见。先生的敌手们故意攻击他的太太来伤害他。这种不公的待遇令她很难过，这种痛苦有时候一不小心就会转变成对丈夫的嫉妒和怨恨。如果两个人原本应该平等，却有一方得寸进尺，这种感受就很容易出现①。这个危机万一未能处理得当，后果一定不堪设想，但两人决定非常团结、非常有默契地一起出现在大众眼前。他们一起旅游、一起出席会议，肩并着肩面对外界，他们的感情注入了新生命。这是由于双方都主动采取了行动，他们也很有智慧地化解了重大危机。

几年后，太太开始对政治产生浓厚兴趣，她投入越来越多的心力在政治上。先生因为爱她，便慢慢跟着她接触这个

---

① 关于"羡慕"这个主题，参见 Francesco Alberoni, *Gli invidiosi*, Garzanti, Milano, 1991。

领域。彼此应该对对方从事的事情感兴趣，并且全心参与，这是一同成长的不二法门。但终究是太太对政治最有兴趣。他们持续讨论着政治，可是先生厌倦了，他想做别的事情。太太把时间都用来参与党内的会议，并接下一些党内工作。有人鼓励她参与竞选，先生并未反对，于是她开始独自远行，认识了许多男人。他发现自己生了醋意，他把这种感受告诉她。太太了解到，如果她答应参与竞选，如果她投身政治界，他们的共同生活就会受到很大的影响。他们甚至考虑是否有可能一起踏入政坛，搬到首都住，这样就能不分隔两地，可以一起工作。然后太太了解丈夫不适合这样的生活，这对他而言，牺牲太大了。于是他们决定她一星期可以有四天不在家，剩下三天则是夫妻共同的时间。

后来，太太发现政治活动不只是捍卫理念而已，还夹杂着累人的等待、无益的闲扯，以及没完没了的协商妥协。她开始怀念自己的家、自己的书卷、自己在宁静中沉思的时刻，以及和丈夫的深度对话。她了解到自己真正的志向是写作，于是他们再度找到共同的目标。他们继续关心政治，但只限于文艺的范围，而不亲身投入。他们将合写一本伟大的历史小说，而他们的人生也会翻开新的一页。

友　情

友情和爱情是两种不同的东西[①]。爱情是通过初生状态忽

---

① 　关于友谊与恋爱之间的差异，参见 Francesco Alberoni, *L'amicizia*, Garzanti, Milano, 1984。

然出现的。友情则是通过一次次的相见而渐渐深厚，因为朋友越来越喜欢在一起，互相越来越信任。爱情是一种执着的深情，我们有时会爱上不爱我们的人。但是友谊呢，倘若不是双向的便不能成立。爱情超越了善恶、好坏，某人可能伤害了我们、令我们痛苦，而我们依然爱他。友情却是一种道德情感。如果某人对我们的态度很恶劣、欺骗我们、背叛我们，我们是不可能和他做朋友的。当我们见到暗恋的人出现在眼前时，可是会小鹿乱撞的。当我们看到朋友时，却是快乐而平静的。恋人趋于融合，给彼此带来一定程度的压力。朋友是君子之交，互相尊重，尊重对方的私人及社交领域。当我们恋爱时，无法长久远离所爱的人，总是度日如年。然而朋友呢，却可以很久不见，再见面时，还可重拾数月前搁下的话题。情人眼里是容不下一粒沙的，假如所爱的人告诉我们他爱上别人了，我们一定痛不欲生。但要是有个朋友告诉我们他恋爱了，而且要跟他的情人环游世界，我们替他高兴都来不及。

然而，爱情若想长长久久，必须借助友情的道德情感：信任、互相尊重、忠诚、随和、谨慎、诚恳。它需要细心呵护，需要像友谊那样，恋人互相尊重彼此的自由、不认为自己有权要求对方什么，且尊重对方和自己的差异。在爱情中，当融合的欲望渐缓，而出现了另一种需求——每个人内心皆有，即尊重自己的需求——那么友谊便辟出了自己的一条路。爱情体制化的历程也可说是由融合过渡到友情的历程，它有它的极限、它的限制，它也有建立在承诺和协议上的道德关系。

可能有人不禁会想，爱情和激情消失了之后，情侣的感情是否仍可只凭友情继续维系下去。我们并不这么认为，斯滕伯格（Sternberg）的结论是一样的。依照斯滕伯格的主张 ①，情侣之爱有三个构成要素：激情、亲密感或友情和承诺。缺少了激情，也就不能称之为情侣了。②

　　友情是情侣之爱很重要的一个构成要素。道德情感的培养有助于让爱情更坚定，但只有友情是不够的。因为友情建立在喜欢的原理之上，如果某个朋友令我们失望了，他就不再是我们的朋友。如果他错怪我们、欺骗我们，或只是为人散懒无章、无聊乏味，我们就会尽量避免和他接触。恋爱时的爱情会设法克服这些困难，友情则不会。

　　关于情欲诱惑，两个朋友不需要在情欲上互相喜欢，不会有任何一方想诱惑另一方，如果有这种情形就不能称之为友情了。朋友就是以自己原本的面貌呈现在对方眼前，不多加修饰，态度也是自然而发自内心的。但如果情侣不是特别想吸引

---

① Robert J. Sternberg, *La triangolazione dell'amore*, in Robert J. Sternberg-Michael L. Barnes, (a cura di), *La psicologia dell'amore*, Bompiani, Milano, 1990. 这三个要素可用特定的标准来衡量，并以三角形的方式表现。在关系平衡的夫妻之间，三者的强度是相当的。假如某一要素特别强，那么三角形就会变得尖尖的或朝某一方变得扁扁的。

② 事实上，三角形会消失，如下图所示，参见 Guido di Fraia, *La passione amorosa*, Harlequin Mondadori, Milano, 1991, p. 59。

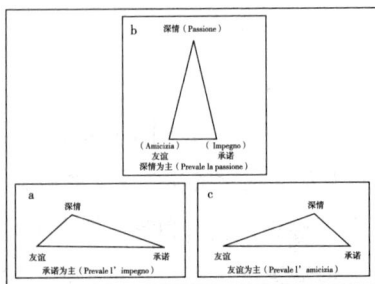

对方，那么两人之间的感情就所剩不多了，大概只剩相互尊重和相互习惯罢了。这有可能是一对老夫老妻，他们来日不多，对人生别无期待。但如果是青春洋溢、充满活力的两个年轻人，这样岂会满足？

最后，友情没有专一性。我们的朋友爱交多少朋友就交多少朋友，他大可结婚、离婚、尽情谈恋爱，不告诉我们都没关系。但如果情侣之间也允许有这样完全的自由，那会发生什么事呢？我们为什么称之为情侣呢？这就是为什么我们不说"一对朋友"，而只说"两个朋友"。

亲密感

近几年来，亲密感这个议题十分受到重视 [①]，特别是某些女性心理学家。她们观察到，女性——尤其是少女——变成朋友时，她们会互相触碰、抚摸、拥抱、一起研究和比较彼此的身体，并不会觉得不好意思，即使是最亲密的部位也一样。她们一五一十地畅谈自己的恋爱、性爱、感情经验，她们把秘密都告诉对方。她们对彼此有着无限的好奇，就像她们的母亲也对她们同样地好奇，仿佛她们依然是她身体的一部分，仿佛她们是她心灵的延伸。

不过，男人就不会轻易表达自己的感情和感情的烦恼。他们觉得不好意思，仿佛这是一项弱点，他们害怕展露自己心灵脆弱的一面。在一般人的想法中，男子汉大丈夫不会哭哭啼

---

① 　关于亲密关系的研究，参见 Murray S. Davis, *Intimate Relations*, The Free Press, Macmillan Publishing Co., New York, 1973. 至于对夫妻的运用，参见 Willy Pasini, *Intimità*, Mondadori, Milano, 1990。

啼，他们不会把心中的感受写在脸上，他不哭、不啜泣、不聊八卦，因为这些都是女人做的事。他是很勇猛、很坚强、很沉默的，他可以二话不说就去迎战敌人。

两性间的这种差异来自长久以来的文化传统，一直到今天仍存在，并可能对情侣造成影响，譬如，女人很想聆听男人的感受，和他沟通自己的感受，而男人却退避三舍。我们在很多案例中都观察到这一点。男人最关心的是工作，他下班回到家很累，看不到女人为了表达爱意为他做的许许多多小事情。例如，她在花瓶里换上了新的鲜花，餐桌也换了新的桌布，沙发上摆了一个彩色的抱枕。有时候，他不想说话；有时候，他真的不知道该说些什么。于是她从电视连续剧中寻求感情慰藉，而他则看球赛。

然而，当男人恋爱时，不管他是否愿意，他的心中也不禁感到悸动、感到澎湃激昂，使他很想表达出来、说给所爱的人听。在恋爱中，即使是最强硬的男人也不禁动容，也会落泪，且渴望和所爱的人融合，把自己过去的一切都说给她听，并想知道关于她的一切。但是这个敞开心胸和融合的阶段，往往是短暂的。当男人确定对方也爱他后，他对情感的戒心又回来了，他又披上从小就披着的盔甲。

情侣的生活非常仰赖由初生状态所形成的亲密感，即使只保存一部分也好。体制既应该守护初生状态，也是初生状态的产物，能实现部分初生状态当初引发的梦想和期望。不过不该因此就误认为，爱情的稳定度与融合的程度成正比、与情侣互相的认同成正比，不要误以为两个人可以就此融为一体，仿佛他们是同一个人似的。和同卵或异卵双胞胎的亲密感是一样的，他们在彼此身上看到自己的模样、自己的情感、自己的想法、自己的举止。所以情侣对彼此的认识是很深刻的，没有阻碍、没有屏障，他们通过宛如映影的对方认识自己。恋爱的亲密感则相对的总是有一段差距、一份隔阂、一段新发现。这不是自然而然就存在的，而是需要亲自探索、亲身付出的。

有些人认为夫妻之间应该完全坦承，毫无秘密，绝不隐瞒。如果他们心头忽然有一股怒火上来，他们非得表达出来才行，必要的话甚至会呐喊、嘶吼。如果他们对第三者有所渴望，他们也会表态，因为只要公开说出来了，就不会造成什么伤害。唯有压抑在心中的才会被打入潜意识而变成祸根。这些都是强词夺理。"意识流"（flusso della coscienza）是一连串混乱交叠的思绪、想法、假设、感受、怀疑、畏惧、梦想、恋爱冲动和暴力冲动①。这条大河由千万条小溪汇集而成，又分散成千万条支流，然后重新组合，又再度分支。如果任由自己受这条大流的引导，无异于放纵自己毫无章法地胡乱变化，放纵暴力倾向随意爆发，不断地分散自己的力量。

情侣之间需要讲真话，需要诚恳，可是也需要前后的一致性，需要计划。个体要懂得剔除有可能扰乱或过度侵犯所爱之人的想法或情绪。不怀好意的嘲讽、令人生气的借口、轻浮的言论、指责、污蔑，都会留下痕迹，久而久之两人之间的关系就出现了一道鸿沟。

事实上，每个人都拥有很多不同的性格。在我们的一生中，我们走过了许多不同的路，曾建立一些身份，后来又放弃了。人生中的每一个转折点，每一次换方向时，我们都运用了

---

① 在《尤利西斯》（*Ulysses*）中，詹姆斯·乔伊斯（James Joyce）曾试图表达这种"意识流"。

某部分的内在的我（io pregressi）。无论如何，所有这些内在的我都持续存在，尽管是依附在我们的新身份之下，但它们依然是我们的一部分，依然是我们的深层核心。我们能在遇到紧急情况时取用它们，或借由它们让自己更出类拔萃。

当我们恋爱时，在赋予历史意义的过程中，我们会逐步告诉所爱的人，我们以前是什么样的人和是怎么变成现在这个模样的。回顾过去，让我们重温自己从前的这些性格，也唤醒了它们。它们就像沉睡的恶魔，一旦被唤醒了，有可能为我们带来更多的力量，但我们不能放出它们，然后坐视它们肆无忌惮地为所欲为。在亲密的对话中，我们可以提到它们，让它们说话和行动，但一定要限制在有咒语的安全小圈圈里。如果我们任由它们胡乱爆发，这些恶魔就会破坏我们的性格，让一切都失控。这会摧毁爱情，因为初生状态正是从没秩序到有秩序的过程。因此亲密感能披露我们不可能的梦想，能解放我们压抑的性格，但一定能够与我们的新爱情、新的个人身份和群体身份兼容才行，成为情侣一同成长历程中的一种创造工具。

这些内在的我也是不同凡响的资源，能帮助我们面对未知的新状况。在泰戈尔的一则著名的故事中，有一位大政治家，他年纪大了，决定退隐，到山上冥想。他独自生活了很多年，没说过一个字，近似于植物或石头。当地的人视他为圣人，但不敢接近他。有一天，这个地区受到暴风雨侵袭，严重的程度前所未见。暴雨冲毁了村镇和房舍，人们惊慌失措，四处奔窜。于是这个老人仿佛从一场长梦中醒来，又恢复了以往的模样：变成大政治家。他发号施令，组织慌乱的民众修建堤防，他们因此获救了。然后，他又默默回到山里，过着那种一动不动的修行日子。

在一同成长的历程中，为了面对一些新状况，需要采取不同于以往的措施时，有时候必须借助这些潜在的资源。如果情人彼此信任，这个历程就会比较顺畅，他们可以放心地展露自己的性格和过去较隐秘且危险的一面。

利害与共

意大利文的"Complice"（同谋、共犯）的意义是负面的，它指的是两个人进行不法勾当时互相支持、信任和帮助。"Complice"指的就是协助小偷偷东西并逃避法律制裁的人，不管动机是钱财、友谊或爱情，以法律的观点来看，这些行为都是相同的，全都是违法的。

不过在法文里，这个词同时拥有正面的意义，指两个朋友、两个互相喜欢的人之间的信赖、默契和支持。利害与共是爱情一个私密的层面，意味着两人站在同一阵线，对于可能阻挡、威胁他们的障碍，他们有同仇敌忾的态度。这一层意义是很重要的。是的，两个人已达成共识、互相协助、互相支持是不够的，在情侣关系中，还需要另一样东西：共同抵御外界。情侣是一个社会实体，必须在这个艰难的世界中求生存。因此情侣必须是一座碉堡、一座坚城，要抵挡攻击，要保持战备状态。就像总司令部一样，他们必须研究策略、制订计划、耐心地一步一步执行，而且不可吐露机密。

彼此了解对方的优点和弱点。他们倚赖彼此的长处，补足彼此的短处。在社交生活中，他们互相隐恶扬善。当对方有难时，为他赴汤蹈火、两肋插刀；为他提供金钱或编谎，必要的话甚至不惜诉诸武力。

有一种所谓利害与共的喜悦，这是古老部落的战士们所熟知的。他们分成小队,准备攻入敌人的地盘,那里每一片草丛、每一片阴影都可能隐藏着陷阱。但他们并不是孤单无援的,因为同伴在身边,同伴会保持警觉并掩护他。当两个朋友、两个情人、两个配偶一同面对一个障碍或一项挑战时,这种古老的喜悦也会出现。我们从各式各样的情侣身上都能发现这种喜悦。例如,一对共同经商的夫妻,他们的结合似乎全凭利益,然而对他们而言,这项共同的活动就像一场追逐和打仗,像角色扮演的游戏,像不停歇的演戏,一个眼神、一个抑扬顿挫的声音都足以传递一个信息,就像两个熟练的老千一样。我见过这样经营生意的夫妻,两人显然有意见分歧,但事实上却是相辅相成,不能没有对方。利害与共这种关系,在婚姻中有可能比性爱更强烈,或者是在性爱淡薄后取而代之。

利害与共是爱情的一个层面,但不是浓烈的激情。一般而言,它会随着共同的生活,随着相互的了解,随着并肩作战的习惯而逐渐加深。诚恳、信赖、亲密等都有助于它的茁壮,但一同面对和解决难题、判断人情世故、制订计划时,它也需要冷静的理智。激情令它混乱,而嫉妒会摧毁它。因为嫉妒令人生疑,会使情人像两个敌人一样互相窥探。利害与共也会因愤怒和恐惧生变,这些情绪太"烫"、太不稳定了。它需要的是互补,万一两个人都栽入同一种情绪,一同起哄就完蛋了。如果一人害怕了,另一人就应力求镇定,保持冷静。如果一人冲得太快,另一人就要懂得刹车。如果一人被冲昏了头,另一人就要更沉稳谨慎。

第十八章
迟来的危机

为何出现危机？

许多研究显示，共同的生活、重复的举止、相互的了解都会加深彼此的信任，让感情更稳定，但会减弱性欲以及对新奇事物的期待感 [①]。久而久之，缺乏激情、缺乏难题、缺乏奇遇的爱情就会取而代之，弗洛姆在《爱的艺术》（*L'arte di amare*）中所描写的就是这第二种爱情。它的基础是相信自己可以信赖对方的一种踏实感、安全感。但不需要对方随时都在自己身边，不需要一看到他走路、睡觉、呼吸，就觉得心里小鹿乱撞，不需要在性欲上感到亢奋，想说的话不会如鲠在喉，不会感到快乐得冲昏了头和极致的喜悦。

我的研究小组发现，不论是男人还是女人，激情总是在婚姻的前三年最为强烈，随后它就减弱了。十年后，在女人身上

[①] 在以色列的集体农场（Kibbutz）中完成的研究显示，在 2769 对夫妻中，只有 13 对是从小就一起长大的青梅竹马。共同的童年和青少年岁月，能够培养亲情和友谊，不过会削弱性吸引力。

减弱较多，她们也比较痛苦[1]。男人比较容易适应婚姻的单调生活，觉得还挺自在的。女人不是很喜欢婚姻生活，因为都是她在做家事和整顿家务，而男人则坐享其成，也因为女人更重视感情、对话和亲密感。婚姻专家罗拉·雷米迪（Laura Remiddi）在一次访谈中说："我从来没见过哪个丈夫是因为妻子不跟他说话而要求分居或离婚的，不过这个理由却常常由女方提出。"[2] 这种嫌隙所导致的不愉快往往导致某些女性宁可独自居住，也不要和一个像饭店旅客的丈夫住在一起。她们怀念热恋时期的甜美时光，当时这个男人对她又深情又细心，他举手投足都像勇敢的白马王子，他的温柔令她心神荡漾。忽然有一天，她们也不记得是什么时候，她们开始怀念爱情，开始觉得自己活像个陌生人，心中不由得生起闷气。这种生气是男人所无法了解的，所以这令她们更生气了。直到最后她们决定一个人生活。

---

[1]　Guido di Fraia, *La passione amorosa*, Harlequin Mondadori, Milano, 1991, pp. 82-83. 其差异如下图所示：

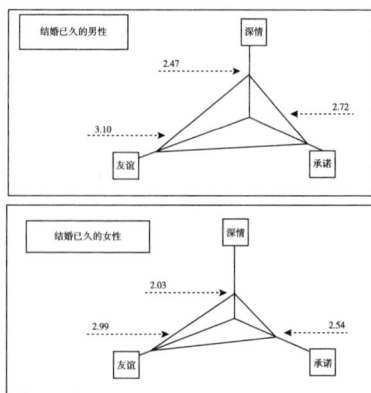

结婚已久的男性

深情

2.47

3.10

2.72

友谊　　承诺

结婚已久的女性

深情

2.03

2.99

2.54

友谊　　承诺

[2]　因研究而进行的访谈，收录于 Francesco Alberoni, *Il volo nuziale*, Garzanti, Milano, 1992。

她们的丈夫往往从婚后最初几年开始，就对夫妻间的性生活缺乏兴趣了。似乎只有别的女人才会让他们眼睛一亮。

但这些现象到底意味着什么呢？是性欲逐渐降低，是对日常生活的柴米油盐习以为常，还是累积了无数没有处理、没有解决的危机呢？以上皆是。

日常生活化 恋人一开始总认为"有了爱情就不需要面包"，但渐渐才发现早上从被窝爬出来、工作上的压力、小孩的哭闹其实是很累的。他们心目中的未来是很轻松、很美好的，如今他们所遇到的困难削弱了他们的冲劲，使世界不再诗情画意。乐观的人、充满活力和爱的人、慷慨的人会不懈奋斗，想办法克服挫折，设法从微小成就里得到满足。但一些人可能比较脆弱，觉得自己好像失败了。

让我们再回过头来谈谈之前讲过的内容。最关键的要素就是恋爱的力量、活力、热情、决心、自信，以及一心一意希望爱情成功，和尽全力让自己所爱的人幸福。还有改观的历程，让我们不论从任何东西身上都能看出价值和美感。然而对于所有的人来说，即使是爱得最深的恋人也一样，共同生活是由许许多多的义务和讨厌的琐事组成的。彼此需要对方尽一些义务，会提出要求，而如果要求没有被满足，就会抗议，会责怪对方、骂对方。

情欲是游戏，是热情，是互相求爱。情欲总是脱离日常生活、脱离平凡[①]。如果没有好好拿捏这个历程，性欲就会受到拖累。这样往往会发生外遇，因为再也受不了日常生活中的单

---

① 这是萨莎·魏特曼在她的论文中提出的观点，参见 *On the Elementary Forms of the Socioerotic Life*, Pro manuscripto, Univ. of Tel Aviv, 1995。

调无聊、责任、义务和束缚，因为想再体验活力充沛、年轻的感觉，不想再听到别人叫自己做这个、做那个。和一个陌生而不同的人在一起，可以忘了自己是谁，把自己的挫折和义务都抛在脑后。外遇就好似放假，它打断日常作息、工作进度、生活中的冲突、等待、抱怨和责任。情人不会指责、批评或抱怨。情人总是说甜言蜜语，让人觉得自己变得年轻、令人好奇、值得追求，觉得好像又能大口呼吸、好像又年轻了，又自由了，好像又能享受单纯的喜悦了。

危机　这个历程尚不足以解释全部。情侣是一个有生命的实体，有自己的故事。这个实体会演变，会经历压力和危机。危机出现的原因可分为三大类：第一类是因为过去的重现；第二类是因为分歧的发展，情侣对生活际遇做出了不同的反应；第三类则是因为于羡慕式的竞争和相互憎恨及报复。

过去的重现

我们见过一些案例是妻子想要小孩或想从事创作，但丈夫不支持她。还有一些情形则是想要重现过去，却受到阻碍。譬如"南部女子"（La donna del sud）的例子，她嫁给北部的一个大老板。这个男人是她理想中的丈夫，她非常愿意夫唱妇随，愿意依他的要求改变自己。但这男人非常在乎自己的家族、自己的习惯，他对南部的文化非常不屑。他拒绝见岳父岳母，命令她与自己的故乡、自己的父母和自己的传统断绝关系。他挑剔她的口音，她便去发声学校上课，矫正自己的发音。总之，他逼迫她融入这个环境。即使有时她觉得他的要求有些过分甚至有些侮辱人，她仍顺从这些要求。可是几年后，她觉得很想回到自己的故乡，很想回去见见父母，很想再次听到自己的乡音。由于丈夫总是带她到不同的国家，她觉得自己好像被流放了。当她母亲病倒时，她请丈夫准她探望母亲。他不同意，因为他已经习惯让她打理生活中的大小家务。但她坚持要去，他们大吵一架。她依然离去，一到机场，她就觉得自己好像终于重获自由。丈夫不断给她打电话，要求她回家。他不了解她的问题何在，也没有询问岳母的健康状况。这个女子首度对丈夫产生了反感、憎恶的感觉，她受不了了。她清楚地告诉他她厌倦了他的独裁态度，说她要在故乡住一段时间，说等她想回家了才会回去。丈夫觉得自己被遗弃、被背叛了，他深信这是亲家的阴谋。就这样产生了危机，后果十分严重。

　　这就是过去的重现，一段过去好像无足轻重，却是一个人的一部分。在恋爱的过程中，我们放弃了自己不少的层面，我们变了。但我们内心深处依然保留着一些欲望、一些需求，很可能在很久以后才会浮现。"工程师"（L'ingegnere）就是这样。他在一个贫苦的家庭长大，后来终于在事业上出人头地，并取了一个有钱的妻子。结婚几年后，夫妻二人决定盖一栋大别墅，妻子提议在她父亲的一片大土地上盖，他们就这么办了。工程师把自己所有的积蓄都砸了下去。由于连工程师自己都认为妻子很有品位，因此从挑选建筑师，到房子的设计图和室内装潢都由妻子一手主持。别墅建好后，工程师请岳父把房子所在的那块地卖给他和妻子。他想要实现心中长久以来的梦想：完完全全拥有一栋自己的房子和一个大院子。可是岳父却说这是不可能的，说这块土地和他其他子女的土地相邻，不可以就这么分割了这块土地。妻子认同岳父的说法，工程师很生气，他坚持自己的想法。结果他发现妻子这边的亲戚，都很不能理

解他竟提出这样的要求。他的妻子责怪他竟有这样的提议。他
觉得自己的妻子好像成了陌生人，只祖护她的家族和传统。于
是这里我们便看到了双重的过去的重现：他的和妻子的，即他
年轻时的梦想，妻子对自己家族的骄傲。

分歧的发展

对于人生抛给我们的难题、送给我们的机缘，每个人的反
应都不同。两个人在一开始可能十分契合，日复一日，两人却
可能走上不同的路。当两个性别之间的角色很鲜明时，就可能
发生这种情形。男人在办公室上班，女人在家里打理家务和照
顾子女。丈夫的兴趣、朋友和品位都与妻子的大不相同。就这
样，共同话题减少了。直到最后其中一人有了外遇，这导致两
人的话题更少了。

今日，这种分歧的出现，往往是因为女人想实现自己的理
想、想发挥自己的能力。我们已讲过一个这样的例子，那就是
"女作家"的案例。她和丈夫的相遇简直如童话故事的情节。
在言语还没出口之前，一个眼神、一抹微笑、闪亮的眼睛就
已经抢先说出"对，我喜欢你"。他们结婚时，她十八岁，他
二十七岁。他拥有一家电子公司，他有钱，为人善良、温柔、
深情。他送她很多礼物，他把所买的一切都挂在她的名下：在
乡下、山上、海边的房子。他想把他所有的客户都介绍给她，
只要她不在他身边，他就开始思念她，不论去哪里都把她带在
身边。几个月之后，年轻的妻子去大学注册入学。他对此不怎
么热衷甚至试图说服她改变心意，因为他刚得知她有了身孕，
但女孩坚持去上课。她常常去学校，孩子出世后，她细心照

顾，也拿到了学位。然后她开始想写作，即使第二个孩子刚刚
出世，她仍忍不住投入写作。她乐此不疲，交了许多新朋友，
也邀他们到家中做客。每晚都有文人高谈阔论，但丈夫越来越
不高兴，他很不乐于见到妻子总是目光瞩目的焦点。渐渐的，
他心情恶劣地退出与文人的交谈，和他们保持距离。妻子的小
说大受欢迎后，情况更加恶化。评论家、记者都争先恐后地想
见她。他很嫉妒。他观察她，指责她衣领开得太大。他对她说：
"整个晚上你的胸部都被人看光了。"同时这又令他兴奋，晚上
回家后他都要和她做爱，但速速了事，毫无温柔可言。这是在
宣示主权，像宣示自己的地盘或财产。很快他的疑心病就变得
很重，一天到晚问她和谁在一起、做了什么事。但当她邀他陪
她去参加文学座谈时，他又大发雷霆。到后来他甚至不许她写
作，不准和那些白痴文人来往。妻子渐渐染上幽闭恐惧症，两
人的关系越来越紧张，简直令她想寻短。一两年后，她带着孩
子离家出走并要求离婚。

　　当两个恋人年纪尚轻，还没完全发现自己所有的潜力之
前，都可能迅速发展出不同的天赋和能力。而万一他们爱得不
够深，或脑筋太过僵硬，很可能就无法接受这样的变化。就像
弗兰切斯卡·朵所描述的雷那多（Renato）和吉雅娜（Gianna）
的案例。男方说："我们之所以结婚是因为我们深爱彼此，而且
深受对方容貌所吸引。对我而言，婚姻是神圣不可侵犯的，我
希望一辈子和她相守到老。可是……她变了，她变得不再是我
当初爱上的那个女人。简单来说，她喜欢过多彩多姿的生活，
她喜欢当主管，而我却希望我的妻子在家照顾子女、整顿家
务。这是最大的争议……我们对于人生和未来有不同的愿景。"
妻子也印证了这一点："我没有办法再照他所希望的那样过活，

我爱我的家庭，我爱我的儿子，但我很不喜欢待在家里。我认为和一个人在一起，重点不在于相处时间的长短，而在于相处时的质感。我很喜欢周游各地，喜欢结交朋友，喜欢抚养儿子，却可以带他一起出去，不一定要在家里抚养。我的丈夫则恰恰相反，他甚至告诉我，他不赞成我工作。"①

分歧的发展有可能是因为某一方失败了，使他的活力受挫，也可能是因为财富、因为成功。很多夫妻因为某一方忽然一夕成名而面临危机。巴纳德（Christian Barnard）年轻时娶了一位护士，在他的外科医师生涯艰难的初期，她给了他不少帮助。他首度成功完成心脏移植手术时，马上成为举世闻名的大人物、大明星，身边环绕着年轻貌美而有钱的女人，于是他爱上其中一人并与之结婚。

竞争与嫉妒

有些人认为一定程度的竞争有助于增进情侣的感情，我们研究后却得到相反的结论②。有时我们在人生中力争上游，为了向对方证明我们配得上他的爱，有时我们只是想证实自己比对方优秀、比对方杰出，我们不该把这两种情形混为一谈。

每一个人都希望自己是有价值的，不只希望被爱，还希望自己的努力能被正视，希望自己的优点和能力受到赏识。即使是最亲密、最团结、最深情的情侣，都希望得到对方的敬重，

---

① Donata Francescato, *Quando l'amore finisce*, Il Mulino, Bologna, 1992, pp. 88-90.

② Rosa Giannetta Alberoni e Guido di Fraia, *Complicità e competizione*, Arlequin Mondadori, Milano, 1992.

希望自己在对方眼中是有价值的、自己的所作所为是受到重视的。如果某位名医的妻子整天待在家里照顾子女，那么丈夫的必须能够让妻子感受到她的角色是很重要、很崇高的，和他的工作一样很有意义，这样夫妻的感情才可能甜甜蜜蜜。这是可行的，因为恋爱能让夫妻建构一套自己的评量标准，无关社会主流的标准。

可是当爱意远离时，社会的价值观又悄悄渗入夫妻之间。妻子看到丈夫受人敬重、爱戴，她却总是屈居第二线，心里难免感到空虚。起先她很快乐，现在却有些不是滋味，于是崇拜之爱的戏码上演了。对偶像的崇拜，以及有幸身处名人身旁、分享他的光环，渐渐很自然地让人也想拥有自己的光芒、自己的价值。但在这种情况下，万一萌生了竞争的念头，那就很危险了，因为输赢是由社会大众论定。竞争注定要失败，而紧跟着失败而来的就是嫉妒。

所谓的嫉妒，就是当某个在我们眼中能力与我们相当的人竟然超越了我们并成为他人瞩目的焦点时的我们的感受。于是我们深深觉得这个世界不公平。我们试着说服自己说他不配得到这样的成功，我们试着把他降到自己的层次，试着贬低他，我们说他的坏话、批评他。但如果社会大众依然把他高高捧在手上，我们便愤愤不平，同时不禁起疑，因为我们不再确信自己是对的，我们因为自己的嫉妒感而羞愧，更因为自己嫉妒的心态被人发现了而羞愧。

当情侣在同一个领域工作，并认为彼此实力相当时，竞争和嫉妒的副作用就格外明显。因为只要社会大众——不管合理或不合理——特别重视其中一人，就足以使另一人感到质疑和不舒服。欧荷·杜邦（Aurore Dupin）（也就是日后的乔治·桑）

和朱勒·桑多是一对恋人，他们共同撰写了一本小说，叫作《玫瑰与白》（Rose et Blanche），并以朱勒·桑（Jules Sand）的笔名发表。可是之后，欧荷想自立门户。她到位于诺昂（Nohant）的乡下别墅隐居，独自写作，一气呵成写出另一本小说《印第安纳》（Indiana）。她没有以自己的名字欧荷署名，她改了笔名，于是朱勒·桑成了乔治·桑。结果这本书大受好评，朱勒·桑多既震惊又难堪，或许有些嫉妒，可是当欧荷又独立完成一部小说《瓦伦汀》（Valentine），并以乔治·桑的笔名署名时，情况就更糟了。她成了广受欢迎的大作家乔治·桑，而朱勒·桑多几乎沦落为无名小卒，他们的恋情就此画下句点。

需要一份很深、非常深的爱，才能摆脱嫉妒，必须有一方能为对方的成就感到由衷的高兴。如果他能积极参与对方迈向成功的路途，譬如，担任对方的经纪人，这应该会容易许多。如此一来，他就能把这种成功也视为自己的成功。但这样的从旁协助需要让众人知情，而且需要彼此感情上的忠实。

激怒和挑衅

当爱情消退时，彼此带给对方的挫折不再被压制、原谅、遗忘，而是会引发愤怒和怨恨。经年累月下来，堆积已久的不满就转化成激怒和挑衅。

激怒是一种隐性的攻击行为，使被激怒者无法怪罪激怒者。于是前者感到错愕，并愤慨地回应道："你怎么可以把我骂得这么卑劣？"要是有人公开羞辱我们，我们可以反击，要是他威胁我们，我们也可以放狠话。但如果有人激怒我，我要么只能摸摸鼻子认了，要么接受他的游戏规则，也想办法激怒他。一如心理学家埃里克·伯尔尼（Eric Berne）所说的 [1]，这个游戏一旦开始了，就如施了魔咒一般，成为一种心理上的枷锁，任当事人怎么努力也无法挣脱，最后，终于受不了带刺的言语，气得发狂，心里只想着如何以牙还牙。

夫妻之间便会展开激烈的相互激怒之战。各自仿佛有一本账，上面记载了自己所遭受的不公对待，以便变本加厉地奉还对方。有些妻子羞辱丈夫的方式就是，他越想要，她就越不给他。如果他很在意要在某个时间用餐，每次她一定会迟到，但她总能找到千百个解释的理由，显得十分无辜。有时候是妻子刚做完头发，或买了一件新裙子，终于准备好亮相，丈夫总不忘说她胖了，说她肤质不好，说这裙子不适合她，或者说她的发型老气。

挑衅和激怒很类似，但更为严重，更为频繁，目的在于让对方暴跳如雷，令他精神崩溃，不让他有好日子过。我想到玛拉·赛尔维尼（Mara Palazzoli Selvini）描述过的两个案例 [2]。有一名年轻貌美的女子，嫁给了一个一天到晚都忙着工作的企业家。他为她买了一栋豪宅，她住在里面，什么事也不用做。她总是迟到；永远无法准时吃饭；他们和朋友相约出游时，她总是拖拖拉拉；早上她永远无法按时起床；他们出远门时，她的行李永远没有及时收拾妥当。丈夫气不过，终于发火了。随着时间的流逝，他开始训斥她，当众骂她是笨蛋。这个女人这么激烈地向丈夫挑衅，她究竟能得到什么好处？她等于告诉自己以及他们的亲朋好友，她的丈夫其实不像他自认的那样随和、

---

[1]　Eric Berne, *A che gioco giochiamo?*, Il Saggiatore, Milano, 1965.

[2]　AA. VV., *I giochi psicotici nella famiglia*, Raffaello Cortina, Milano, 1988.

明智和公正。一般而言，挑衅是为了打击一个人最重视的一种优点。另一个案例是，一个男人娶了一个非常美丽、高雅的女艺人，凡是听过她声音的人，没有不为她倾心的。每当妻子发言时，这个丈夫就开始不停打呵欠，害得这个妻子每每当场情绪失控，像个笨蛋。

当夫妻吵架，妻子斗大的泪珠猛掉、丈夫大发雷霆，其实双方几乎都在试着把对方逼到极限。挑衅常常一大清早就开始了，妻子如果起床前不先来杯咖啡就没办法清醒，但丈夫想去咖啡厅喝早晨的这杯咖啡。于是他心情恶劣地说，他好歹也有权利喝杯好咖啡吧。她却对他说，这只是借口，他根本就是不想在家里多待一分钟，然后就是没完没了的争吵。

挑衅的战争是充满攻击性的，目的在于逼疯对方。严重一点儿，搞不好会闹出人命。我就知道一个骇人的故事。我家隔壁住着一对中年夫妻和他们的子女。丈夫又胖又粗鲁，抑郁寡欢。妻子则纤瘦、文静，有一点儿威尼斯口音。每当傍晚男人回家时，我听到的尽是他的声音，从来听不到妻子的声音，因为她总是小声说话。他抱怨有关子女的事情，他们没做功课、没洗澡、成绩不好。她替孩子们辩护，而且一直用那种单调、平板的语调说个不停。他音量抬高了，她一边继续固执地和他争论，一边做着家事。渐渐的，男人的嗓门越扯越高，直到爆发成怒吼，变得怒不可遏。他并没有动手拉扯或打人，只是大吼大叫而已。某晚，吼了无数回后，他的心脏病发作了，几个小时后就过世了。我和医师们聊过后，得知之前他的心脏病就曾发作，医师也警告过他的妻子和子女，如果太过激动可能会要了他的命。他死后，他的妻子好像获得了新生。

生活周期的转变

以前总是男人一到了四十岁，就爱上比他年轻的女孩，然后展开一段新生活。如今，越来越常看到的情形是女人离开丈夫，投向情人的怀抱，或爱上另一个男人。以前是男人外出、出席社交活动、和别人打球或运动、讨论政治，是男人在成长。就这样到了某个时候，他觉得自己可以再展开一个新的生活周期，可以重头来过。女人一天到晚埋首于单调乏味的家庭生活，只是忙着生孩子和做家事，就已使她的青春容颜提早逝去。

如今女人也去上学、工作，也拥有自己的事业。到了四十岁，看起来还像小姑娘一样，她们比丈夫更年轻、更有朝气。她们还有大半辈子摆在眼前，因为她们可以活到八十岁以上。她们的子女的学业完成了，她们可以和他们对话、和他们一起远游。她们传宗接代的任务已经完成了，随时可以开始新的人生阶段。

当人生中的一个阶段完成时，过去的义务、责任就忽然变得令人无法忍受，就算是最微小的也一样。仍要打理家务、照顾丈夫和子女的女人们再也无法忍受这种一成不变的生活。把东西整理得井然有序、准备三餐等所有这些单调的活动并不能得到应有的赞赏，这令她们心灰意冷。而且她们觉得好像自己的一辈子都给了丈夫和子女，到头来自己什么也没有，她们感到失望、被骗了，很受挫。以前的她们是很乐观、充满期望和梦想的，她们追求轰轰烈烈的爱情、多彩多姿的人生。结果她们得到了什么？她们好想反抗，好想呐喊。

　　然后，渐渐的，怨尤之余，萌生了欲望和希望。她们想追回流失的岁月，做以前没有做的事情，实现被遗忘的梦想。她们想变得年轻漂亮，按自己的意思安排时间，和朋友一起出去玩，再谈场恋爱、被人追求。她们感到内心有一股很大的活力、性欲和动力。那么丈夫怎么办？通常她们还是有夫妻情义的。只是那已成了一种犹如习惯的爱情，没有冲劲、没有激情、没有惊奇。丈夫很平静、很自信。有时候，他简直像个住饭店的旅客，回到家里凡事都已为他备妥了。

　　如果在这个人生阶段，丈夫未有所改变，未再度爱上妻子，不对她甜言蜜语，如果生活没有创新，妻子所承受的压力可能随时爆发。她已准备好进行深层的改变，要脱胎换骨，要浴火重生。她已准备好再一次经历初生状态。到了人生的这个阶段，有些女人选择回到校园念书，有些开始保养身体，有些踏入新的专业领域或自己创业，有些钻研东方哲学或心理学，有些则尝试写小说或写诗，有些有外遇或又恋爱了。

　　我们之所以恋爱，往往是因为我们对当下非常不满，且有着充沛的活力，因为我们想让过去一段不堪回首的经验告一段落。我们已有足够的精力展开新探索，发挥目前为止一直被我们忽略的潜力，实现在我们内心逐具雏形的梦想和计划。于是只要有某个象征着另一种更年轻、更自由的生活的人出现在眼前，我们就会情不自禁投入新的机缘。男性和女性的生活周期正在改变，爱情也因而跟着改变。

通过初生状态而结束的恋爱

　　爱情的结束，往往是由长期的耗损和日积月累的失望、嫉妒与不满所导致的，只剩下一种漠然的感觉和一种空虚的怨恨。有时候，爱情也会突然通过非恋爱的初生状态结束。当事人感觉自己解脱了、重生了，发现了关于自己的真相，但没有人能够取代之前所爱之人的地位。

以非恋爱的初生状态结束高压恋情的一个恰当的例子就是歌德的意大利之旅。在许多年的时间里，歌德都在魏玛担任卡尔·奥古斯都公爵的大臣。他的恋人是夏绿蒂·冯史坦，但行政工作的工作量逐渐沉重到令他难以负荷，而且夏绿蒂·冯史坦的爱也让他的压力越来越大。他已经准备好迈向另一个更成熟的阶段。于是，在没有告诉任何人的情况下，他独自去了意大利。那里一直是他十分向往的地方，是个深深吸引他的知性世界。他才翻越了阿尔卑斯山，在特伦托（Trento）便写道："我又开始相信上帝了。我觉得自己好像在这个国家土生土长，如今又回到故乡似的……我觉得自己就像个小孩子，要重新学着怎么生活。"[1] 这是难以言喻的喜悦，是一种解放，一段非恋爱的初生状态。他雀跃地奔向罗马，就像"一个迫不及待的人，确信自己即将看到爱情梦想成功实现；却又在最后的时刻，放纵自己提前享受等待他的且由疑虑所强化的喜悦"[2]。他自己也认定这些经验是心灵上的蜕变，一场宛如皈依宗教的重生，丝毫不亚于因为基督而获得重生的罪人："我庆祝自己的二度诞生，我自抵达罗马的那一刻起重生了。"[3] 邓南遮的一生也可清楚地划分成两个时期。第一个时期一直持续到 1915 年，这段期间他唯一在乎的就是那几段感情。一段感情结束了，另一段

---

[1]　Emil Ludwig, *Goethe*, Mondadori, Milano, 1932, pp. 249 e 250.

[2]　Emil Ludwig, *Goethe*, Mondadori, Milano, 1932, pp. 249 e 251.

[3]　Pietro Citati, *Goethe*, Adelphi, Milano, 1990, p. 30.

又展开了，而每一段感情都造就了许许多多的诗词、小说、爱情故事。可是随着第一次世界大战的爆发，邓南遮不再谈恋爱了，不再写有关爱情的文章。他笔下写出的再也不是小说、故事、诗歌，而是论文、宣言、纪录、回忆录和诗赋，灵感来源不再是女人，而是爱国情操[①]。恋爱的初生状态被政治热忱取代了。

有些人在投入宗教活动、皈依某信仰时获得了解脱，发现了真正的自我；有些人则是在政治活动中、在狂热激情的军事行动中找到自己的答案。新的政治或宗教活动出现在婚姻生活里时，总是会导致夫妻产生意见分歧。如果活动的主旨与婚姻生活的目标互相抵触的话，后果可能相当惨重。这种时候，个体的成长、个人在婚姻生活中的日益不满就不再重要了。活动犹如龙卷风般从外界席卷而来，把个体从平常、稳定的关系里连根拔起。女性意识的高涨促使许多女性与男性分道扬镳，譬如，我们先前看到的布鲁诺和布鲁娜、卡罗和卡拉的不幸例子。

我们已经说过，如今，主要是女性在不断反省婚姻生活。结婚几年之后，往往在四十岁左右，孩子们都长大了，女人忽然觉得似乎一直以来自己的时间都花在工作、孩子、丈夫身上，却独独漏了自己。第一批皱纹出现了，她们感觉到青春年华正在逝去，于是开始焦急、疯狂地想追回已然流逝的时光。她们想再成为当年的小姑娘，想一个人生活，想自由安排自己的时间。她们想睡到自然醒，想何时吃饭就何时吃饭，晚上想几点睡就几点睡，想和谁出去玩就和谁出去玩。她们想要找回

---

① Guglielmo Gatti, *Le donne nella vita e nell'arte di Gabriele D'Annunzio*, Guanda, Milano, 1951, p. 281.

自己，想要找回一路过来忘了自己要什么的那个女人。在人生的这项计划中，往往容不下丈夫或一段新的婚姻。只容得下情人，两人可以一起跳舞、看电影，一起体验充满感情和情欲的新生活。两人不需要天天相见，也没有婚约的约束。她希望这段感情不牵涉义务、责任、日常琐事，就像少女时期交男朋友那样。有时候，这种解放的发生是通过自己真正的大喜大乐，通过一段初生状态。

　　这种对于解放的渴望，这种想要挣脱家庭义务之枷锁的感觉，在罗莎·阿尔贝罗尼的小说《保罗和弗兰切斯卡》中有细腻的描述。弗兰切斯卡当初和丈夫结婚只是因为赌气和不得已，所以终于得以离开丈夫后，她忍不住呐喊："我觉得自己解脱了，我的身体又活了过来，它不再如行尸走肉了。我觉得自己又变得有活力、年轻、轻盈，好像变成了另一个人，觉得自己是个真正的女人。每当保罗的手放在我身上，我都觉得无法忍受。有一天，我奇迹般地找到了勇气，向他吼出心中对他所有的痛恨……对，其实说出'我痛恨你'很容易。而且我并不会因此内疚，我想要永无止境地不断喊着：我痛恨你，我痛恨你。我每次想到这件事，每次对他喊出这些话，就好像一次爆发、一次解放、一次莫名的喜悦。我的身体雀跃着、颤动着，享受着无法言喻的喜悦，我觉得自己好像被净化了。"①

　　在电影《末路狂花》(*Thelma e Louise*)中，也能看到女性反抗自己被传统所赋予的角色。两个女主角几乎是赌气离家的，遇到一个企图强暴她们其中一人的小偷。结果她们失手杀

---

①　Rosa Giannetta Alberoni, *Paolo e Francesca*, Rizzoli, Milano, 1994, p. 152.

了他，命案发生后，她们就百无禁忌了。她们抢了一家超市，解决了一个警察，把惹毛她们的一个男人的联结车炸掉。她们摇身一变，成了女勇士，把自己因为性别所受的委屈连本带利讨回来。然后她们从容面对死亡，就像古代的烈士一样。

　　将近两世纪以前，乔治·桑离开丈夫，发现了自己的文学才华，她写道："活着！何等美好呀！尽管有丈夫、有纷扰、有债务、有父母、有规范，而且代价是深渊般的绝望和折磨人的锥心刺骨之痛。活着就是一种陶醉。爱与被爱，就是幸福，就是天堂！啊，天啊！过着艺术家的生活，打着真理的旗帜前行！"①

---

① George Sand-Alfred de Musset, *Lettere d'amore*, Archinto, Milano, 1986.

第十九章

什么是爱情？

什么是爱情？这个问题的答案要从我们的理论里找起。欲回答这个问题，不妨以两情相愿的恋爱作为出发点。两个人到了人生的某个时刻，开始有所蜕变，他们斩断之前的情丝、之前藕断丝连的情感，以组成一个新的共同体。于是他们进入了初生状态，进入了一种动态、一种充满创造力的状态，彼此互相欣赏、认同，准备携手展开融合的历程。就这样他们共创了一个"我们"，一个团结性及情欲都很高的群体。在这个"我们"里面，各自实现情欲上或非情欲上的梦想、理想、未曾吐露的可能性。彼此带给对方的情欲上的极致愉悦让彼此得以禁得住对方施予的压力，也施予对方同样的压力，促使彼此做出共同的计划，培养共同的世界观。新诞生的情侣拥有取之不竭的力量、浇之不熄的热情。在他们眼中，世界是美好的，充满无限的可能性。他们建立新的人生观，重新检视自己的亲密关系和人际关系，创造新的生态利基。

初生状态的那股动态的、充满创造力的力量，就这样转变成一组结构、一套规范。这组结构、这套规范当中，包含了一些原则、规定、共识、习惯，冲劲和配合度都无懈可击，因为是在两人融合意愿最高的时候制定的。这些协议能巩固初生状态的期望和承诺，此时总是让人觉得自己好像接近了绝对。从体制过渡到初生状态的过程中，也从架构——家庭、房子、子女、朋友、信念——过渡到能量。在初生状态下又刚好倒过来了，能量又化为架构：新房子、新朋友、新的世界观。

现在问题来了：从这个角度来看，爱情是怎样的情绪、感情、主观经验、心灵状态呢？新共同体和新的自我诞生时，爱情是这二者映射在人们内心情感的影子。所爱之人就是这个重建历程所依据的支柱、主轴。与所爱之人的融合，能形成一个新实体，这个新实体重新塑造当事人，重新创造他，也重新创造他所在的世界。这是重新发现自己是属于一个新世界、一片新天地的一份子，而所爱之人就是通向这一切的大门。

因此，包含了情爱、冲劲、抑郁、欲望、迷惑、梦想的这份爱情，正在尽情挥洒的创造能力。这份创造力通过我、利用我，把我当成媒介，打造出一个新的世界和一个新的我。这就是为什么我们会喜欢创造自己和自己正在创造的东西，因为我们既是它们的子女，也是它们的父母。

恋爱就是这样。但这样的定义是否也适用于我们所知道的其他类型的爱呢？就让我们先拿对于子女的母爱（amore della madre）来检视吧。我们刚才是怎么说来着？我们喜欢我们所创造的东西，也喜欢创造我们的东西。母亲从怀胎十月，到哺乳，到把孩子抚养成人，经历了一个个体的创造过程，而通过这个孩子，母亲也重新创造了自己。她创造了一个新的社群、一个新的世界，在这里面两个人都会起变化，这就是两人共同创造一个世界。孩子并不是被动的，他会响应母亲的刺激，促使她经常不断重新定义自己乃至于她与他和她与世界的关系。

这种历程是一辈子都不会停止的。就是因为这样母子之间的爱才能长长久久，因为它在不断更新。

那么我们不禁要问，为什么这种爱不怕像情侣之爱那样逝去呢？为什么再怎么受挫、再怎么失望还是耐得住呢？因为情侣的成员是两个已经长成的个体，各自有个人的和群体的情感关系，各有各的世界观。在恋爱中，他们摧毁之前的"我"、之前的世界，但只是摧毁局部而已。两个人形成情侣的过程通过了种种的冲突、种种的考验、种种的妥协。彼此同意做一些放弃，但也坚守某些价值观。随着时间的演进，两个主角有可能各自朝不同的发展方向。亲子之间的世界则要宽广得多，当孩子尚具可塑性时，彼此就不断在进行调整配合。而且这种调整、配合会在父母的导引下，日复一日地持续下去，父母能消化那些变化，避免冲突变得不可收拾、彼此的差异变得无法忍受。而这些冲突和差异唯有到了青少年时期或成人时期才会发生。

现在再来看看友谊里的爱的关系。它是建立在喜欢的原理上，它不是在两人打得火热、在初生状态的时候形成的。朋友之间并没有初始的、火热的、冒险的、激情的融合过程。友谊是缓慢形成的，经过一次次的碰面，彼此在前一次和下一次的会面之间架起一道桥梁。它是经年累月逐渐沉淀的成功的、令人满意的、可靠的、有趣的相处经验。两个朋友也会进行局部的融合，也会形成一套共同的世界观，也会建立一个"我们"，不过不需要激烈而彻底地摧毁之前的世界。如果他们从一开始就存在着政治上或宗教上的差异，或者是品位上、习性上、意见上有所分歧，那么并不会有某个融合的历程，使得他们好像被丢入了大熔炉里熔解一样。这些差异会继续存在，并使这段关系变得很微妙。友谊之所以能够维系，是因为朋友们逐渐发现彼此有共同的理想，因为彼此愿意付出一份心力来适应彼此，追求彼此的共同点而非相异点。但如果出现意识形态上的分歧、利益上的冲突，或者是其中一方的行为有违道德伦理，那么这份友谊就会受损，而通常这种裂痕是无法修复的。朋友可以原谅对方的谎言、背叛，但是这段情谊再也无法回到从前。友谊是道德伦理版的情爱。友情也需要建立一个共同世界、共同身份。在遭逢变迁、遭遇危机，和当我们向朋友吐露心事、向他寻求支持与忠告的时候，友谊会变得更坚定。通过经验交流、共同面对难题以及犹如两个猎人、两个战士般并肩对抗某个敌人、某场威胁后，友谊会变得更加巩固。

现在让我们看看欣赏，看看对偶像的崇拜（l'adorazione per un divo），我们说过，它的基础是指标的机制。当这种倾向很强烈时，那个人物就成了当事人定义自己和定义这个世界之历程中一个很重要的元素。不妨想一想，那些体坛名将、演艺明星、歌星，对于青少年来说究竟代表了什么。青少年认同他们，视他们为模仿的榜样。少女们会参与偶像的各个感情事件，有时还幻想和他一起过二人生活。

如果对象是政治运动或宗教运动的魅力领袖的话，这个历程就更深刻了。魅力领袖是诠释历史时刻、赋予世界意义、设定目标、指引方向的那个人。对于魅力领袖的爱与我们恋爱时对心上人的爱很相似。如果这位领袖长期保持这样的姿态，那么对他的爱就转化成犹如对父母的爱，并成为面对人生各种难题时的参考标准。

爱的这种定义也适用于失去（perdita）的机制。在失去的时候，我们原本四平八稳且熟悉的世界、我们可靠的参考对象、我们的目标忽然全都大乱，面临瓦解的危机。我们发现自己眼前顿时是一片无底的深渊，于是我们不得不重新检视既有的价值观、重新审视我们的人生、我们的未来、我们自己。必须重新定义哪些东西是有意义的、哪些是无意义的。所以，努力设法不要失去我们个人或群体之爱的对象，也是在重建世界。这不是出现了一个新世界，也不是迈向上帝允诺的乐土，而是奔向已然失去的故土，并重新发现它的好和它的美。这片故土是我们必须重新征服的，因为我们知道它是最珍贵的，即使为它拼了性命也值得。

所以我们看到各种形式的爱——不论是由初生状态萌生的爱，还是依循一些如喜欢的原理、指标或失去等机制所形成的爱——总是包括创造或再创造某个群体的历程，而我们是这个群体的一份子，它也塑造着我们。所以我们可以下一个结论，即爱情是我们所酝酿的一个历程的主观的和情绪的面向，而这个历程所提炼的某种东西，也反过来充实我们。

由我们方才所说的一切，就可以导出一个很重要的概念，即如果爱情能长长久久，如果它能历久不衰，就表示整个启发、整个发现、整段恋情一开始启动的那些历程和机制在持续运作。爱情只要存在，就永远是"初生的"，永远是新发现、启发、欣赏和渴望接触从中衍生并让世界变得有意义的东西。我们所爱的那个人，在我们爱上他的那个时刻，总像是世界的中心和主轴，我们从他身上看到了世界之精华、世界之主宰的身影。因此爱情永远是偶然间瞥见的绝对，是一种神秘、美妙而又崇高的东西。若有幸能两情相悦，那是一种恩赐、一种福气，应该时时赞扬、心存感激。

第二十章
相恋的夫妻

相恋的夫妻

　　有一些夫妻，即使共度了多年岁月后，依然鹣鲽情深，依然浓情蜜意。感情是否能持续一辈子或很长一段时间，并不是很要紧的事。我们不是很在意这类例子是多是寡，在未来会增加或减少，重要的是，这种夫妻是存在的，这些夫妻的初生状态有不断再生的能力。这种周而复始的再生成为一种体制，但这个体制保有原来的年轻活力和能量。恋爱转变为爱情，但爱情依然保有恋爱的情绪、情欲和悸动。看着自己的丈夫或妻子时，依然充满惊喜和感激，那种眼神和当初恋爱时看着爱人的眼神是始终如一的。早晨醒来，丈夫惊喜地发现身旁躺着一位如此动人的美女，他时有感触并且感动不已。他知道自己极其幸运，知道老天爷特别眷顾他。所以他可以理直气壮地说"我深爱着我的妻子"，而她可以说"我深爱着我的丈夫"。

　　这是如何发生的？为了回答这个问题我们必须回想一下，当时我们在回答"爱情是什么"时的答案。爱情不是一种既定的状态，而是一种即将发生的状态。那是内在的省思历程，个体充实了它，也为它所充实，是睁大了双眼，惊奇地看到了生命的美好。夫妻可以继续相恋，前提是两个人都有所改变、成长，都蜕变且又找到彼此，重新发现彼此，以初生状态的闪闪发亮的眼神再度看到彼此。

夫妻一直待在同一屋檐下，可能是因为习惯了，可能是因为亲情之故，可能是因为互相扶持，因为彼此拥有许多共同的回忆。但若想继续有恋爱的感觉，就必须能满足想要变化的创造冲动。所有的研究都显示，一再重复相同的正面刺激，反而会导致负面的效果；一再重复相同的性爱刺激，反而会让人乏味和产生弹性疲乏。唯有引入新的刺激才能带来兴奋和愉悦感受 ①。如果夫妻能够满足这种对新奇的需求，如果他们之间能擦出新的火花，就像成串的水滴在清澈的水面上泛起阵阵涟漪那样，他们才会继续有恋爱的感觉。情侣般的夫妻不是那些既不改变自己也不改变周遭的人，而是不断为自己的世界注入新气象的人；不是那些一成不变的人，而是那些求新求变的人。一个生物体能够保持活力，是因为它的细胞不断更新、再生。唯有通过不断地思考，才能提出新的观点。思考就是创造问题并解决问题。生命就是更新、追寻和提升。如果改变和探索的力量持续作用在夫妻身上，并为他们注入新的活力，夫妻就会继续相恋。

鹣鲽情深的前提是夫妻之间总保留着一份惊奇、一丝风险、一点儿不确定性、一些新发现和新启示。夫妻的感情生活总是在两个极端之间摆荡，而且两端都是不可或缺的。一端是

---

①　参见 K. Kelley, D. Musialowsky, "Repeated Exposure to Sexually Explicit Stimuli: Novelty, Sex and Sexual Attitudes," in *Archives of Sexual Behaviour*, 1986, 15, pp. 487-489。

安全感、忠诚，能够让彼此安心，以及培养共同的行为模式，使两人能以一致的方式面对问题和危难。另一端是神秘感、魔幻、奇遇。恋人之间必须保持一定程度的不确定性、不安全感和变量。可以完完全全预料的行为，是无生命的东西，是机器人、机械组件的典型特质。生命在本质上就是不可预测的。生命的基本精神就是自由的。因此，在相恋的夫妻之间，没有一方能百分之百确定对方的反应或爱意，对方总是一个自主、自由且永远新奇的个体。两人间的默契（alleanza）不是像石头那样的无生命的既存东西。它之所以存在是因为它在时时更新，为此必须能摊开来讨论、挑战不同的危险、接受诱惑的考验。相恋的夫妻都应该懂得察言观色，看看所爱的人脸上说的是好还是不好，看看他脸上有没有一个答案或一抹微笑。幕后总该留有一点儿不安全感、心怦怦跳的感觉、妒意、不安。彼此应该审慎、尊敬甚至有一点点恐惧地面对对方，因为没有人能一口咬定对方也是这样地爱自己。但这种探索、这种迟疑、这种探读对方表情等待对方首肯的心意，最后的结果总是正面的。故事的结局是幸福快乐的。

　　但那终究是故事。从此幸福快乐的生活，并不是自然而然就会出现的，而是要靠自己去追求和争取的。它永远像一种恩赐、一种福报。心上人的点头、首肯，永远都像奇迹，一种会一再出现的奇迹。在祈祷词《施玛篇》（*Shemah*）的《赞美造物》（*Jozer'or*）中，我们感谢上帝，因为他让白昼与黑夜轮替不息，因为他每天都更新他所创造的万物。①

---

① 　Joseph Heineman, *La preghiera ebraica*, Edizioni Qiqajon, Vicenza, 1992, pp. 115-116.

在爱情中，我们经历无数次的失去和寻回，经历无数次的放逐，无数次地踏上上帝允诺的乐土。我渴望着你，于是我遇见了你。我离开了，又回来了。我失去了你，又找回了你。爱情是不断地追寻，不断地失去，以及不断地失而复得。生命只是一种发现，它迎向我们，在我们眼前揭开面纱。因为在世上，一切都是脆弱而瞬息万变的，一切都是无常的。但在爱情中，一切都会回来，都会重逢。回来的时候，我们得到的将远远多于我们应得的，远远超出我们的想象。我们的人生在其他领域是不完整的，但在爱情的领域是不会的。在那里，我们体验到什么是完美无瑕。我们当之无愧，因为我们受到了上帝的赏赐。

持续不断的重生

只要恋爱时启动的那些机制——喜欢、失去、指标、初生状态——运作正常，恋爱状态就会一直持续下去。然而它们运作的方式不再是爆发式的，如超新星或热核反应那样，而是比较收敛的，如太阳或核电站那样。反应的程序是相同的，能量的本质也是一样的。但不再只是一次激烈的爆炸，而是一系列的火花。爱情在它的本质上，仍然是不连续的。在人生的风暴、失误和不安时刻，所爱之人每次都会再成为世界的中心。所以观察相恋的夫妻，我们也会看到和恋人一样的情形，不过这些情形像波浪、像震荡、像清澈的喷泉，不断更新着他们。

且让我们从所爱之人的独特性（unicità）谈起。爱情之所以好似奇迹，是因为世间每一个人，即使是穷光蛋、丑八怪，都能体验到一种美妙的经验，那就是拥有世上最重要、最珍贵的东西。这种经验在恋爱时尤其强烈，但婚后多半就消失了。

一段时间之后，我们开始拿对方和其他人作比较，并且觉得别人好像比我们的枕边人更好。可是相恋的夫妻，总有那么一个时刻，譬如在一次派对上或一趟旅游中，丈夫会看着妻子，并且"深深着迷"。他意识到他爱妻子更胜于其他任何女人，再也找不到更好的女子，这辈子能遇到这位理想伴侣，实在是三生有幸，夫复何求？他感到满心感激、无比感动，而且幸福满满。

当我们恋爱时，所爱之人让我们展开新的生活，并且为它加上光环。这就好比阳光灿烂的一天：以他作开始，也以他作结束。他既是开头，也是结尾；既是日出，也是日落。就是这种开始与完成（inizio e di compiutezza）的经验陪伴着、调整着相恋夫妻的生活。这个过程并不是连续的，是一系列的跃升、一系列的再开始。偶尔，当我们回顾自己的人生时，我们得以总括地来看，于是我们发现，拜爱情之所赐，我们的人生是那么美好。我们了解到我们获得了最关键、重要的东西，而且我们很满足。当然，我们还可以活很久，而且还有好多好多事情要做，但不论发生什么事，我们都知道我们已经得到了很多，而这样其实也已足够。我们随时愿意接受自己的命运，有爱人在身旁，我们可以毫不恐惧地面对一切，乃至于直视死亡。完整的人生是完美的，因此也包含了死亡。

所有的恋人，在一开始都会互相献殷勤（corteggiano）。各自希望自己漂亮、有趣、诱人，好让对方喜欢。男人变得温柔、积极，而且嘴里总有诗情画意的句子冒出来；女人变得柔情似水，也更风情万种了。彼此希望讨对方喜欢，希望自己变得魅力无穷、无法抗拒。同时，他们允诺钟爱对方，愿为对方奉献自己。献殷勤就是表现诚意、做出承诺，"你看，"他说，"我们结婚以后，我就会像这样对待你。"但通常，这些甜蜜的举止会被日常生活的柴米油盐所淹没。仿佛一旦确定自己稳稳拥有了所爱之人后，就不需要再征服他、引诱他了。但如果是相恋的夫妻，就会再继续引诱彼此。妻子准备和丈夫约会时会精心打扮，好像要去参加盛会一样，好像她要让陌生人来追求一样。我们绝对是需要新鲜感的，就是因为这样，我们才需要交际，需要节庆、舞会，需要在沙滩上做日光浴，需要胜过新婚的小别，需要游戏。它们让我们得以用别人的眼光看待我们的妻子或丈夫。相恋的夫妻都想让对方喜欢自己，都希望把对方当作陌生人一样地引诱，任何东西他都不视为理所当然。他总认为对方还是有可能不爱他，所以他必须多用心。所以每一次相见，都保留了一些当初恋爱时心动的感觉。

相恋的夫妻都想展现自己的社会价值。每一个社会都有一些考验、一些仪式，通过它们，男人可以展现一些受到重视的特质：毅力、力气、能干、勇敢、财富、战斗力、个性等，女人则是美貌、气质、优雅、贞洁、聪颖。一旦结婚之后，在日常生活中，往往这个历程也就跟着中断了。但在相恋的夫妻之间，它会继续下去。彼此继续希望让对方看到自己是有价值的、看到自己因为拥有优点和才华而受到他人的欣赏，所以自己是值得被爱和被尊重的。相恋的夫妻彼此知道，即使在社会的层面上，爱情也是要靠自己的奋斗来赢得的。

相恋的夫妻也继续追求自己的真理、追求自己的精义（propria essenza）。相爱意味着提升自己，并协助对方提升其人生境界。所以彼此都不断让自身更加完善，在自己眼中更完善，在所爱之人、在其他人眼中亦是如此。同时，我们不但视所爱之人为人生中的奇迹，而且知道他可以绽放更多光采。我们感觉到我们的目标就是帮助他呈现最好的一面。在相恋的夫妻之间，这种自身与对方的提升是以必要的审慎和耐心来进行的。双方都在蜕变，以符合自己的理想和对方对他的期待。就这样，两人都变得比各自独立发展时还要更好。他们的意志合而为一，他们的才智互补长短，他们的能力相辅相成。这和竞争与嫉妒恰恰相反，竞争或嫉妒时，一心只想着如何凌驾于对方之上、贬低对方。相恋的夫妻，彼此只渴望让所爱之人更完善，而且希望这份完善受到大家的认同，如此一来也帮助彼此提升社会地位。

真正相爱的人会基于内心的需求而互相讲真话，他们不会被谎言的恐惧压得喘不过气来。所谓的亲密，就是能够互相交流深层的、带一些风险的想法。搞不好对方会不理解或不响应。所以当我们发现对方不但能理解我们，而且与我们站在同一阵线时，我们忍不住大受感动，喜悦之情溢于言表。[1]

恋爱中的人总是充满活力又轻松的。他们不会让自己被习惯所绑住，不会让自己被层层需求所拖累，他们懂得舍得。相恋夫妻的一大特征就是开放的心胸（duttilità），能随时调整、适应。因为他们一直保有最初的可塑性。我们有能力学习和修正自己。爱情就像所有有生命的东西一样，之所以能保持活力，就是因为会创新、有智慧、懂得变通。

历久弥新的爱情还有一项特征就是"爱的共产主义"（comunismo amoroso），一直相爱的人并不会计较付出和得到的多寡。即使是决定分清楚彼此财产的夫妻，也是依循共产的原则。彼此各尽其力，各取所需。正因为爱情很真诚，只在意

---

[1]　参见 R. H. Steven, E. Beach, Abraham Tesser, *L'amore nel matrimonio*, in Robert J. Sternberg e Michael L. Barnes, *Psicologia dell'amore*, Bompiani, Milano, 1990, pp. 359-360。

重点，所以让相恋的双方都懂得分寸和力度。

除了"爱的共产主义"之外，价值的平等性也是很重要的。恋人觉得彼此是绝对平等的，因为各自觉得对方比自己更有价值。当某一方认为自己比爱人更有价值，或自己拥有的权利比爱人更多的时候，爱情也就走到了尽头。

为了继续相爱，我们必须局部美化所爱之人。于是，他仿佛散发着"生命的光辉"，让我们看到事物既有的璀璨模样。这和谦逊不无关联，这种感觉和宗教神圣感（religioso）有些相仿。我们亲近所爱之人时心中所感到的敬畏感，和宗教信徒的其实有些相同。因为即使心上人近在眼前，感觉上他却好似远在天边，令我们无限渴求。而我们也知道，万一他不爱我们，我们就完了。于是我们仿佛从炫目的光芒中，窥探到万一我们不曾相遇、不曾相恋、不曾相爱的话，人生会是什么模样，我们吓得直打寒颤。获得恩赐的感觉、奇迹降临的感觉、恐惧、畏怕等，都使爱情的经历更类似于宗教经验。

恋爱的时候，不论我们是好还是坏，都希望自己是以既有的这个模样被爱。但日子久了以后，两人的关系稳固了，只是这样就不够了。如果对方说："我爱你，我爱你，不论你做什么，我都爱你。你很笨，我也爱你。我不敬重你，但我一样爱你"，这样是不够的。相爱的双方都希望自己得到肯定，都希望自己的价值得到客观的赏识。我们不仅希望被爱，还希望受到重视、受到赏识。我们想大声说："我是实至名归。"对方越是跟我们说："我爱你，我爱你"，我们的内心就越想抗议："我不要听你说你爱我，我要听你说你敬重我、欣赏我，因为我真的有这个价值。不论我做了什么事，你都爱我，你就是把我当成小孩子，而不是当成大人看待。如果你送给我很多美好的东西，却不给我机会证明我得之无愧。如果你只是恣意任性地送给我这个礼物的话，我会觉得你像个暴君、像个霸道的人，我永远没有权利向你要求什么。我不只要爱情，也要认同和权利。"

有生命的共同体

夫妻是有生命的共同体，不断进行着分化和创造的历程。同时，它不断重组这些片段，重建整个单位，以此方式，维系它的活力，也保留了它的身份。

庞大的文化里总是充斥着激烈的创造历程、冲突和对立，但这些力量并不会造成文化的瓦解，因为其成员深知他们所建构的这份文化的重要性，而且他们深深爱着它。他们想改造它，但并不想摧毁它。一个有生命的共同体，会利用所有的个体、个体所有的能量、所有的冲突和所有的创造成果来演进、延续。它是由他们所创造的，但它也反过来创造他们、塑造他们，为他们指出他们的目标和价值，因而它的成员也不会脱离它。诚如莎士比亚的悲剧中的罗密欧所言："维洛纳（Verona）的城墙就是世界的尽头！"这个社会、这个教会、这个党派就是他们一切价值观的天与地，就是它们让他们的行动有立足点，也是它们使他们理直气壮地互相对立、互相冲突。不同的党派针锋相对，以让自己的国家更进步，神学宗派则是勠力巩固真正的信仰。即使自己被驱逐了，被流放的人依然深爱自己的祖国；即使自己被赶了出来，异教徒依然深爱自己的宗教。

我们不仅有个人的爱的对象，还有群体的爱的对象，如我们的祖国、党派、教会、家族等。我们以身为其中的一员为荣，也为这些群体奉献自己的一生，这些群体实体因此更加壮大、坚固。

夫妻也是一样的道理。夫妻之间的爱，不仅是彼此对于对方的爱，也是对于两人形成的这个群体的爱。如果夫妻之间缺乏这种爱、这种骄傲的话，两人的感情就不可能长久。感情长久的前提是，我们重视我们的爱情、重视我们的夫妻关系、重视我们一起做的事情，我们彻彻底底顺从心中的爱意。导致感情脆弱的，不单是彼此的歧见，更是我们不再相信我们的结合、我们的使命。

恋人以他们的爱情为傲，也以他们自己为傲。他们深信自己是有价值的，有任务等着他们完成，他们认为自己的一举一动都应堪称众人的楷模、榜样。在初生状态中，逐渐成形的群体实体比个别的成员更重要，因为他们要通过它，才能够重新认识自己、让自己焕然一新、让自己趋于完美。之后，唯有在这种经验、这种信念不断再现的情况下，爱情才能持续下去。夫妻间倘若开始计较各自的得失，如果又把重点放到个人身上，又回归到自己和自私自利上，爱情便化为云烟。唯有当个体愿付出得比获得的更多时，爱情才能存在；唯有当个体能够和比自己更重要、能够提升自己且丰富自己的对象融合为一时，爱情才能存在。

夫妻是一个有生命的实体，它想生存，想在这世上立足，也理应被视为一股社会的、文化的、思想的、政治的力量，就像一个具有思考能力的组织中心一样。

夫妻这个实体很清楚自己的价值，会给它的行为合理的解释，有它自己的原则。它会延伸自己，像一个国家、一个党派、一个教会那样组织自己的领域。为了生存下去，它必须能够控制自己内部的张力以及外来的压力。夫妻知道怎么反击无数的攻击，知道怎么成功地抵御那些企图削弱它和瓦解它的威胁。

历史与使命

任何社会团体都会骄傲地记得自己的过去以展望未来，再小的部落也会通过传说故事来缅怀其祖先和英雄的伟大事迹，让他们重现的同时，也让当下更尊贵、辉煌。宗教仪式就是在重新呈现神明初创世界时的神圣年代，那时神明们还居住在凡间。按罗马尼亚宗教史学家默西亚·埃里亚德（Mircea Eliade）的说法[1]，每一个宗教都十分怀念自己的发源时期。犹太教的教律和仪式在于重现亚伯拉罕、雅各布、摩西等创教元老当年的成就。基督教要让人回想起并再度体验当年耶稣基督在人间的成就。伊斯兰教则是回顾在麦迪纳（Medina）的生活，以及真主传授给穆罕默德的真理。就连马克思主义也有它的先贤先烈和神圣不可侵犯的文章。每一个共同体都自过去的回忆以及荣耀、创新的时刻，汲取自己的活力。它在回顾往事、过去愉快的时光、从前的辉煌事迹，缅怀英雄和伟人的同时，也找到了迈向未来的力量。

但我们知道每个共同体都是从初生状态发展而来的。我们知道神圣的发源时期就是创造万物的时期，凡事都是可能的。一个文化若想保有自己的身份，又能不断演进的话，它必须定

---

[1]　Mircea Eliade, *Trattato di storia delle religioni*, Boringhieri, Torino, 1956.

期回顾自己的过去，并从中汲取推陈出新所需的力量和创意。这样一来，它就能保持年轻，不断脱胎换骨。基督教历史上所有著名的宗教运动，譬如说圣本笃、方济各、路德教会或加尔文教派，都是源自回归起点、回归人生和回归耶稣基督的训示。随后的运动都是受到这些伟大宗教人物的影响，形成一条一脉相承的传统。犹太教和伊斯兰教发生过相同的情形。在非宗教的、政治的领域里也是一样，比如，美国总是推崇拓荒者披荆斩棘的精神、独立宣言或者林肯等精神领袖。

所以，夫妻不过是最小的共同体，适用于大共同体的原理，也同样适用于它。夫妻也萌生于初生状态，亦即恋爱，也是通过许许多多重生的阶段来保持活力。如果这些历程不断回归最初恋爱的感觉、重新发现它，并从中得到具有创造力的新力量，那么婚姻关系就能稳固而持久。夫妻继续相恋的前提是他们定时重新探索自己的源头，从中找到自己的精神、韧性、热忱，并为自己注入新生命。我们可以说这是彼此再次爱上同一个人。

当这一切发生时，两个恋人共同的回忆和难忘经历、并肩奋斗的点滴、相爱的情事，通通被唤起，并构成一个有生命的催化剂、一股滋润当下的力量。丈夫望着妻子时，不再只是看到她今天的这个模样，也回想起她从前的模样，回想起他们人生中那些最美好的时刻，并再度感受当年的温柔、骄傲和喜悦。妻子看着今天的这个男人，也会看到他以前的模样，看到她以前就欣赏和深爱的那张面孔和那些举止，她又能感受到当年那些温柔的吻和拥抱。每一个人都不是只有现在这个样子而已，每个人都会随着时间的增长，而变得更有分量、更有深度、更加丰富。

为了更了解这个历程，我们不能忘记恋爱是一种群体运动。群体运动中的魅力领袖不是平凡的人，他是一个卓越出众的人，散发着非凡的光芒。随着时间的流逝，他逐渐化身为一个传奇。人们回忆着他起步时的艰难、后来的奋斗、胜利等，所有这些时刻都烙印在群体的记忆中和追随者的心中。他的一生中的每一个时刻，后人都津津乐道，并把他当作楷模。所以呀，在恋爱中，彼此也都是对方的魅力领袖。彼此眼中的对方都崇高尊贵、令人景仰、完美无瑕。而当恋情历久弥新时，恋人的一生就像领袖的一生一样，变成一段精彩的传记，当中的每一个时刻都是重要的，而日后再想起时，便会带来源源不绝的力量、喜悦和感触。恋爱中的人看着自己爱人的儿时、年轻时的照片的时候，他是很感动的。当他回想过去，翻看从前在一起时的相片或影片，他会感受到当年的喜悦、温柔和活力。这些感受温暖了并丰富了当下。

在夫妻之间，并非只有我的故事和对方的故事。其实还有我们的故事，亦即两人一起创造之共同体的故事。有我们一起做过的事情的回忆，有阻碍，有奋斗，有打拼，有胜利，还有我们一起努力后的具体成果。只要这些往事和这些具体成果一直被视为绝无仅有、不断迎向未来的正面运动的话，爱情就会持续下去。因为过去和未来是相依相存的，缺一不可。若过去有缺损，未来也势必不保，反之亦然。所以夫妻应当时时心存美好的回忆，并慎防彼此间过去的冲突和伤害的回忆。

情　欲

相恋的人之间应该有情欲的过去和情欲的未来，情欲是夫妻间不可或缺的一个要件。如果它丧失了其重要性，被其他事情所取代了，如果一点点过去的情欲回忆都没有，那么当下的情欲也会慢慢失色。对于未来也是一样。如果夫妻不重视情欲，如果他们让其他许多事情的重要性盖过了它，那么日复一日之后它就会消失。和善、温柔、信任、互助、友谊将它取而代之，它们都是爱的一种，但不是恋爱。这种夫妻相当多，他们不再渴求彼此甚至连碰都不碰彼此，仿佛彼此情同手足，仿佛彼此间有乱伦的禁忌。有些人觉得这样也没什么不好，但我们不能说他们这样算是相恋的夫妻。恋爱的初生状态之所以和其他初生状态有所区别，正因为它有热情的欲火，因为它会让两个肉体互相渴望、互相融合。恋爱共同体的基石就是彼此间肉体上的欢愉。情欲就是恋爱特有的无法取代的一种语言。如果没有情欲，那么恋爱就成了"哑巴"，它不会说话了，也无法存在。夫妻如果少了情欲，就成了另一种实体，不能算是相恋的夫妻。

对于自己的共同体的爱、对于它的成就、它的具体成果——子女、家——的爱是不够的。你必须喜欢对方，你必须在肉体上、情欲上喜欢他。你得喜欢他的眼睛、他的头发、他的鼻子。你得喜欢她的乳房、她的颈肩、她走路的姿态。要渴望触摸他、拥抱他、被他拥抱、裸身躺在他身旁、和他做爱。由于这个身体还没让你满足，所以欲望又一而再再而三地燃起。恋人们上床不是为了睡觉，而是为了做爱，到了最后，两人累坏了，可能手牵着手睡着了。

情欲并非时时刻刻、分分秒秒都存在。共同生活中并不是只有情欲而已，还有很多事情，例如，醒来、睡觉、吃东西、工作、讨论事情、旅游，等等。但在相恋的夫妻之间，情欲总在不远处，一触即发。对方可能正在洗澡、正在刮胡子，可能正脱去毛衣，展现胴体，可能是她化好妆之后，抬头露出坏坏的眼神。情欲总是一种苏醒，令恋人吃惊地瞪大双眼，目光中充满了欲火。情欲让人通向另一度空间 [1]，就像打开了一扇门。

相恋的夫妻，彼此在远远的地方看到对方和其他人在一起，看着对方过马路，看着对方吃饭，或在宴会上看着对方时，会产生一种奇特的双重感觉。他很清楚这个人是自己的妻子或丈夫，然而他还是觉得这宛如梦境，觉得对方好像是不曾见过的陌生人一样。他深深着迷了，看得目不转睛。他觉得这是他见过最美丽、最英俊、最动人、最值得追求的人。而这个梦中情人竟然那么巧，就是他的另一半，就是那个和他一起分享岁月和被窝的人，令他不禁飘飘然，他简直不敢相信。他意外地发现，要不是因为自己已经认识对方的话，自己现在一定想认识对方，会走上前跟对方搭讪。他心想自己究竟会不会有搭讪的勇气，因为对方显得如星如月般遥不可及，显得高不可攀，他觉得自己会变得踌躇、害羞。

这不就是一见钟情吗，不就是恋爱中获得启发、顿悟、时间暂停的经验吗？我们知道这些经验之所以产生，是因为我们卸下了心防，因为我们任由自己陶醉在对方的魅力、倩影之中。日常琐事逐渐在相恋夫妻之间制造了成许多雾蒙蒙、硬邦邦的部分。疲倦、工作、讨论、无力感变得像石块一样，挡住了所爱之人的面容，犹如薄纱、破布蒙住了我们的双眼。拘谨、抗拒、恐惧将我们的热情囚禁在牢笼中，遏止了我们对非

---

[1]　参见 Sasha Weitman, *On the Elementary Forms of the Socioerotic Life*, Pro manuscripto, Univ. of Tel Aviv, 1995。

凡人生的渴望。日常生活把我们逮了回去，把我们的热情捻熄了。可是现在，忽然我们的活力又卷土重来，把令我们停滞的障碍打得粉碎，让我们再度看到我们所渴望的对象。我们这才发现，即使是我们先前沉睡的时候，对方也一直在那里，情欲让我们睁开了双眼。

复合性

相恋的夫妻是一个复合体，在彼此的眼中，彼此都扮演了无数的角色。仿佛不是只有两个人，而是有很多人，从事不同的活动，彼此互相影响，一起讨论，一起创造和改变这个世界。相恋的夫妻本质上不是一场对话，而是一首交响曲。

这个复合体是建立在两个明显对立且又共存的原则上：一个是互补性，一个是替代性。

就让我们从第一个说起。夫妻两人的能力应该是互补的，一方的能力和优点应该能补足和修正另一方的能力和优点。如果一方很热情，另一方就应三思而后行。如果一方很乐观而看不到危机，另一方最好悲观一点儿、警觉一点儿；如果一方个性比较莽撞，另一方要懂得委婉圆滑；如果一方慷慨大方，另一方最好节省俭约；如果一方脾气固执，另一方最好包容性强一些。

彼此的活动也应当是互补的，应该分工合作，不是所有事情都需要两个人一起做。室内设计应由两人中较有品位的那个人负责，对外事务则由比较能干、灵活的那个人处理。彼此应该懂得谦让，认清自己的能力，也安心把事情托付给对方。有些人擅长整体规划，有些人擅长处理细节。有些人想象力丰富，有些人比较实际。前者就应该给小孩讲故事、玩游戏，后者则组织家务、规划生活。总之，每个人都能妥善发挥自己的优点、自己的长才。

现在我们来看看替代性。一对相恋且和谐的夫妻，彼此也应该有很远大的共同理想。各自应能了解、欣赏对方做的事情，并随时能够成为得力助手。如果丈夫不擅长美学与装潢，那么他起码要理解和欣赏妻子对家里所做的设计和安排。如果他本性散漫，那么他能同意家里井然有序还是比较可取的，并且能认真遵守为他定下的规则。事实上，一对相恋的夫妻之间，就算都选择自己最擅长的事情来做，彼此其实都还是认同对方的。他完全能理解对方，他们有相同的目标，也重视这些目标，并且能够体会对方在想什么。相恋的夫妻不需要言语就能了解彼此，一个简单的动作、一个眼神就够了，有时甚至什么也不需要。他们不需要商量就能采取相同的行动。即使两人在不同的领域工作，也都知道对方目前的进展，而且随时可以帮助他、当他的军师、给他建议。如果他状况不佳的话，还可以替代他、帮他做决定。

我还记得一对感情特别深厚的夫妻。丈夫创立了一个举世闻名的电子仪器企业，妻子从未在这家公司里工作过。然而，公司里发生的大小事情，他都会告诉她。她认真聆听，也积极参与讨论。就这样，多年下来，他们一起面对了各式各样的难题，也一起裁定了所有主要的财务和组织政策。她认得丈夫所有的生意伙伴，而且曾多次表达她的看法，也提供她的建议。不过她总是从旁协助，从未担任什么正式职位。当她丈夫过世时，大家都以为她会把公司卖掉。没想到她把公司主管都召来，告诉他们，以后将由她亲自主掌大局。只是要麻烦他们耐心向她解说她还不了解的技术层面的工作，她将一点一滴地学起来。而事实也是如此，她进驻丈夫的办公室，工作很快就上手了。结果大家发现她是一位非常优秀的企业领导人，公司业务比以往更蒸蒸日上。

在相恋的夫妻之间，彼此眼中的对方都不只是一个人而已，而是很多人，每个都不一样，总是新奇且令人赞叹。有一天晚上，我和一个朋友聊天，他经历了十五年的婚姻生活历，依然以深情款款的眼神看着他老婆，我跟他说："你看，你太太对你来说，不只是一个女人而已。她是好多个不同的女人。她就像芦苇般脆弱、优雅，你把她像孩子般捧在膝上和她玩：她是你的女儿；她又照顾着你：她是你的母亲。她好美，你不禁痴痴望着她：她是巨星，但她也是你的情人、你的艺妓。她帮你打理家务，所以是你的总管；她协助你，事事为你设想好：她是你的秘书；她也引导你：她是你的经理人。她向你学习：她是你学生；她教导你该怎么做：她是你的老师；你有时会紧张，她是你的心理治疗师。她支持你：她是你的盟友；她不认同你：她是你的道德良知。最后，她是你人生中最亲密的战友。你看，你们其实都是好多好多不同的人。你们有好多事要做、要讨论，有好多话要说，一辈子都不会对彼此感到厌倦。"

图书在版编目(CIP)数据

我爱你：关于爱情的理论 /（意）弗朗西斯科·阿尔贝罗尼（Francesco Alberoni）著；梁若瑜译. -- 北京：社会科学文献出版社，2016.12（2017.11重印）

书名原文：Ti Amo

ISBN 978-7-5201-0187-5

Ⅰ.①我… Ⅱ.①弗… ②梁… Ⅲ.①恋爱心理学 – 通俗读物 Ⅳ.①C913.1-49

中国版本图书馆CIP数据核字（2016）第321744号

我爱你
——关于爱情的理论

著　者 /　〔意〕弗朗西斯科·阿尔贝罗尼（Francesco Alberoni）
译　者 /　梁若瑜

出 版 人 /　谢寿光
项目统筹 /　王晓卿　祝得彬
责任编辑 /　王晓卿　郭红婷　李　壮

出　　版 /　社会科学文献出版社·当代世界出版分社（010）59367004
　　　　　　地址：北京市北三环中路甲29号院华龙大厦　邮编：100029
　　　　　　网址：www.ssap.com.cn
发　　行 /　市场营销中心（010）59367081　59367018
印　　装 /　三河市东方印刷有限公司

规　　格 /　开　本：889mm×1194mm 1/32
　　　　　　印　张：10.25　字　数：239千字
版　　次 /　2016年12月第1版　2017年11月第2次印刷
书　　号 /　ISBN 978-7-5201-0187-5
著作权合同
登 记 号 /　图字01-2013-3512号
定　　价 /　52.00元